U0811460

全能活动运营

从零开始搭建能力模型

沙铉皓（sky）著

電子工業出版社
Publishing House of Electronics Industry
北京•BEIJING

内容简介

中国互联网行业已经进入了下半场，依靠流量红利取得增长的时代已经结束，创新和创造渐渐成为互联网下半场的第一生产力。同时，互联网行业也不再是一个独立的行业了。互联网已经成为一种重新激活和改造传统行业的有效手段，并正在快速渗入一切与用户产生关联的行业。随之而来的是，越来越多的行业会需要一种关键型人才——可以通过多种线上手段（如创意营销、裂变传播、用户运营等）实现业绩突破的活动运营人员。

本书在此背景下撰写而成，内容包括硬技能（项目管理能力、策划能力、运营能力、产品能力）、软技能（产品思维和商业化思维、解决问题的能力、与人协作的能力、关于效率的能力、业务敏感性）、创造力（审美力、文理综合思维、更多创造力）三个部分，旨在帮助待入门、初级、中高级活动运营人员进行完整的能力模型搭建，帮助读者在新的互联网时代做好准备，以强大的综合能力创造更多价值，抓住更好的机遇。

未经许可，不得以任何方式复制或抄袭本书之部分或全部内容。
版权所有，侵权必究。

图书在版编目（CIP）数据

全能活动运营：从零开始搭建能力模型 / 沙铉皓著. —北京：电子工业出版社，2019.10
ISBN 978-7-121-37337-4

Ⅰ. ①全… Ⅱ. ①沙… Ⅲ. ①网络营销—研究 Ⅳ. ①F713.365.2

中国版本图书馆 CIP 数据核字（2019）第 189517 号

责任编辑：石　悦
印　　刷：三河市君旺印务有限公司
装　　订：三河市君旺印务有限公司
出版发行：电子工业出版社
　　　　　北京市海淀区万寿路 173 信箱　　邮编：100036
开　　本：720×1000　1/16　印张：17　字数：295 千字　彩插：1
版　　次：2019 年 10 月第 1 版
印　　次：2020 年 4 月第 4 次印刷
定　　价：79.00 元

凡所购买电子工业出版社图书有缺损问题，请向购买书店调换。若书店售缺，请与本社发行部联系，联系及邮购电话：（010）88254888，88258888。

质量投诉请发邮件至 zlts@phei.com.cn，盗版侵权举报请发邮件至 dbqq@phei.com.cn。

本书咨询联系方式：（010）51260888-819，faq@phei.com.cn。

序 1

如果时光倒流，那么我会怎么度过职业生涯的前三年

2012 年，我误打误撞地进入了互联网行业，靠着莫名的运气、小聪明和乱七八糟的才艺混迹至今。在入行后的第三年才开始思考一些职业规划、成长的问题，下定决心把互联网职业经理人和专家这条路一直走下去。我从来不敢自称优秀，但是与身边的大多数人渐渐地拉开了差距，也许有一些经验可以分享给你。

如果时光真的倒流，那么我会怎么度过互联网职业生涯的前三年呢？

我想在一开始就跑得超级快、超级稳，有明确的目标，被所有人夸赞优秀。

1. 埋头苦干的第一年

我相信很多人已经告诉过你要尽早思考清楚“职业规划”，但是我从不认为大多数人在初入职场时就能够有真正有效、靠谱的职业规划，也不认为在工作第一年里得出的“这个团队不适合我”“这份工作限制了我的发展”这类结论是有效的，它们不过是在你迷失方向时的心理出口而已。

你不要着急在这个阶段定义自己未来的发展路径，一定要朝着想清楚自己职业生涯路径这个目标走，挖掘和想清楚自己的优势项，逐步靠近自己最有优势的赛道。

你也不要着急寻找“人最幸运的就是从事自己爱好的职业”这种状态，这句话真的害了很多人。我不否认少数天赋异禀且幸运的人在一开始就投身了自

己真正热爱的事业，但是对于普通的你来说，在这个阶段根本没有选择的权力和能力，你只能先做自己擅长的事情而不是做喜欢的事情，用自己擅长的事情为自己争取到选择权（也许是财务自由），再去追求真正的梦想和喜好。

所以，如果再让我度过职业生涯的第一年，我认为正确的选择是尽量多做事和接触更多信息，实现以下两个明确的目标：挖掘和想清楚自己擅长的领域，准备好坚实的基础能力。如果你想实现这两个目标，那么可以采用以下具体的建议。

1）挖掘和想清楚自己擅长的领域

你不要挑工作，要尽量主动承担更多的工作，无论工作简单还是复杂，都要不断思考，一定要坚持尝试在同样普通的工作中怎样才能拉开和别人的差距。你要重点观察和记录在工作过程中发现了哪些地方是容易和别人拉开差距的（例如，我的创意比他们的更多，我能够想到更多解决问题的方法，我能够把一件复杂的事情讲清楚），逐步发现自己真正的长处。你要注意，这里的长处是基本素质层面的，不是擅长做栏目运营或活动策划，而是发现自己是不是擅长与人沟通、解决问题、产生创意，这些才是能力项目，才是下一个阶段真正决定职业生涯走向的前提。

你要每周主动找一个前辈聊天（你可以大胆一点儿，互联网行业没有森严的等级，大多数前辈是愿意与你沟通的），了解他对自己工作的理解、他的做事方式、他的知识体系。日积月累，你一定能够完善对这个行业的理解和认知。同时，在这个过程中，你要有意识地找到真正优秀的对标对象（你的对标对象应该高一些，不要太局限自己了），刻意地观察他做事的一切细节，包括他是怎么表达的、怎么解决问题的，甚至怎么去发一封邮件的。你要让真正优秀的人和习惯潜移默化地影响自己。

你要每个月给你的上级写一封邮件，写你对自己工作的阶段理解，尝试写出你对怎么让工作效果更好的建议和想法，甚至可以尝试解读你还没有权限接触的更大的一些事情，并且争取和你的上级、导师或者你信赖的前辈面对面沟通，寻求他们的点评，发现自己不成熟的地方和靠谱的地方，逐步让自己的思考更靠谱和更有效。这个过程实际上是一个“练习—总结”的过程，而“练习—总结”是发现和想清楚自己擅长的领域最有效的办法。

你不要着急在这个阶段花大量时间看很多关于行业的太宏观的东西，否则只会混淆你的价值观和思考。你要先聚焦在自己手头的事情，寻求身边人的信息和帮助，独立思考，在团队里先扮演好一个执行力极强的角色，在这个阶段你需要争取更多的机会，才能厚积薄发。

当然，也有一种极端的可能性，最终你发现在所从事的领域和工作里举步维艰，找不到任何自己擅长的东西，需要换个环境，但是对这个问题的思考一定要慎重和理性。你不要单纯思考自己适不适合这个行业，而要挖掘和弄清楚自己擅长的领域（是创意策划、与人沟通还是逻辑能力），基于这些再做接下来真正的职业规划。你一定要相信在任何一份工作中都能找到自己擅长的领域，无非是你主动还是被动面对这个问题。

2）准备好坚实的基础能力

在这个阶段你要重点把自己的工作效率提升起来，从低效的执行工作模式中脱离出来。这样，你才有时间和精力做下一个阶段的思考，除了工作技巧以外，你要尽快在职业生涯的第一年规划好每个月学习并练习一个工具的使用，包括但不限于基础办公工具（例如，Excel、PowerPoint）、问题分析和呈现工具（例如，逻辑树、金字塔结构的表达呈现、数据分析工具）、专业领域的工具（自己定义）。

你不要沉浸在执行工作中无法自拔，要有意识地学习工具的使用（大多数人没有这个意识），不要相信“工作会推动你学习”，这样不仅太慢而且也是大多数人的做法（你要比他们跑得更快）。你需要成为某些工具的专家，这有助于你在团队中快速建立不可替代的价值和“专家”的口碑。

如果你不知道学习哪些工具，那么可以多和前辈聊天。

2. 思考和学习的第二年

互联网行业的基础工作真的很简单和“快餐化”，你在度过第一年后，对自己手头的工作应该游刃有余了，简单地接受指令、执行指令的阶段已经过去了。这一年往往是一群毕业生开始快速拉开差距的一年。一些人开始思考、沉淀和进化，但是大多数人又平淡地度过了执行工作的一年。

如果再让我重新度过职业生涯的第二年，我会定义这是思考和学习的一年，围绕着思考和总结怎么让手头工作更有效、让自己成为真正的职业人这两点来规划这一年。我要让自己快速成长，有机会做更多、更大的事情，从而积累下一个阶段需要的信息。

1）思考和总结怎么让自己的手头工作更有效

我要开始学会和习惯在接到每一个任务的时候，比别人多思考一个问题——“我为什么做这件事情”，一定要避免像第一年一样“无脑地”接任务，“无脑地”执行。我要把答案写下来并整理自己的思路：这件事情的背景/意义/价值是什么？老板和团队真正需要的是什么？口头传达的方式是不是真正需要和有效的方式？老板让我给他发一个项目周报是需要在形式上看到我发了这个周报，还是他想定期知道这个项目的进展是否可控、有无风险、是否需要他介入？是用每天在群里发文字简报的形式更有效，还是他需要让项目相关人也知道项目的进展和定期达成共识？我的邮件应该按照他给我的常规模板写，还是应该把项目共识置前并高亮显示？你如果能够在第二年里形成这样的做事习惯，那么老板一定会认为你非常优秀。

你要成为一个目标导向极强的人，具体的办法就是开始写日记/周记（与工作相关的可以呈现到前端），思考自己在过去一段时间里的工作过程，例如是否紧密围绕目标前进、是否只是形式化地做了一件偏离了本质的事情、哪些动作是对的而哪些是错的、定义和明确下一个阶段的目标和工作、检查事情和目标是否一一对应。例如，对于一个冲击销售额的专题活动，关键的就是找更多的流量，提高每一个环节的转化率。这个习惯能够驱动你在这个阶段不断地思考把精力投入在真正正确和有效的事情上，从而积累对工作真正的领悟。

你要争取做自己擅长的事情，对上一个阶段（埋头苦干的时期）发掘出的优势和素质，在这个阶段不断验证。“弥补自己的缺点”是对的，但高速发展的互联网行业和一个完整的组织更需要“扬长避短”的专家，更值钱的也是“专家”（当然，如果你发现你更适合当一个“万金油”去创业或者从业于需要“万金油”的领域是另外一回事）。你不要在这个阶段纠结自己不擅长的事情和克服自己的缺点，而应该争取做更多自己擅长的事情。

2）让自己成为真正的职业人

你要学习经典的方法论和工作方法（例如，让你成为一个职业人而不再做一个学生），但是不要被方法论所困（保持思考，不要被固定思路绑架）。我从管理者的角度看过很多不同阶段的毕业生，他们中总有一些人在几年后做事情还会让我觉得他们“学生气”，虽然也能干出业绩，但是做事随意和随性，不规矩，而我对学生气工作状态的人的容忍最多到第二年。所以，在这个阶段你需要尽快让自己从一个学生变成一个职业人。你要开始学习经典的方法论（例如，如何与人沟通、如何做事），让自己做事更规矩和职业化（认真排版以能够让读者清晰理解邮件，认真准备多种方案和优劣评估用来对上汇报）。更职业化的形象能够让你无形中获得更多业务机会，因为你让人感觉很靠谱。这些更多的业务机会又会让你进一步有更多思考的机会，以储备更多的知识和能力。

你要转变一个思路：你只有成为一个真正能扛事情、承担责任、值得信赖的人，才能获得更多机会，不要成为一个从来不犯错、不背“锅”的人。你不要听信一些人教你的以避责为核心的“垃圾工作方法”：谨小慎微，不敢挑战，少做少错，出问题第一时间“甩锅”。我在职业生涯中最自信和自豪的是，从来都是大胆地尝试和承担更多工作，会经历很多失败，但往往都大胆地站出来主动承担责任并客观分析问题（大多数人做不到这点，这是我和他们拉开差距的诀窍），牵头去想办法解决问题和优化后续措施。这是我获得上级极大信任并一直作为部门创新攻坚项目带头人的坚实基础。

3. 重新出发的第三年

对于工作三年的毕业生来说，离职是一个常见的现象，但是同样是离职，也有两种完全不同的状态：

如果你真的想清楚了自己的职业发展路径，并明确地围绕这个目标做出离开的选择，有完整的升级系统驱动着自己每天变得更好，需要另一个舞台帮助自己获取想要获得的东西，那么我祝福你，佩服你，也相信你终能取得你定义的成功。

如果你只是在这第三年的关口，因为没有想清楚，被其他人拉开差距，还浑浑噩噩地停留在觉得工作很苦、很累，同事关系不融洽的阶段，所以选择离开，那么我挺看不起你的。

职业生涯的第三年是转型的关键一年，在前两年的积累下，你已经有了足够的自信和底气去规划自己接下来的路要怎么走，所以，在这一年里最关键的是沉淀和真正思考清楚你是谁、从哪里来、要去哪里。同时，在这一年很多人会开始焦虑和缺乏安全感，看着身边一些人跟自己的差距越来越大，不知道自己的一身蛮劲要怎么使。

如果让我再次度过职业生涯的第三年，那么我会明确地围绕自己真正的职业规划来度过这一年。我不仅要考虑怎么做好手头工作，而且要考虑自己怎么才能更值钱，怎么才能成就“我”；我要让自己更稳，更相对正确地做出关键的决定，每天都往自己明确的目标更进一步，这是真正安全感的来源，绝对不能再浑浑噩噩地混下一个三年。可以做的事情有以下几件：

你要清楚自己人生的终极目标，并把它拆解到最细，形成职业规划。例如，你这辈子最终想成为什么样的人？你要找一个安静的夜晚思考清楚，是大富大贵还是平静生活，是潇洒不羁还是大红大紫。无所谓对错、高低、贵贱，你只要实现了终极目标就做到了人生的成功。对于大多数人来说，想要实现终极目标，都要有足够的选择权，那么只有两条常见的路，无非是做更稳妥的职业经理人或者激进的创业。你要想清楚这个问题，结合在前两年里你掌握的自己真正擅长的领域，选择好要走的路，这才是真正的职业规划（以我为例，我擅长和人打交道和产生创意，但是比较懒，所以我选择成为一个营销专家和职业经理人，获取社会地位和足够的收入）。

你要搭建自己需要的知识体系并把它们拆解为学习计划。结合以上的职业规划，你要想清楚真正需要的知识体系和能力有哪些，搭建完善的系统。在第三年以及未来，所有的工作、学习和信息获取都要紧密围绕你的既定体系逐步搭建。你要拆解出详细的计划，例如这个月要重点学习什么、练习什么、可以从工作中获取什么。对于是不是要换个工作岗位，应该只是你计划中的一部分，是根据自己职业规划拆解出来的一个节点，一定来源于计划的推导而不能作为一个结果麻痹自己，以为换个环境一切都好了是不可能的。你还记得第二年形成的极强的目标导向习惯吗？这个时候你的目标应该要更高一个层次了。

你在有了自己的知识体系建设计划后，你就会有信心值更多的钱，有能力做更多的事情。接下来，你要把自己放到行业层面观察、思考，不断拓宽自己的视野和提高看问题的台阶，尝试用一些方法打造自己的个人品牌（例如，沉淀、输出自己的方法论，做更有影响力的项目，参加行业论坛，争取行业奖项），明确地曝光和提升自己的行业身价，明确地朝着自己最终规划的职业目标前进。这个过程是你接下来 3～10 年可以持续循环的一个过程。

我在职业生涯的第七年回顾自己职业生涯的前三年，有太多幸运，也有太多遗憾，但庆幸自己最终想明白了一些事情，找到了自己明确的方向，获得了真正的安全感和信心。即使你还没有找到自己的方向，那么你也不用着急，寻找方向在你职业生涯的第几年开始都来得及。

可以肯定的是，即使时光再倒退一百次，我也还是会在工作之外永远坚持自己的爱好，努力工作且尽情玩耍，在躁动不安的年纪就躁动不安，永远保持个性和独立，永远做一个有趣的人。

我就是要又酷又专业。

沙铉皓（sky）

2019 年 3 月

序 2

在新的互联网时代如何成为顶尖的活动运营人员

在写下这行文字的时候，刚好是我进入互联网行业的第七个年头。回头去看，我很庆幸七年以前在娱乐公司和腾讯的合同中我选择了后者。因为我很早就明白并且坚信一个简单的道理：人要选择做自己擅长的事情，在拥有选择权之后才有权利去做自己喜欢的事情。当然，如果你擅长的和喜欢的恰巧是同一件事情，那么你是幸运的。

我在选择之后的几年内常常痛苦和后悔，眼看着曾经的一些朋友开始大红大紫，而我的生活似乎离理想的状态越来越远。每天加班，两点一线，我被沉重的 KPI 压得喘不过气，脱离生活，脱离娱乐，每天浑浑噩噩地度过。

大概在四年以前某个日常加班结束后的夜晚，我的一个同龄的朋友创办的公司成功上市后实现财务自由的故事彻底击垮了本就脆弱的我。一无所成、前途迷茫、买房买车、结婚生子这些我本以为可以轻松面对的问题开始真真切切地袭来，我一夜未眠、思绪万千。

我思考了一夜，发现自己之所以焦虑，本质上其实就是因为没有真正接受当下的自己、自己的选择。当我没有把精力放在“既然选择了……，我就应该……”之上，而总在纠结“我本可以……”时，焦虑就被我自己创造出来了。选择诚然比努力更重要，但如果永远在选择中徘徊，就只能止步不前。

由此我得出了一个重要的结论，并且下定了决心：既然我选择了互联网行业，走了活动运营这条路，我为什么不干到行业的顶尖？我要走出一条属于自己的路，这条路的尽头同样是我无限渴望的人生终极追求：大家在提到我的时候，都会发自内心地说“这个人真酷”。

如果不是亲身经历我也难以相信，一个想法的转变就能够把压力和恐惧转化为如此强大的动力。由此开始，我用了一年的时间集中研究了如何成为顶尖的活动运营人员（为了与互联网行业叫法统一，本书把活动运营人员简称为活动运营）这个话题（但是很遗憾的是，到现在为止，行业内都没有完整的答案），并梳理出了一套完整的活动运营能力框架。然后，我用了三年时间，结合大量的实践、专业领域的理论、行业的观察，并走访了大量优秀的活动运营去填充这个框架。

在理论夯实和实践验证的基础上，我感受到了有目的地搭建能力模型给自己带来的飞速提升。一切努力突然都有了意义，工作和加班有了目标。这个过程让我开始不再局限于一个团队或者一个部门里面的琐碎事情，而更多地把自己放到一个行业中审视，与顶尖的活动运营对标。

至此，我敢自信地说，这个过程造就了现在互联网行业内独一无二的活动运营专家 sky。

本书就是这个过程的完整呈现。如果你恰巧也下定决心要成为一个活动运营专家，那么本书能够给你一个起点，让你可以着手搭建你的完整活动运营能力模型。如果你决心成为其他领域的专家，那么本书也能告诉你回归本质的独立思考如何帮助你成为自己领域的专家。

本书很不一样。

1. 本书不讲专业术语

我从着手写本书的第一刻就确定要坚持一个原则：本书要起到真正的作用，而不只是写一些看上去完成自我闭环的理论让人觉得很“专业”。所以，整本书从头到尾都没有使用任何晦涩的专业术语，而以“口水话”讲述一个原理和用生活化的案例诠释一个方法。也许有的文字会让你感到粗俗，但我相信道理都是既定的，话都是人讲的，并不存在一定要用专业的词汇才能够描述清楚的道理，让人看懂、能够发挥作用才重要。

2. 本书只是索引

就像我开始决心成为专业的活动运营一样，所有希望学习与成长的人需要的第一个东西都是索引和地图，基于现在知识的蓬勃发展，单点知识的搜集并不困难。所以，本书并没有基于某个具体的知识点做深入的剖析，大多数的知识点都只讲到了日常使用的地步，同时都给了读者拓展学习的更多引导。由此换来的是，至少对于活动运营岗位来说，我认为本书是真正全面的，涉及了活动运营所需要的所有硬技能、软技能和创造力。能够帮助活动运营搭建出自己的能力模型框架，是本书的主要价值，也是现在行业里欠缺的内容。

3. 本书不搬迁方法论

在本书涉及的所有方法论中，没有任何一个是从现成的方法论搬迁而来的。我所组织的内容来源只有三个：实践（包含真正在一线打硬仗的专家的经验）、最经典的基础理论书籍和对行业的观察。坏处在于很多方法论的描述可能与更被大众所广泛认知的不一致，甚至产生冲突，好处在于这些都是我提炼的独立思考结果和经过实践验证的有效的原创方法论。

本书最想传递的一个核心理念：新的互联网时代要求活动运营的能力模型不能局限于单纯的工作方法和技能，对美好事物的洞察和对生活的理解也是重要的部分。毕竟互联网行业是与人打交道、创造美好或者便捷体验的行当。不懂生活、不懂玩、不酷的活动运营何以创造能够让用户发自内心认可和传播的内容？所以，本书并不只是工作的方法论，而是拓展了方法论和知识的概念，让活动运营从硬技能（能够做事）、软技能（能够把事做好）和创造力（能够创造）三个角度全面塑造自己的能力模型。你只要按此模型去学习和练习，就能够成为真正具备创造能力同时又专业的活动运营。毕竟，用心工作、用心玩耍的你才是真正的你。

最重要的是，你要体会本书时刻体现的回归本质独立思考的过程。独立思考能力不仅是创造力的来源，同时也是在越发成熟的互联网方法论和机器替代人工的大背景下，能够打破常规，创造全新方法论和业务模式的最基本能力。

我希望你独立思考的另外一个意义在于，也许你会不认可本书中的一些观点或者理论，但是如果这些观点或理论能够引起你的思考，那么本书就成功大半了。

沙铉皓（sky）

2019 年 3 月 9 日

于深圳

读者服务

轻松注册成为博文视点社区用户（www.broadview.com.cn），扫码直达本书页面。

- 提交勘误：您对书中内容的修改意见可在 提交勘误 处提交，若被采纳，将获赠博文视点社区积分（在您购买电子书时，积分可用来抵扣相应金额）。
- 交流互动：在页面下方 读者评论 处留下您的疑问或观点，与我们和其他读者一同学习交流。

页面入口：*http://www.broadview.com.cn/37337*

目　录

绪论

活动运营的定义和活动运营能力模型框架

“通过活动的形式达成目标”的一群人通常被称为活动运营，但是在本就模糊的互联网运营定义之下，活动运营的定义一直以来都是极其模糊的。

我采访了几位一线互联网企业里的活动运营，实际上很难找到一种标准的工作模型：

（1）在 A 公司工作了 3 年的活动运营，归属于类目管理团队，负责类目大促策划，要定期策划并牵头执行一些主题营销，但是更多的工作是承担项目管理的工作，大多数时间在和各个横向部门纠缠。

（2）在 T 公司工作了 5 年的活动运营，已经在带领一个团队，负责具体产品的拉新和促活，需要定期进行主题活动策划，会自产一些策划案，但是主要依靠外包产出和落地，花费大量的精力争取内部资源。

（3）在 M 公司工作了 1 年半的活动运营，负责团队内容营销的系列策划，因为没有经费，所以需要自产所有内容，总觉得自己做的东西很不专业，但是又不知道从哪里入手。

活动运营归属于运营团队，但是又干着策划的工作（以电商行业为例，活动运营聚焦在前端的策划并未直面核心供应链和商户管理）；在一定程度上，活动运营会接触市场和营销，但是干的又不是最专业的营销；活动运营要和交互人员、视觉人员、研发人员打交道，但是又不是像产品经理一样成体系的产品策划工种。

活动运营似乎就是这样一个什么都得做一点，但是什么又都做不深入的岗位。你是否也产生过这样的一些疑问：我们的核心竞争力在哪里（为什么值钱）？我们未来的发展方向是什么？离开了这个业务我还能做什么？我到底需要一些什么样的能力模型？

比较尴尬的是，我参考了业内现有的活动策划相关书籍和课程，实际上很少有能够完整、清晰地定义活动运营岗位及能力模型的。

我以自己在互联网企业七年的一线活动运营实操工作经历、近百个实操项目、多个行业奖项的背书和自信为活动运营们彻底做一次活动运营岗位的完整梳理：什么是活动运营，活动运营为什么值钱，活动运营的发展方向，活动运营需要具备的能力模型和基础知识。

正因为活动运营“万金油”的属性，活动运营岗位对综合能力的要求会很高。活动运营如果能够在这个方向持续的成长，那么，未来发展会非常好，能做的事情也非常多。

尤其在目前互联网企业组织结构演进的趋势下，运营和产品经理的边界越来越模糊（随着基础能力和模型的成熟，全行业都在大数据、大中台的背景下组件化运作，以后只有一种角色——达成目的的角色），筒仓结构逐步被打破（非专业技术岗位以后只有一种核心能力——解决问题的能力），传统业态失宠，垂直领域崛起，人人创新，处处创新。活动运营更容易发展为新组织结构下的灵魂角色：攻坚项目负责人、创新孵化团队负责人或者增长黑客团队负责人。

总之，你很值钱，请相信我，关键要看你怎么规划并持续完善自己的能力模型。

从整体来看，活动运营为了通过阶段性的活动形态达成目标，必须具备用多种手段解决问题的能力，需要具备综合的思维能力（产品思维、商业化思维、跨界思维等）和业务敏感性（用户洞察敏感性、数据敏感性等），需要拥有突破常规的创造能力（审美力、文理综合思维、开脑洞能力等）。

简单来说，在基础运营之上（在产品打造好的基础上做持续运营），优秀的活动运营可以运用并且敢于运用一切合法合规的手段达到目标。

要想成为优秀的活动运营需要具备以下三大能力。

（1）能够帮助你做事情的硬技能。

（2）能够帮助你把事情做好的软技能。

（3）能够帮助你打破常规的创造力。

如果你希望和确定要做活动运营并且想成为攻坚项目负责人、创新孵化团队负责人或者增长黑客团队负责人，就可以按照以下能力模型梳理和制定自己接下来的工作、学习、练习计划。我相信这些能够帮助你成为一个综合能力更强、能够运用多种手段解决问题并创造新模式的非常值钱的活动运营。

0.1　硬技能基础能力

1. 项目管理能力

好的活动运营能够操盘复杂、庞大的项目，懂得把握关键点，利用更多人的力量有效地达成目标。所以，我们需要掌握项目管理的一些最基本的核心能力。项目管理分为目标管理、质量管理和价值管理三个方面。我们将在第 1 章中依次介绍这三个方面的管理。

2. 策划能力

你既然是活动运营，需要具备的首要基础硬能力就是策划能力。策划能力看似比较缥缈，难以明确界定和练习。但其实活动运营不需要做到像在 4A 公司中一样有天马行空的创意或者用户洞察（做用户心智教育和定位），而要具备通过文案策划、交互策划和创意策划有效地传递信息和影响用户的能力。我们将在第 2 章依次介绍这三种策划能力。

3. 运营能力

活动运营归属于运营团队，当然需要具备一个运营的基本能力模型，需要掌握和了解运营岗位使用的多种工具和手段。归根结底，运营要达成目标和解决问题。因为目标和问题的多样性，所以运营的基础能力不在于理论，而在于实践、案例和方法。

运营能力的提升过程是个人掌握的“干货”/工具库丰富度提升的过程。我们将在第 3 章依次介绍运营必备的分析和解决问题、数据管理和数据分析、常用的运营手段工具库、常用的营销和促销手段工具库。

4. 产品能力

好的策划经理也是半个产品经理。你要懂得如何把业务描述语言转化为需求描述语言，也应该在一定程度上把需求描述语言转化为研发语言，这样你才能够使用更多的策划手段达成你的目标，解决你的问题。当然，这也能够帮助你策划出可实现性更佳和投入产出比更高的方案。在第 4 章中我们将会从业务描述语言到需求描述语言再到研发语言的转化过程来依次介绍活动运营必备的产品能力。

0.2 软技能基础能力

软技能不像硬技能可以非常明确地用案例、业绩和个人输出物呈现出来。所以，很多时候软技能都被忽略了，人们觉得它虚无缥缈、不可量化表达。其实软技能才是真正在实际业务运作过程中把人与人拉开差距的核心能力，对活动运营来说尤其重要，因为活动运营需要接触的人和事是远远多于、复杂于其他岗位的。外企、一些优秀的国内企业实际上非常重视对软技能的培养和提升。所以，你在开始阅读这个部分之前请一定要转变观念，不要因为这个部分没有具体的知识点和学习内容推荐就认为它不重要。这个部分更需要刻意地理解和有意识地练习，形成习惯。

1. 产品思维和商业化思维

我有幸连续在顶尖的产品导向和商业化导向的两个公司做过活动策划，深刻地感知到两种思维模式的差异和具备综合思维模式能够带来的利好。如果你希望你的策划案能够既叫好又叫座（即良好的体验被用户广泛认可，业务价值又能够有效地实现商业化变现），那么从此刻开始你要有意识地学习和练习这两种思维模式。在第 5 章中我们将会依次解读商业化思维和产品思维如何主导业务或者产品，应该如何掌握和融合这两种思维。

2. 解决问题的能力

善于解决问题的人一定是一个创意十足的人，如果不信的话你可以观察一下周边的案例。萌生创意和解决问题在人的大脑中的运作过程是一样的，都是明确问题—信息搜集—组合答案。在这个过程中，关键的步骤是如何组合有效的答案以解决问题。组合答案其实是对一个人综合思维模式的考验，你如果能够突破常规思维，就意味着你能够找到突破常规的、既定的解决方案。在第 6

章中，我们将会介绍跨界思维和批判性思维这两种高阶的思维模式，帮助你真正地提升解决问题的能力。

3. 与人协作的能力

推进一个项目和落实一个策划案的过程会涉及非常多的上级、下级以及横向合作伙伴。要想得到大家最有效的支持，避免不必要的纠缠，预期管理意识就非常重要。

清楚地表达自己的观点、意见和想法是一个看上去人人都懂，但是实际上很少有人能做好的事情。关于沟通和表达有很多成熟的工具（各种 PPT 撰写方法论等），但是沟通和表达的场景实时存在，形成有效表达的意识是你真正需要的，也是进行有效预期管理的关键配套能力。在第 7 章中，我们将会围绕与人有关的两种核心能力（预期管理能力、沟通和表达能力）帮助你提高与人协作的能力。

4. 关于效率的能力

效率是一个人的生产力、价值、能力的直接体现。我认为把追求效率当作自己职业生涯的毕生追求是一种很棒的理念，因为高效意味着你能够比别人付出更少但收获更多，这不是一件很酷的事情吗？在第 8 章中，我们将会拆解快速学习能力和高效工作能力，希望能帮助你找到自己最佳、最高效的工作状态。

5. 业务敏感性

用户洞察敏感性可以帮助你随时进入“傻瓜模式”，让你可以以一个特定属性的普通用户的视角审视你的策划案和产品。你并不需要每次都依赖复杂的用户调研，在拿到策划案的第一时间就能够基本判断它的靠谱程度。对数据的敏感性可以帮助你在第一时间快速地从庞杂的数据中发现问题或机会，而无须等待漫长的数据挖掘和分析过程。在第 9 章中，我们将介绍两种帮助你实现“降维打击”的业务敏感性能力。

0.3 创造力

硬技能可以帮助你会做事情，软技能可以帮助你把事情做好，而创造力是在新的互联网时代活动运营之间拉开差距的真正决定性因素。

1. 审美力

如果你本身就是一个缺乏审美能力，无法感知主流审美和流行的活动运营，那么你怎么能做出被大众认可、追捧、传播的作品？跟上时代的审美，理解当下的流行是创造力的第一个重要构成。在第 10 章中，我们将会完整地拆解审美力并对当下文化做出的一些解读。

2. 文理综合思维

似乎从高中开始到毕业后工作，文科生和理科生除了考试科目不一样，并没有太大的差别。但是，当从事一样工作的理科生和文科生面对同一个问题时，他们给出的解决方案和行为模式差别非常大。大家应该都知道基本道理，这就是理性思维和感性思维的差异。

最优秀的活动运营往往能够在两种思维模式中来回切换：利用感性思维给出创造性的答案，利用理性思维推导出高效、稳妥的实现逻辑。在第 11 章中，我们将会解读文理思维各自的原理并介绍怎么进行融合以形成创造力。

3. 更多创造力

互联网这个行业说到底是给人带来美好体验的行业。观察和思考生活中一切美好的体验是一个活动运营必要的习惯，因为一切美好的体验都可以提炼出人们为之消费的心理原理或者可以转化为线上形态的模式，这也是你能够创造出不一样的全新体验的必备条件。

活动运营往往冲在业务前线，要不断地尝试全新的策略，探索全新的领域。探险精神让你能够具备充足的好奇心和对未知领域的渴望，可以驱动你不断地创新和突破，给你十足的业务兴奋感。在第 12 章中，我们将介绍开脑洞能力和探险精神这两个创造力的最后组成部分。

如果你选择了活动运营之路，那么恭喜你，你的未来空间非常巨大。

如果你选择了活动运营之路，那么同情你，你需要磨炼的能力远多于他人。

活动运营之路漫漫，但路已经清楚，我也正在半路，期待你的加入。

第1部分

活动运营必备的硬技能

本部分逐一解读活动运营需要掌握的硬技能。硬技能是指活动运营在实际工作中能够保证事情顺利推进并达成目标所需要的一系列具体方法论和能力，也就是能够“做事情”。

从常见的工作场景来看，活动运营需要掌握的硬技能主要分为以下四个部分：

（1）活动运营需要具备项目管理的能力。最常见的场景为活动运营担任一个营销项目或者创新项目的产品经理，整合多方资源及团队推进项目顺利落地，保证指标顺利达成，通过项目撬动更多后续价值。

（2）活动运营需要具备完整的策划能力。其次常见的场景为活动运营需要能够独立拿出完整的专题、营销或者创新项目策划案，以实现对应的阶段性突破指标。

（3）活动运营需要灵活使用基本的运营工具。活动运营作为运营体系的一员，也要经常面对运营体系的各种工作场景：分析一个问题，完成一个目标，修复一个 BUG，防范一个风险，而这些工作一般都是基于数据分析或者一些运营工具的灵活使用达成的。

（4）活动运营需要掌握一定程度的基础产品经理技能。因为跟进业务的临时性和特殊性，活动运营往往需要直接参与设计、交互、研发等环节，所以能否熟练地掌握这几个领域的一些基本知识意味着活动运营能否在需求进入评估之前就做出可实现性高的方案。

硬技能知识的一个显著特征是都能够被总结为具体的方法论和工具，在具体的问题场景中可以被快速地现学现用。但是方法论的一个潜在问题在于很多人对于方法论的使用往往停留于表面，只是在无脑地套用和形式化地推进，往往在细碎的执行过程中遗忘了本质——到底要解决什么问题。所以，学习硬技能的关键点在于理解工具背后的原理，即为什么这个工具被创造出来和为什么这个工具能够解决这个问题。当你真正抱着回归本质问题的态度去使用工具的时候，你就会发现所有的形式、框架和专业术语都不再是你的限制，最终能够解决问题。这样你就成了优秀的方法论实操者。这也是本部分从头到尾坚持强调的。

对于本部分的内容，我建议你深刻地理解每章所强调的问题本质是什么和工具是如何产生作用的。对于具体的工具细节，你可以快速浏览并得到一个初步概念，在遇到具体问题的时候可以再回来查找本书的工具或者以本书给出的索引去搜集更多工具。在日积月累之后，在遇到相似的场景时，你就会慢慢地形成使用这些常用工具分析问题和解决问题的习惯，你就真正具有了解决问题的能力。

第 1 章

项目管理能力

项目管理能力对于任何行业的非技术工种来说都是至关重要的，因为项目管理能力的强弱意味着你能否有效地整合各种资源和人力，连续地从一个目标开始推进一个项目落地，直到达成目标。项目管理是活动运营在日常工作中最常接触的场景。在各种入职培训、日常学习和实操中，我相信你应该接触过很多项目管理的知识，而从实际观察来看，大多数项目管理的方法论还停留在工具的形态层面上，强调一个表格的格式、一个会议的组织形式或者一个复盘报告的格式。我们对这样的项目管理知识的学习很容易陷入硬技能的误区——浮于形式而忽略效果。

本章想传递的核心知识是你要真正回归项目管理的目的进行一次全面的梳理：

（1）项目管理要保证项目有效落地。项目管理从一个目标开始，要让一切工作紧密围绕目标开展，不跑偏，不做无用功，最大化地整合所有的资源和人力向目标前进，而不要让工作充满混乱无序的内部冲突。

（2）项目管理要保证项目质量可控。项目管理在从一个想法和策划案到最终落地上线的过程中，要保证实际落地的效果尽量贴近预期以及在过程中要制订出可靠的计划按部就班地推进，减少突发状况带来的额外成本和不可控性。

（3）项目管理要保证项目具有价值。项目管理对一个项目的责任应该更加连续和全面，不仅要考虑一个项目从目标到落地的过程，还要考虑为什么要做这个项目、在成功和失败后分别应该实现什么样的价值等环节。

无论项目管理的形式如何、工具格式怎么样，项目管理都应该达到以上三个目的，即从项目的目标、质量、价值三个角度完善管理，这样才是有效的项目管理。这三个角度的项目管理被我总结为项目管理的三角法，三角法并没有庞大的理论体系或者严谨的专业术语，重要的是三角法的背后代表着项目管理每一个价值的内涵。如果你可以掌握三角法的项目管理技能，我相信你就能够在实操中脱离工具格式的限制，真正有效地做好项目管理。

1.1 目标管理

优秀的活动运营（或者优秀的运营）可以用任何手段达成任何目标（当然，以活动形式为主，否则就不能称为活动运营了），能运用“任何手段”是优秀的活动运营的核心竞争力，能够达成“任何目标”便是基本条件。

1. 为什么目标管理是基础——目标管理的作用

目标足够清晰明确、团队形成高度共识、协同效应最大化是保证一个项目最高效和可控推进的最重要条件。以上三个部分合并在一起就是我们所要探讨的目标管理。

目标管理虽然不是一个项目成功的全部条件，但是有效的目标管理能够极大地帮助项目落地，有序推进，从而事半功倍；而无效的目标管理往往会浪费大量额外成本，扰乱执行，制造冲突。经历过大量项目的活动运营应该都深有体会，目标管理的有效性确实会对一个项目的影响大到这样的地步。究其原因是目标管理在一个项目的落地中起到了以下的作用：

（1）将模糊的授意或者导向具体为可执行、可拆解甚至可衡量的目标。

（2）评估项目的可行性，标识出关键环节和风险环节。

（3）统一项目所有成员对工作方向（价值）的认知，保证同时朝一个方向努力。

（4）将项目成员之间的工作进行串联，形成协同效应。

如果在一个项目执行之前，活动运营已经对目标管理做足了工作，那么项目基本上已经成功了一半。

以上的概念听起来简单，但是就我日常所见真正能做好目标管理的项目少之又少。以下是目标管理的常见误区和失效案例。

2. 为什么目标管理经常失效——常见的目标管理误区

（1）不做拆解直接开始做。活动运营在拿到领导模糊的授意后就找人开始落地，简单分工，各自按照既定套路做事情，事后开始找借口，找其他的亮点忽悠上级（如果上级记性差一点可能还会被表扬），到最后甚至忘了最开始为什么要做这个项目。可悲的是，这是现在各大互联网企业做项目最常见的情况（这是真的！）。

（2）不知道重点在哪里。这种情况好一点，活动运营知道自己有一个具体明确的目标（例如，做 500 万元的交易额增量）。这非常具体明确，活动运营知道哪些事情是对的、应该做的，哪些是跑偏的、应该及时调整的，但是忽略了目标结果实际上是由各个环节互相作用的最终结果。活动运营只知道这个动作和策略可能会带来最终目标的提升，但是对于能够提升多少、是指数变化还是线性增长、目标的可实现性有多大、哪个部分的工作是重点或者有没有风险毫无概念。

（3）只定义数字指标。这种情况更好了，而且往往做到这一步，部分项目已经可以顺利推进了。活动运营拿到具体可拆解的目标，进行拆解，定义每个环节的运营动作和过程指标绑定关系，找到重点和风险点重点关注，这看上去完美且靠谱。但是，这里出现了一个很危险的陷阱：数字其实并不能有效地传递完整的目标信息。这里先举一个例子，下面会展开讲：在达成整体销售金额的大目标下，你领到了通过社交裂变获取更多流量的拆解目标，那么你是引导用户分享到微信朋友圈还是分享到好友对话框？如果用户分享到微信朋友圈，那么会得到更多的曝光、引入更多的流量，但这些都是并不精准的“围观流量”。如果我们引导用户分享到好友对话框，分享的用户就会做出有选择性的分享，他会思考“我的哪个朋友可能会需要这个分享的信息”，这样我们获取的流量就会更加有目的性。

（4）互相干扰目标。这种情况比较惨，活动运营辛辛苦苦做了目标管理，统一了目标认知共识，但是在目标设定时引入了互相干扰的两个指标，团队之间不仅没有形成任何协同效应，反而不断地冲突，项目负责人只能不停地协调，整个项目在执行过程中产生了大量额外的沟通成本，团队几乎没有精力投入真正重要的项目工作中。什么是互相干扰的两个指标呢？互相干扰的两个指标是指边界模糊但是又互相作用的目标。比如，目标 1：页面整体分流效率的指标；目标 2：页面第一个核心模块的整体引流目标。负责目标 1 的团队会想尽办法让用户浏览更多的内容，而负责目标 2 的团队则会想尽办法用欺骗性文案把用户先骗进这个模块再说。这类情况常见、复杂且往往是由于本身的大部门团队分工造成的，往往也是无可奈何的。唯一的解决办法是除了项目负责人外所有参与项目的人员（以活动运营为主）都要有更强的有效的目标管理意识。

3. 有效的目标管理方法论

首先，我希望你接受和理解一个理念——完整的目标的定义：一个项目的目标是项目边界的定义、理性拆解和感性解读的综合表述。缺少其中任何一个维度都是不完整的目标表述，缺少任何一个维度都会导致目标管理崩溃，上面已经介绍过。这三个维度各自扮演的角色和起到的作用如下。

（1）项目边界的定义。项目边界的定义是项目目标的心脏，是该做什么和不该做什么的直观定义，是对这个项目中各个部分运营动作正确或者错误的判断标准，是一个项目成立的基础。

（2）理性拆解。理性拆解是目标的肉体，多体现为数字和公式，把目标拆解为该做多少和能做多少，把一个大的目标用数学公式拆解到最细，是保证团队协作的基础。（例如，GMV=UV×转化率×ASP=广告曝光×点击率×……）

（3）感性解读。感性解读是目标的灵魂，是用数字无法表达的项目愿景和价值导向，和理性拆解的结合真正表达清楚了一个目标是多少和是什么，是真正让一个团队协作和产生协同效应的核心。

你如果能够理解以上的概念，已经可以把它们运用到目标管理中，只要保证对目标的定义包含了以上三个维度，就能够体验到真正有效的目标管理带来的效率提升。

1）项目目标管理方法论

首先，进行项目目标的合理拆解（理性拆解），并对应到落地动作（项目边界）。

先思考一个问题：参与项目的为指标负责的成员（视觉研发人员等为进度和质量负责的除外）是如何划分的？为了保证项目在推进过程中各个成员的工作朝着统一的方向，项目整体指标如何拆解就至关重要。你希望整个团队如何协作，就应该有一套对应的目标拆解体系。

常见情况如下：一个虚拟团队里成员的工作要么是流水线作业（引流—承接—转化）的，要么是横向分工（按照业务模块分工，例如男装、女装、数码产品等）的，要么是两种模式综合的。根据两种模式的团队分工，对应目标拆解表把事情和目标拆解到最细，这就是有效目标管理的第一步。

人员划分、项目组织和目标的拆解逻辑需要一致，要保证无模糊地带，拆解数据项之间的相互作用逻辑（例如，交易额=流量×转化率×客单价）要能够保证分工合作的有效性。（有些时候因为团队架构的原因无法完全让分工结构与指标拆解一一对应，但是尽量避免分工的模糊地带会减少很多不必要的成本）。

你要尽量把目标拆解到最细，基本要求是责任到人，更高要求是每个人还可以再拆解自己的工作。

足够细致的目标拆解表可以保证项目管理的有序和数据监控的有效。当项目整体指标出问题时，你可以快速定位到问题点和责任人。

两种拆解逻辑（流水线作业——纵向拆解和横向分工——横向拆解）的灵活性保证了一个项目可以有多种分工协作模式和指标拆解模式，但更好的建议是按照用户路径进行关键指标拆解（要体现出用户的每一步关键动作，包括点击广告、点击内容、点击购物车），然后再倒推进行分工拆解，这样整个拆解表又多了一个功能，成为用户数据路径表，这使得项目分析的有效性更佳。当然，在客观情况下你可能没办法很理想地拆解，但是要尽量往这个方向去靠。

你要尝试在做每一个项目之前，梳理出完整的目标拆解表，分析出对里面的每一个关键环节有多少信心，对那些提前预判不可控或者不太有信心的环节，你要在项目管理过程中重点关注。

横向分工的指标和团队之间可以灵活地加入一些竞争，“赛马”（按照实时业绩产出实时调整的资源位排序或者导流机制）和资源匹配的机制可以有效地激活横向团队的竞争，带来更大的产出（如图 1-1 所示）。

你需要警惕项目目标拆解方法的一个弊端，在拆解不合理或者项目成员对整体业务理解不够的情况下，项目成员会过度聚焦手头的指标，而忽略了对整体目标的关注和其他指标的影响。例如，负责广告的成员会过度聚焦广告的点击率而使用大量的欺骗性文案提高点击率，但是无形中引入了大量垃圾流量导致后续环节指标降低。

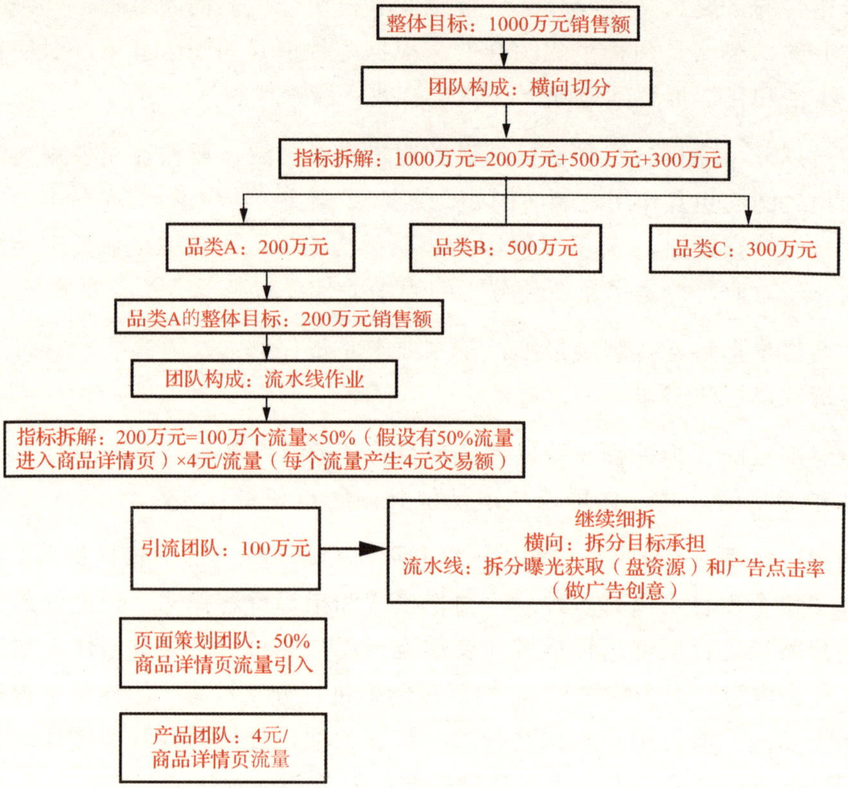

图 1-1

2）导向指标和数字指标的绑定（感性解读）

为了避免以上提到的情况发生，目标管理需要有一个导向指标配合数字指标一起发挥作用。例如，“我们的导向指标是要让更多用户产生有效的留存”。使用这个导向指标在项目的各个阶段中对所有环节的策略进行评估，对不符合此导向指标的环节进行修正。

更进一步的做法是，把导向指标、目标和分工一起拆解，形成终极的项目目标管理表。例如，把“我们需要达成交易额的增长”拆解为“我们需要引流更多有效的流量”和“我们需要提升页面的转化率”。

对于大多数项目来说，我们领到的都是一个聚焦或模糊的 KPI，也许是交易额要达到×××万元，也许是要做一个×××的创新项目。很多项目策划案诞生于这样一个会议“大家好，这是我们的 KPI，我们想一想怎么做吧”。但是在每个项目里不同角色的视角和立场不一样，对项目背景的理解程度不一样，往往对目标的理解就在这里出现了分歧，分歧就带来了执行偏差，执行偏差就带来了返工、调整、延期，甚至大家一起跑偏方向。

我相信大多数项目的产品经理和产品运营都对这个现象深有体会并深受其害。我通过对所经历过的所有项目策划过程的观察发现，分歧往往是不同角色对数字指标和导向指标的解读能力差异导致的。运营和活动运营喜欢看数字指标，如 GMV 要达到多少，把 GMV 拆解为流量和转化率分别要达到多少，如果缺流量我就去找点儿资源。产品经理（大多数产品经理是看 KPI 的）或者研发人员更偏向于导向指标，通过××（策略）达成××（目的）。这本身就是两种拆解和做事的思路，必然会有冲突。

有效的解决方法是，当领到一个项目目标以后，你应该邀请所有项目成员坐在一起，就项目目标的理解或拆解达成共识，而达成的共识具体呈现为得出一套紧密关联的数字指标+导向指标，缺一不可，一一对应，一个指标一定要有一个策略对应。数字指标约束大家对项目贡献的方向是一致的，导向指标保证大家是在统一的策略下使力。但往往大多数项目目标只具备其一。

有效、靠谱的项目必须以拆解并达成共识的数字指标+导向指标开始，你要不断地用这个指标集合检查和验证。举个简单的例子，实际情况可能会更复杂一些，但逻辑是通用的，你要多使用通过××（策略）达成××（目标）的句式描述一个具体的导向（如图 1-2 所示）。

综上所述，一个完整、有效的项目目标管理应该包含三个维度同一个逻辑的拆解：

（1）项目指标的拆解。

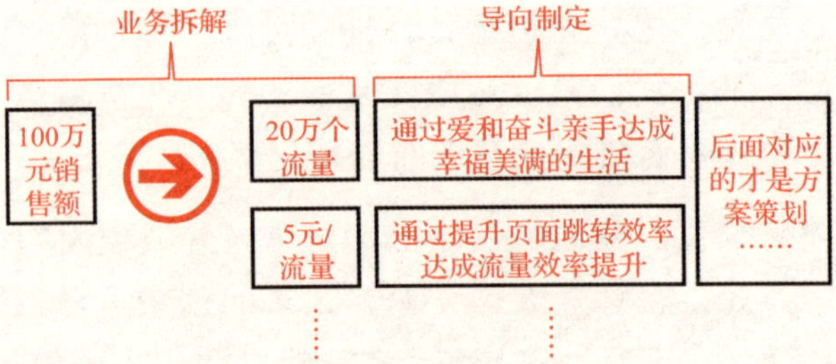

图 1-2

（2）对应项目指标的分工拆解。

（3）对应项目分工的导向拆解。

目标拆解表最好来自用户路径的反向推导，能够体现每个用户关键操作部分和运营可以影响的部分。你要分析里面的可控点和风险点，并有选择性地重点关注。然后，基于这个表格进行项目的监控、数据的追踪、关键点的评估。

你的项目在开始之前就拥有了非常坚实的基础保证：有效的项目目标管理前提。这是绝对值得投入时间提前做好准备的。

1.2 质量管理

上节探讨了如何将一个模糊的授意或者任务拆解为具体可执行的有效的目标，目的是让一个项目有足够坚实的出发点基础。下一个普遍的项目落地痛点在于不管项目目标制定得如何清晰，实际落地的效果往往会有极大的偏差，或者在落地过程中出现突发状况和问题频发。100 分的策划案落地往往为 70 分，找回消失的 30 分或者在可控的因素下做出超出计划的表现就是在项目执行过程中质量管理效果的体现。

下面介绍活动运营必备的项目管理三大核心（目标管理打基础，质量管理保证质量，价值管理挖掘项目的最大价值）的第二个——质量管理，如何承接好有效的目标管理进行有效的质量管理呢？

1. 为什么需要质量管理——质量管理的作用

项目按部就班地落地，执行可控，体验符合甚至超出预期，在上线后不管效果好坏都能最有效地应对，我相信这样的项目执行过程是每一个活动运营都希望达到的。

当然，一个项目最终效果的好坏和项目的成败受到很多主观或客观因素影响，并非我们可以完全决定和影响的。极端一些的情况是有些时候我们不得不做一些注定失败的项目。项目的执行质量与项目的成败确实是完全不同的两件事情。让一个项目在可控范围内质量靠谱，并执行一致是完全可以通过方法实现的，完全可操作。尤其对于执行阶段的个人来说，你无论能否做出有质量保证的项目都是所有人眼中靠谱和专业的项目操盘手，即使做不成，你也能成为专业的项目管理者，同时为项目产生实际的价值（无论 KPI 衡量下的成败）做好准备。这就是项目质量管理的作用。

质量管理在一个项目落地中起到的作用如下：

（1）对项目的执行落地进行完善的管理，保证有序推进。

（2）对项目的实际体验进行有效的管理，保证落地一致。

（3）对项目的上线表现进行提前的管理，保证临危不乱。

2. 为什么质量管理总有缺失——质量管理常见的误区

项目在执行中的质量管理是所有做项目的人一定要去做的，不管是每个项目必备的执行进展管理表还是每日快速对齐的碰头会都是大家做的质量管理工作。一个项目从策划到落地涉及很多内容和细节：要管理好人，要管理好事，要不要考虑突发状况，要不要考虑潜在风险，要怎么管理好不靠谱的团队成员的输出质量。项目在实际落地过程中往往难以照顾到方方面面，总会有部分遗漏，以下是一些常见的质量管理缺失案例。

（1）项目执行节奏混乱。一个项目从启动执行到上线涉及多个团队的联动，每个部分环环相扣。常见的情况是某一个环节因为主观或者客观因素被延期，导致整个计划被打乱，后续每个环节和关联环节的预期执行时间都被压缩，往往执行时间的压缩又会带来关联的延期或者错误，从而进入恶性循环。

更糟糕的是，在这个循环的过程中，往往优先被牺牲掉以弥补时间成本的环节是最重要的体验和优化环节。比如，在项目上线前两小时还在联调，凌晨三点一群人满头大汗地面对微信群里领导的质疑——为什么不提前一点儿计划好而要拖到现在还不上线？真是有苦难言。

项目最终匆匆上线，如果效果好，那么大家相视一笑，松一口气，然后彻底忘掉这次的教训；如果效果不好，那么大家会陷入深深的自责和反思，得出一个结论：下次一定要预留足够多的时间进行上线准备，不能这么坑自己了（其实下次多半还是这个节奏）。

（2）项目落地体验偏差不可控。越是操作大型项目的人越有感触，一个项目方案考虑得再详细，一旦打散落到一个团队开始执行以后，项目落地偏差就出现了。当然，关于项目目标层面的偏离已经在目标管理中给出了解决方案，这里讨论的更多的是项目实际呈现的体验与预期的偏离，属于目标管理的承接。

比如，我希望做一个春节期间激起用户想家情绪，然后促使其买年货的专题活动，计划项目从广告文案、专题页氛围、选品到一键加购物车的体验都要为用户营造一种想家的氛围，然后让用户一键购买一批年货提前送回家。在目标管理中，我与各个环节的同事约定好了一致的方向：要利用过年时间点的氛围提升专题页年货的转化率。但是每个人对感性层面目标的解读都不一样，广告讲的是妈妈最喜欢吃的“三只松鼠”做满减活动了，但是在卖场中用户根本找不到“三只松鼠”，看到的是在讲想家的故事。策划人员希望用户能够凑单买更多商品，所以为“三只松鼠”搭配了众多的套餐选项，当然这些已经是卖场最核心的主线流程。我相信你管理好这几个核心的体验一致性精力还够，但是商品详情页里面的描述文案、主图氛围、卖场互动游戏的提示文案这些众多的细节你顾得上吗？

做一个从头到尾体验一致、细节到位、全方位感动用户的项目不可行吗？

我真想自己一个人从头到尾亲手操作啊！那样可控多了。

（3）项目效果不好束手无策。项目终于磕磕绊绊地上线了，迎来了实际流量的考验，但是项目效果完全低于预期。我只能眼睁睁地看着提前盘点好的流量不断地被浪费，赶紧召集大家坐在一起讨论了一些优化的方案，按照投入产出效果制定了优化措施的优先级，开始分工，大家各自工作，有些来得及跟进的优化措施能够按时上线产生了效果，有些来不及上线的也就不了了之。在大多数情况下活动的整个推广期在慌乱中结束了。然后，我开始写总结，找理由，看哪个策略最可能是项目失败的原因，就是让它来“背锅”，向领导汇报说下次注意。当然，也有可能项目效果很好，成功了，得到了有效的经验，大家举杯共庆，忘掉了被优秀数据隐藏起来的问题。不管是哪种情况，在下一次项目执行时，一定还会出现全新的效果不好的情况，你用来“背锅”的失败经验和上一次成功的运气到底还能不能起作用，就不一定了。

大家都有质量管理的意识，也有既定的方法论用于不断地优化某一个部分的质量管理效果，但还存在最开始的问题：项目细节很多，一个方法论可以帮助你管好一个方面（优秀的项目经理能够管理好项目的执行进展，那么对于体验和目标达成呢？），但是怎么才能保证对项目完整的细节质量的管理和控制呢？

以下是我对项目质量管理给出的一套完整的方法论和工具，目的是解决质量管理的核心问题：管不全。要想全面、细致地管理项目质量，首先要理解完整、有效的项目执行需要从三个层面并行推动：

（1）从项目管理角度推动。

（2）从用户体验角度推动。

（3）从目标达成角度推动。

从这三个层面的推动缺一不可，而这三个层面的质量管理形成了质量管理的全集。

这就意味着，质量管理实际上需要项目团队里有三种角色：项目经理（为项目执行进展和效率负责）、产品经理（为用户体验负责）、运营（为指标达成负责）。这三个角色为各自的立场代言，在整个质量管理过程中从三个角度进行质量管理的把控，往往会形成冲突的观点，但这是能够真正有效得出靠谱结论的争论过程，能够保证项目质量的所有细节都被考虑和反复打磨经受挑战，而缺失任何一个角色都会导致项目质量管理存在缺失。

在一个项目中往往并不完全存在这三个角色，即使有这三个角色，他们的专业度也未必匹配，仍然会造成很多问题。所以，这个时候活动运营这个灵魂角色需要同时具备从这三个角度进行质量管理的能力，运用三个角度的视角和方法论实现完整、有效的项目质量管理（当然，对于足够庞大的项目，你需要寻找团队里能够扮演好其中一个角色的成员，并确认他执行好对应部分的工作）。

3. 完整、有效的项目质量管理方法论——多角度质量管理法

多角度质量管理法包含以下内容：

（1）我现在是项目经理，我会运用专业的项目管理方法论保证项目的执行有条不紊，并且质量可控，关键是我能够为项目打磨和优化预留充足的时间。

（2）我现在是产品经理，我能够从用户角度体验和审视所有的细节，保证项目从头到尾的用户体验和项目质量符合预期，关键是我能够让这个项目的细节出彩并感动用户。

（3）我现在是运营经理，我能够对项目最终上线的效果做出充足的预判，有大量的有效方法可以应对不同的情况，并在每一个项目中不断沉淀有效的经验，关键是我能够最大限度地提升项目的可行性。

你如果能够理解以上内容，在项目质量管理过程中，学会站在三个立场上（或者让你的团队里有值得信任的这三个角色）进行三个层面的质量管理，就能够保证项目质量可控、无缺失（拥有了这三个靠谱的角色，你作为项目负责人会非常轻松）。

接下来，我介绍一下多角度质量管理法的实践。这只是其中的一种实践方式，你如果可以抓住多角度质量管理法的核心，那么你也可以基于以上理论研究出你自己的方法。

1）扮演好项目经理的角色

你要忘掉 KPI，忘掉用户体验。你现在是一个项目经理，需要对项目质量管理尽到以下义务：

提供真正合理的质量管理周期：时间是质量的基本保证，一个仓促上线赶进度的项目一定是质量欠缺的项目。我们都会做基本的时间管理（学习一下基本的项目管理方法论就行），在项目一开始制定项目执行时间表，监控每个环节的配合时间，不断调整，用邮件周知，不断检查（这些基础的我们不谈）。在

理想情况下，我们做到这一步即可，项目就会像计划一样完美地、按部就班地推进。

实际上往往事与愿违，越是大型、复杂的需要项目管理发挥作用的项目往往越会发生突发状况和异常情况，导致节奏被打乱，执行被扰乱。因为突发状况、异常情况的随机性和多变性，无法通过这次的总结帮助下次规避，所以没有一套绝对的方法论可以帮助你规避所有可能的突发状况和异常情况。

你可以从另外一个角度——时间管理角度——找到一套通用、有效的方法应对这些问题，预留足够的时间提前应对突发状况和不可控因素，实现有效的质量管理，这也是时间管理的真正重点所在。

在这个核心下，我们真正需要用一套简单的方法实现有效的质量管理，这个方法包含三个步骤：提前时间，植入概念，不断强化。

你是怎么定义活动上线时间的？我所了解的大多数情况是项目经理一般会把项目真正的上线时间（甚至详细到 10 月 10 日 0 点）周知给所有团队成员，告诉大家要赶这个时间节点。当然，有些人也会告诉大家需要提前三天进行测试。

从理论上来说，大家按照这个时间执行了，提前测试，三天联调，项目最终按时上线。当然，更复杂一些的情况是在项目执行过程中会有更多关键点，比如视觉检查点、交互检查点。大家都会设定提前量，以确定到计划中的时间节点一定能够完成。通用的概念一样很简单，可以简化为如图 1-3 所示的模型。

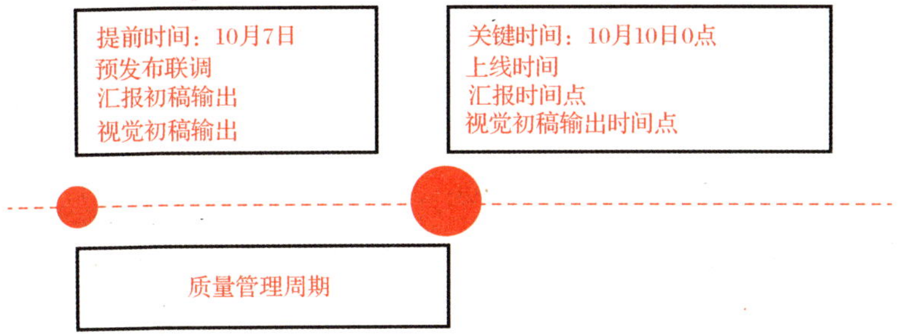

图 1-3

这个模型代表了一个核心理念：在质量管理中所有的时间管理都是提前量（质量管理周期）的管理。

我们可以把这个模型套入所有的时间管理中，管理任何从大到小的时间片段和项目周期。但是真正核心的问题还没有解决，不论我制定多少提前量，最后都会发现大家还是拖到真正上线前的最后一刻才把所有事情做完，导致一次又一次在上线前的两小时里焦头烂额。

人性使然，无法避免。因为在人的潜意识中项目上线时间是一个清晰的时间点，而提前时间是一个次要级别的时间点（当然，项目经理往往也会强调前者而非后者），所以所有人都会把事情留到更清晰那个时间点再去做。

所以，我们会一次又一次地反思这次是哪里出了问题导致没有时间做质量管理和优化，然后下一次避免这个问题的出现，但是这样的办法真的只会让以上的情况一次又一次地发生。

我们要强化置前时间点而不是关键时间点（希望你们感受到强化的力度），如图 1-4 示例。

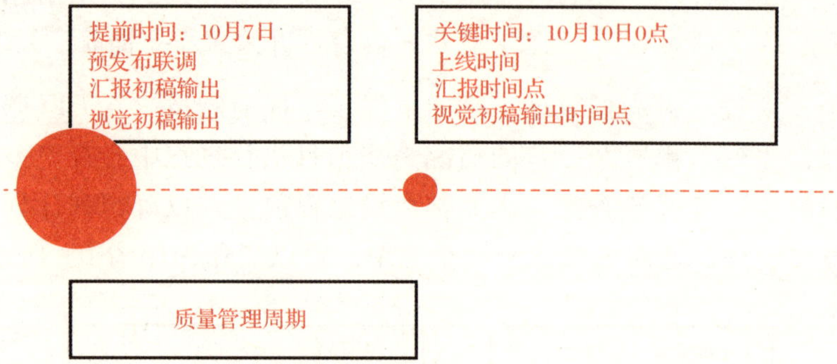

图 1-4

这是最有效的解决方案。我们要在所有的会议上不断地强调在 10 月 7 日上线，让大家忘掉 10 月 10 日 0 点上线；向所有的领导、合作团队的领导承诺 10 月 7 日测试，给大家施加压力，用公开的邮件并在工作群里不断地提醒大家达成共识；不断地恐吓项目成员或者自己一定要在 10 月 7 日上线，不留任何余地。总之，你如果能把置前时间强化到每个人都无法忘却，就能够实现真正有效的时间管理和质量管理周期落实，然后可以从容不迫地用争取来的额外时间做所有的质量管理、优化和风险控制。

这就是项目经理角色在质量管理中需要做到的提供真正合理的质量管理周期。

你可以用这个技巧结合简单的质量管理周期模型，感受它给你带来的项目质量管理的翻天覆地的效果变化。

2）扮演好产品经理的角色

你要忘掉客户需求、业绩指标、执行节奏。你是一个产品经理，需要为项目质量管理尽到以下义务：

全面管理好项目体验质量的一致性：你现在是项目中产品经理的角色，首先需要明确一个前提，所有与用户体验相关的部分都由你说了算，随之而来的义务就是你要对所有用户体验的细节负责，对任何一个细节考虑不周全和缺失都是你的责任。你有义务对任何损伤用户体验、不符合计划导向的策略提出挑战，与项目其他成员或者另外一个角色的自己互相挑战，可能会挑战成功，也可能会挑战失败，但是你这一方的力量在项目质量管理中必不可少。

当你站在这个角色的角度思考问题时，你一定要脱离在具体项目中的分工，也许你只负责做承接页面的策划，推广素材制作、货品盘点并不是你的义务（或者都是你负责但你当作独立的两件事情在做）。全面、细致地考虑完整体验和既定目标的一致性，是体验质量管理里最关键的工作，大多数的项目质量管理只能够做好关键环节的管理（即策划案里的方案部分），但是大量的细节被忽视了，完全依靠这个部分负责人的专业度和目标理解程度，而这是完全不可控的。

所以，项目体验质量的一致性意味着全面的细节体验管理意识和配套的动作。

（1）花 20 分钟画出项目过程中完整的用户路径（用手画就可以），完整意味着包含所有的主线、分支、异常流用户会走到的页面和看到的内容，每一个弹出提示框都要考虑在内。（当然，项目方案 demo 里面已经包含了大多数内容）你要考虑到每一个环节，所以需要比 demo 更周全。

（2）基于目标导向的定义（例如，我要让用户感知过春节的氛围从而促使他们下单），赋予每一个环节必要的用户体验任务（每一个环节需要有能够明确描述的任务和价值，否则没有存在的必要），把它们写下来。（你会发现目标管理部分教你的目标拆解管理已经与这里产生了共鸣）。你的描述需要具体而明确，通过××达成××，例如广告承担的义务是需要用产生共鸣的××节日氛围和××文案吸引用户进入页面。

（3）完整地审视你的用户路径图，看它是不是完整的体验，有没有一步一步地从情感共鸣到内容吸引再到引导用户下单，从而实现了目标导向中定义的体验。

（4）利用项目经理每天组织的快速碰头会议或者各种快速沟通机会，不断地拿出这张图与每个环节的同事确认你明确的各个环节任务是否达到，如果出现了冲突，那么 PK 寻求共识。你如果错了，就要修正。

简单来说，你需要统一管理好任何细节体验，任何需要达成的一致性体验都要集中在一张图里进行统一的管理。

这个方法更能够发挥价值的地方在于，你在这张图中可以看到项目呈现出的整体风格和氛围。比如，你追一个热点，希望你的项目从头到尾所有的细节都让用户沉浸在最近的宫斗剧氛围中，那么这张图能够帮你检查和修正里面所有的异常提示文案。你不要让用户从浓厚的宫廷氛围中被冷冰冰的"抱歉，奖品已经发完"抽离出来，而要让他们从头到尾在任何细节中看到的都是"御膳房材料有限"，从而得到一致性的体验。

以上这个方法运用得当不仅是有效的体验质量管理方法，还是能够做出超出预期体验的质量管理方法，在后面的章节中我们会探讨更多做出精彩体验的方法。

是的，全面的细节体验管理就这么简单，只需要 20 分钟，运用并体会它给你带来的效率提升和效果变化吧。

3）扮演好运营的角色

为项目质量的最终体现（实际效果）负责：有效的质量管理走到这一步，有充足的时间进行优化和联调，做到了细节把控到位、体验一致，项目就可以按部就班地上线了。项目质量好不好最终要接受真实流量的考验，项目实际的最终体现（实际效果）也是项目质量管理必备的环节。所以，质量管理还需要最后一个步骤，运营角色需要负责的项目实际效果质量管理。

先要区分两个概念：质量上乘的项目和效果好的项目，前者可控，后者在绝大多数情况下需要天时、地利、人和。

质量上乘的项目除了执行顺利、体验一致，还需要产生价值，即项目最终上线后不管效果如何，需要带来实际的业务价值，这也是运营需要在质量管理中尽到的义务。下面我们探讨做什么可以保证项目有价值。

（1）前期。扮演目标承担者角色的运营对项目目标的有效管理带来了项目有用的价值，有用意味着这个项目不偏离目标，不做无用功，项目只有数据的好坏而不会产生偏离目标的彻底错误。这一步保证了项目的基本价值，即最终产生的效果一致和可基本预期，且在经验的积累下可预测性会不断提升。

（2）中期。你要对项目上线后的实际效果做多种走向的全视图预测，把握项目里影响目标达成的所有关键环节（以上一步目标管理为基础），知道项目在上线后如果效果不好最有可能是哪个环节出现了问题、最有效的优化手段是什么。你要沉淀一套自己的运营方法论，知道什么优化动作可以引起质变、什么办法可以引起量变。例如，你要知道调整页面坑位的样式可能会使得页面点击率提升 1%～9%，但是换品和换广告文案可能会带来跳转率几倍的变化，争取某个关键渠道的资源加持可能会带来流量集中爆发的效果，争取一些零散的资源可能只会带来流量提升 20%。

你要做好项目走向全视图预测（比如，项目可能会好，也可能会差，流量可能会在哪一天爆发，可能会在哪一个环节掉链子以及在每个环节出现问题时应该怎么调整），当足够熟练后这套全视图应该就存在于你的头脑中。

简单来说，在既定条件和我所掌握的运营手段之下，我领到了一个业务指标，那么我就有义务让项目方案获得最大的成功概率（包含既定的方案最大成功可能性和提前准备项目在上线后效果不好的最有效优化手段），这就是我们所定义的运营层面需要做好的质量管理核心。它带来的是在项目效果可控性下最大化的价值。

（3）后期。项目在上线后，要面对真正的流量考验，这个时候运营成了引领大家前行的舵手。因为运营为指标的达成负责，如果效果不好，那么运营是第一责任人，所以运营有权力快速进行之前准备好的既定策略的调整。首先，所有运营都要有这个心理准备和胆量，这是前提。

然后，你要开始用基本的问题定义方法（问题定义意味着明确现状和理想之间的差异是什么），以明确我们需要提升和优化的点，然后以投入产出确定优先级，最后做出决策快速确定优化措施并执行（你会发现项目管理部分做好的拆解准备和关键点分析在这里能够第一时间帮助你找到问题）。但更重要的是，你要亲自牵头执行和观察这个过程的结果，因为这个过程的完整经历是你的运营方法论沉淀的关键来源，是你的业务敏感性的保证和有效操盘项目的经验沉淀，也是项目对于团队和你个人价值的最终体现。

久而久之，对于有意识做好质量管理的活动运营来说，质量管理会成为你的核心能力模型，并不需要复杂的格式和操作，因为如何做好提前的质量管理、如何最大可能地达成项目效果、什么撒手锏是最有效的都在你的头脑中了。

更重要的是，你要回到最初的观点，项目形式千变万化，质量管理涉及的细节众多且复杂。在互联网领域中，多角度质量管理法是一套有效地进行全面质量管理的理论，你如果可以基于这个基本理论不断思考和实践，那么应该也能够得出一套更适合自己的质量管理方法论。

1.3 价值管理

前面我们探讨了如何将模糊的任务目标拆解为具体可执行，并且帮助团队形成强烈共识的目标。这就是帮助项目有序执行、体验一致和效果最大化的质量管理。下面介绍项目价值管理，以形成完整的项目管理三角，如图 1-5 所示。

从图 1-5 中可以看出，目标管理和质量管理可以帮助你提升项目质量，实现价值。但是如果没有最终的价值管理，项目管理就无法循环，项目价值无法输出。

我要反复强调的是，项目的最终成败由诸多主观、客观因素决定，不存在让你绝对成功的项目管理成功学，但是让项目具备价值是可以用既定方法论实现的，既能够产生帮助个人不断提升项目把控力的价值，也能够产生在业务层面推动业务发展不断沉淀有效业务经验的价值。这就是项目管理三角能够帮助你达成的。

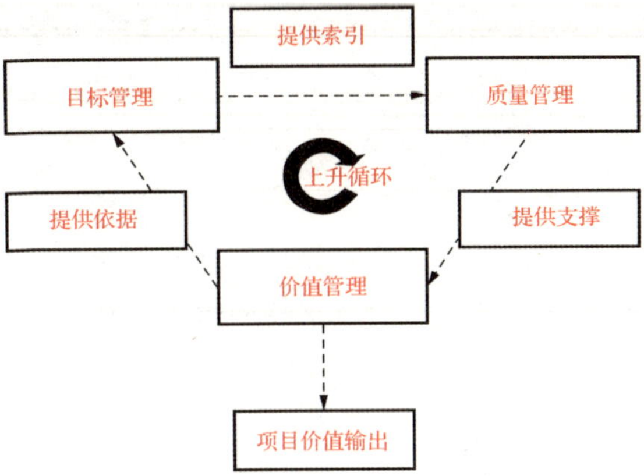

图 1-5

现在我们就来探讨一下不影响项目的成败，但是能够把所有项目结果转化为价值的项目价值管理。

1. 为什么需要价值管理——价值管理的作用

项目无论成败都会被一致地认为是具备价值的：成功的项目可以带来业务突破价值，循环撬动更多资源；失败的项目可以带来经验的沉淀，引起更多思考，减少更多资源的浪费。在这个过程中，作为项目操盘手的你的收益是最大的。

价值管理可以帮助你把任何做好目标管理和质量管理的项目实现以上的目标。直白地说，这是一个非常美好的场景，从此以后不会再有项目的失败给你带来毁灭性的打击、领导的不认可、同事的唾弃，你做的每一件事情都有意义，且在这个过程中更重要的是你自己不断地在成长，也推动了业务不断地突破和发展。

价值管理在项目管理中起到的作用如下：

（1）项目全程与项目授意者（领导）和参与者保持对项目价值评价标准的共识。

（2）最大限度地利用项目目标管理和质量管理的成果，减少无用功。

（3）构成项目循环上升趋势，不断进化。

当然，当你成为一个组织或者部门的负责人以后，你需要完成的是具体的业务指标而不是一个个具体的项目了。达成目标就成功，达不成就失败。似乎这个时候项目有没有价值和成败的关系没有那么大了。

你对项目成败的把控力来自哪里？不正是在项目价值管理构建的一次又一次的上升循环中沉淀出来的吗？这个时候对于你来说价值管理更多的是形成了一种内驱力，促使你客观地评估每一次实践的价值和沉淀的经验。所以，价值管理、目标管理、质量管理共同形成的上升循环（项目管理三角）是一种贯穿活动运营职业生涯的核心能力模型。

2. 为什么价值管理总被忽视——价值管理常见的误区

在互联网行业中，难以估计每天有多少个项目上线。但是，就我日常观察来看，其中大多数的项目是毫无价值的。

你认领到一个模糊的授意，然后机械化地按照固定套路执行，如果效果好就挖掘一下亮点给领导发个喜报，如果效果差就不了了之了。我相信活动运营经常会经历这样的场景，不管你是项目的一个初级执行者执行项目还是在偶尔偷懒过程中操盘一些项目。

究其原因，运营岗位在整个行业中处于一种过度目标导向的过程中，价值导向还没有形成普遍的共识。目标导向并没有错，但是单纯的目标导向并不能完全发挥投入的所有人力、资源的价值。过度目标导向会导致以下现象的出现：

（1）单点和粗暴地评估项目成败。

（2）不敢面对失败，不择手段地掩盖失败。

（3）项目从总结沉淀到循环上升的过程机械化，在大多数情况下并未真正产生作用。

（4）单点 KPI 达成大于用户体验、大于长线增长、大于价值沉淀。

（5）忽视价值管理，对人力、资源造成大量的浪费。

过度目标导向造成的问题在很多领先的企业和行业中已经被反思多年，价值导向是一种普遍共识的解决方案。在真正的价值导向思维下演变出了诸如增长黑客等一系列解决方案，当然这些方案涉及更庞大、复杂的企业运作和业务操盘，我们这里探讨的话题还是回到价值导向如何在项目管理中发挥作用，达成我们希望实现的目标。

简单地说，我们要具有价值管理的意识：我要让投入的所有努力和资源都产生价值，而不只是完成一个目标。

3. 价值管理的实践

价值管理是价值规划、预期管理、价值提炼的一种连贯性的循环上升的动作。

完整的价值管理包含以下几点：

（1）价值规划。价值规划是项目的战略布局（再小的项目也可以有战略），是对项目所有可能走向的提前布局，目的是让价值最大化。你要明确项目价值并不是事后挖掘的，而是提前规划的。

（2）预期管理。预期管理是指与项目授意方以及参与者对项目综合价值达成统一共识，确保项目价值最终被广泛认可，以便撬动后续更多支持和资源。

（3）价值提炼。价值提炼是指对项目价值的明确提炼（包括个人层面和业务层面），形成上升循环的基础。

（4）构建上升循环。构建上升循环是指用价值管理串联起目标管理和质量管理的单点循环以及用价值指导确定下一个目标的连续循环。

这里还要补充的一点是，价值管理是一种连续性的动作，连续性有两个层面的意义：

（1）意识到事情是连续的，一个项目并不以上线、下线或者发完总结报告为终止，项目的价值影响长远甚至贯穿你的职业生涯。

（2）意识到每一个单点项目之间是连续的，每一个项目的价值输出是下一个项目和后续所有项目目标管理的依据。

价值管理是一种意识，在实践中多种多样，在此提出我的理解（并不完整式只代表我现阶段的理解）：在价值观中实践。

1）关于价值规划

我们要结合在项目目标管理中介绍的目标管理方法，明确描述项目中各个细项目标产出的价值是什么（如果描述不出来其价值所在，就应该思考一下这个部分的工作是否必要），并不一定要体现在书面上（当然，如果前期没有熟练掌握，那么可以用书写的形式辅助）。核心在于提前规划好项目各种走向的价值提炼模型。

例如，如果项目数据效果不好（用户在这个时间点对这些产品并不买账），那么我应该实现的最基本价值是不管数据量是多少我都能够让一些新用户沉淀在我们的平台或者产品中，让用户意识到这些产品即使现在不需要下一次也会感兴趣（所以，在项目方案中应该有最基本的用户关注和引导操作或者业务介绍），以便为下一个项目做好准备（甚至使用一些探索性手段得出的“这个手段是无效的”明确结论也是有价值的，可以帮助后续项目避免无效的工作）；如果数据达成甚至超出预期，那么这个项目应该被包装成一个行业标杆，进行一系列的后续宣传，以帮助平台撬动更多资源投入或者客户的投入（所以，你应该提前准备好相应的工作）。

你要提前做好这些规划，而不能简单确定一个目标就动手做，要不然只能得到一个成败的结论和对内实际上没有人看的总结邮件，本来可以挖掘很多价值，但是都浪费了（例如，本来可以沉淀下来的用户只被你当作一个跳失用户，掩盖在了大的失败的目标下）。

2）关于预期管理

你不要在接到领导的一个任务后就粗暴地执行，在失败后就开始不择手段地掩盖问题。你要把你对这个项目客观和理性的评估传递给他，让他和你保持一致的价值规划，即对这个项目的哪些地方你有信心一定会带来价值，哪些地方存在不确定性你无法把控，最终你要让这个项目在不同的情况下产出什么样的价值。

你的领导一定也知道客观因素和不可抗力的影响。他需要你告诉他具体、可靠的项目评估，明确的预期，以便做好应对多种情况的准备，而不希望从头到尾对项目进展没有感知或者抱着一个过高的预期等着你交差。

这个步骤其实非常简单，花不了你和领导 5 分钟的时间。你只要转变一下思路就会被认为是一个值得信赖和可靠的项目操盘者，而这种人是在出现重大的挑战性项目时一个团队最需要的人。预期管理也意味着能够给你争取更多的机会和更多的资源。

当然，你也可以适当做一些降低预期的管理，从而人为造成超出预期的效果。当项目影响你的团队存亡和资源获取的时候，这也许是唯一的无可奈何的办法。

3）关于价值提炼

你要意识到项目价值绝不仅是最终的 GMV 产出或者结果指标。只要对业务和个人有积极的促进作用，项目价值就可以有很多呈现形式：

（1）标杆价值。项目如果可以形成标杆效应，那么能够影响更多资源和客户的投入。

（2）用户认知价值。体验上乘的项目即使在第一次接触用户的过程中无法直接影响和转化用户，也能够让用户留下来。

（3）探索价值。基于一些全新的和未知的业务领域快速验证不同的运营手段，找到有效突破口（或者验证一些手段无效）、成败都是重要的经验。

（4）方法论沉淀价值。个人在业务执行过程中通过对数据变化、运营动作效果的细致观察沉淀下来的方法论库，可以帮助你成为更好的运营。

（5）数据挖掘价值。项目的所有用户数据有助于细化分析用户行为特征，找到突破点。

（6）口碑建设价值。价值管理到位和项目执行专业有助于形成个人或者团队对上、对合作伙伴、对外的良好口碑，也是后续资源投入的保证。

（7）合作价值、客户盘活价值、广告价值……

需要注意：这里不是教你事后编故事以弥补失误和掩盖错误，你要大胆、客观地面对错误，并得出有用价值，这样有助于你战胜其他“无脑执行”的活动运营。

另外，并不是所有的价值都值得去做，投入产出比也是重要的衡量标准，你要做最有效率的事情。

4）关于构建上升循环

你和你的业务从长期来看希望实现什么价值？是在社交营销领域中最专业还是用户量的阶梯提升？除了单点的 KPI 之外，你应该尽量把每一次实现的价值形成固定的矩阵，以便指导你在下次和后续系列项目中的动作，不断地沉淀和提升你的价值矩阵。只要每个项目都可以帮助你在社交营销领域中更专业一些，提升一些用户量，你就能够形成真正的上升循环。这样，无论成败每一个项目的结果都有价值的输出，你就不会再对每一个项目目标随意制定。

至此，活动运营必备的项目管理三角已经成型，如图 1-6 所示。

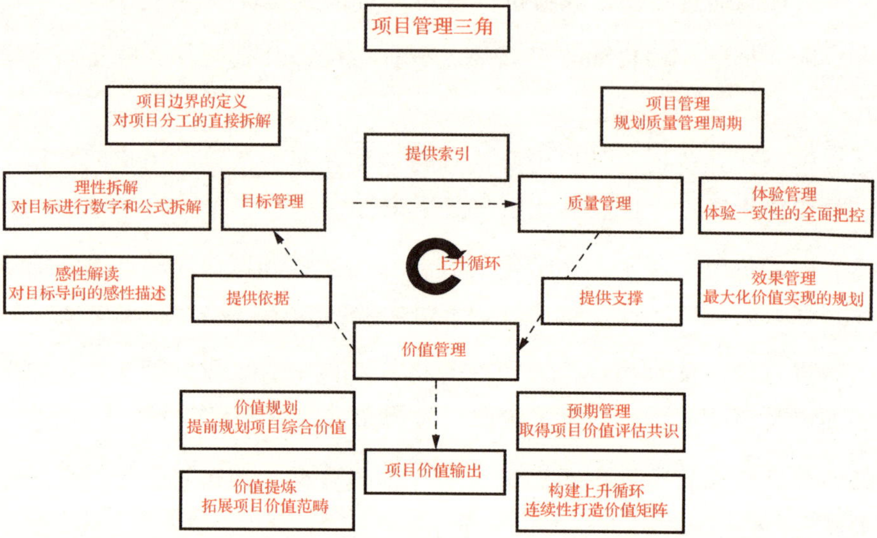

图 1-6

我要再次强调，项目最终的成败由诸多主观和客观因素决定，不存在帮你绝对成功的项目管理成功学。但是让项目具备价值是可以用既定方法论实现的，这就是项目管理三角能够帮助你达成的。

实践部分仅是关于项目管理个人实际运用的一种形式，你要把握好真正核心的理论部分，并结合大量的实践寻找你自己的项目管理三角方法论。

1.4　项目管理辅助工具

在完成了项目管理三角的工作后，我们再来完整地审视一个靠谱、完整的项目管理流程，并补充一些辅助工具使得项目管理更加完善、可控。

针对场景：常见的线上项目、专题活动、互动营销、创新业务栏目等，其他更复杂的场景不包含在内。

标准流程：命题拆解—方案制定—可行性评估—价值评估—结果模拟—十问十答，如图 1-7 所示。

图 1-7

1.4.1　命题拆解

所有项目策划的第一步都是接到一个任务，领到一个 KPI，然后我们开始进行方案策划。但是往往在后续项目执行中出现的很多问题都是在这个环节中埋下的，大多数问题来自我们对最初始的任务（命题）出现了理解的偏差或者未达成共识。

命题拆解环节可以帮助你在一开始就找准项目方向并有一个明确的可检查工具用于判断项目方向是否正确。

这里有效的方法就是我们在 1.1 节中介绍的对应方法，用三个维度的目标拆解管理好一个命题的拆解和目标的制定。

明确命题是有效创意的前提。很多项目涉及创意头脑风暴，但往往会陷入无序和混乱，抛开各种头脑风暴方法论不说，其实大多数的头脑风暴在命题明确这里就已经失败了。要聊这个话题，我们可以先聊聊所有创意课程理论都要探讨的人是怎么产生创意的。

要回答这个问题，我们先要理解和认可一个概念：产生创意本质上是解决问题的过程。

所以，产生创意无非就是明确命题—信息搜集—组合答案的过程。对于这个过程，大家以前在考试中经历了很多次，信息搜集和组合答案在后面的环节说，这里先来谈谈出现问题最多的地方：明确命题。

很多头脑风暴会议是以“我们来想个创意方案吧”“今年××节我们搞点儿创新玩法吧”开始的。然后，一堆人坐在一起提出一个又一个想法，否定一个又一个提案，玩手机，发呆，跑题。回想一个人人都经历过的场景，在上小学的时候老师让写作文，最可怕的题目不是具体、明确的题目，而是自选题目。于是，我们的纠结开始了，写这个题目好不好，好像那个题目更棒，我们一遍一遍地改草稿，最后只能草草了事。但是如果老师说今天大家回去写一篇《我的父亲》，那么我们的灵感挡都挡不住。

这就是人类大脑有意思的地方，创意的爆发一定要有一个明确的刺激点和起点，纵观任何行业，最精彩的创意从来不来自无命题。往往命题受限、资源有限、工具有限更能够激发和逼迫人产生灵感。

所以，你不要怕命题受限、资源有限，要学会在每次创造想法之前，给自己定义清楚的命题，不管是对目标解读形成具体的策略框架还是在模糊的命题下设定具体的策略。对于“给大促活动想一个创意方案”和“最近 VR 很火热，我们给大促活动想一个创意 VR 玩法”，你更想参加哪一个头脑风暴会议？

1.4.2 方案制定

方案制定当然是产出一个方案最重要和最关键的部分，对标准的方法论和步骤不做赘述，这里提炼方案制定里几个有效的工具和思路帮助你进一步提高项目方案的靠谱性和有效性。

1. 明确各个角色的立场，创造有效 PK

辩论出真理，PK 出精华。在项目方案制定时会有很多 PK 的环节，有些人觉得 PK 是一个项目方案诞生的阻力，有些人觉得只有撕到头破血流项目才能靠谱。这些都是片面的理解，无意义的 PK 和发散确实是阻力和浪费时间，一团和气的项目讨论如果没有博弈就会遗漏项目中很多不可见的问题。

所以，在方案制定的过程中非常重要的一个条件是，我们要创造有效 PK。

有效的 PK 要求在讨论的过程中每个角色都需要明确自己的正确立场，对于关乎项目成败的几个方面都有人为之站台，大家只有互相博弈、形成共识才能保证项目考虑得全面和多方平衡。

从常见的场景来说（并非绝对），运营为指标达成站台，项目经理为项目进度站台，产品经理为用户体验站台，研发人员为投入产出/风险站台。这会导致产品经理对项目里文案对用户的预期一致性和运营想要用一些欺骗性的文案提升指标达成率形成博弈，项目经理对上线时间的要求和研发人员对风险控制的立场会形成博弈。如果这几个角色都考虑的是指标达成，那么得出的方案一定是一个表面指标很好但是用户体验糟糕的方案（或者在做完这个项目后就再也不会有下一次）。所以，每一方都需要坚定立场，明确角色。只有这样，最后形成的方案才有可能平衡了用户体验、目标达成等。即使项目策划只有你一个人，你也要学会站在多个角度与立场上评估和自我 PK。

2. 有效头脑风暴的标准方法论（非唯一答案）

头脑风暴始终是在方案制定过程中最不可控和最难的一个部分，其实创意和想法的诞生并不像你想象的一样有那么多不可控因素或者是可遇不可求的。一个创意的诞生可以借助很多方法论而不单纯依赖于某个人是不是有很多想法。在学习了业内三四个专业的创意方法论之后，你就可以总结提炼一个相对共性的标准流程，具体如下。虽然不是唯一答案，但是一定有用。

（1）明确命题。上面说了。

（2）换境思考。你可以把自己想象成曾经见过的一些人，如果你是他们，那么你会怎么做这个策划案。

（3）速写描述，穷举结果。所有创意方法论里面都会出现便笺纸。这里你要理解为什么你的想法不用一条一条文案写出来，而一定要用便笺纸描述，并把它们贴在一起让大家通览。除了方便，你用绘画或者简单描述的形式把你的想法写在一张便笺纸上（你一般会用马克笔写，所以真的写不了多少），是为了让你产出的想法更简单、清晰且可呈现。一张便笺纸表述不完的想法一定是难以解读和呈现的更不用说要让用户去理解，所以便笺纸背后的逻辑在此，在头脑风暴创意穷举结果的过程中你也要逼迫自己和成员，让自己的想法尽量简单、清晰可呈现。

（4）融合方案。融合方案就是字面意思，没什么好说的，大家把觉得靠谱的方案拿出来讨论一下就可以了。

我们会在后面介绍更完整的创意方法论。

走到这一步，看似方案已经有了，一个项目方案也就成型了。但是往往很多项目方案不靠谱就是因为做出了项目方案就开始仓促地执行，而没有更多地论证。因为很多人苦于没有工具和方法做论证，也没有相对标准的书籍或者方法论探讨这个部分，所以我整理和汇总了以下四个简单的工具（可行性评估、价值评估、结果模拟、十问十答）给你，希望能够帮助你从业务价值（这里的“价值”与 1.3 节中“价值”的不同之处在于，我们要以更高的视角审视一个项目是否有必要做，很多项目有价值，但是从部门甚至公司的层面上看，其价值并不能达到值得投入的程度）、项目连续性（连续地考虑一个项目的规划、上线、下线和后续动作）、项目隐藏风险（项目可能还有哪些地方没有考虑周全）三个角度完整地论证一个项目的可行性和靠谱性。

1.4.3 可行性评估

1. 对项目实现方案的技术层面评估

对项目实现方案的技术层面评估属于基本流程，也就是研发需求评审会。这里简单提两个要点帮助你提高效率：①做业务的人一定要具备综合知识和技能，在方案制定时就要对项目的可实现性有基本的判断，不需要懂代码怎么写，但是要懂基本原理，要理解什么是静态数据、什么是动态数据、一个业务模型

（比如，砍价玩法）怎么转化成代码（其实就是一个计算公式，怎么保证在每个砍价节点用户量可控）。②在研发需求评审会中业务人员一定是主导方，将业务需求抛给产品经理和研发工程师评估是很低效的一种做法，业务侧的业务背景考虑和优先级评估是研发评审中必不可少的信息。最后，要实现业务价值和技术投入成本的最佳平衡。

2. 对项目实现方案的策略层面评估

在我看来，项目可行性评估更重要的和导致很多项目推进困难的点在项目策略评估验证环节。大多数项目以一个好的想法开始，但是当推进到后面时发现阻力重重或者推进非常困难，究其原因在于一个项目的可行性评估不仅要在技术层面可以实现，在人的层面可实现往往更加重要，如果在策略层面可以提前评估并且修正到位，那么项目执行会一帆风顺，很多人会帮助你。在现实的业务或者职场中，一个好的想法不一定有价值，一个有价值的想法不一定应该在现在由你来做，一个应该由你来做的有价值的想法也不一定就能够顺利做下去。

1.4.4 价值评估

一个项目是否有价值、是否应该由你来做、是否能够顺利地推进需要完整地评估四个方面的因素，如图 1-8 所示。

（1）业务价值。好的想法要想转化为有效的业务价值，仅凭好玩、有趣、让人兴奋并不够，要看能不能对业务带来直接的拉动。现在整个营销广告行业都在强调效果营销，能够把有趣的创意转化为有效的业务数字和业务产出的项目才真正有价值。

（2）部门业务的导向。为什么创新项目或者新领域的业务都要做 SWOT 分析？不仅为了分析这个项目能不能做好，还为了分析为什么该由你来做，其实是要理解你和你的团队在部门里扮演什么角色、部门在集团里扮演什么角色、目前整个大的体系整体的策略是什么、你的团队和你的项目在其中是否扮演了有价值的角色。一个和原有的业务毫无关联，并且找不到自己定位的项目很难获得集团公司的支持，也就很难做下去或者拿到资源支持。

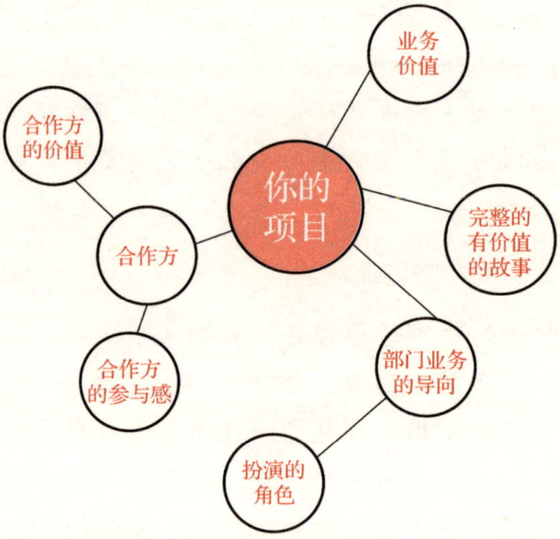

图 1-8

（3）合作方。一个项目最理想的状况是所有参与项目的团队都把这个项目当作自己的事情全力投入，而不仅仅是需求对接和处理。我相信各位产品经理经历过太多苦苦哀求设计师和研发人员的过程。所以，你要评估你的项目能够获得多少人的协助，思考对所有的合作方（例如，设计人员、研发人员、品牌商等）的价值是什么（例如，很多合作方需要的价值可能是对上的价值，所以你要思考什么东西能够让他们受到上级的表扬，如感谢邮件、看似华丽的新玩法），并尽量在方案策划阶段就让关键合作方参与进来。

（4）完整的有价值的故事。项目策划往往意味着需要有创新和新的增长，你要思考你的项目是不是符合以下三种情况：用旧的模式做出了新的业绩（例如，整合资源冲击交易峰值），用新的模式做出了旧的业绩（例如，通过社交渠道带来交易产品），用新的模式做出了新的业绩。如果你发现你的项目只是在用旧的模式做旧的业绩，那么只有两种情况，你被当作计件型工种在用（即使这样，你也要尝试在计件型工作里规划自己的小项目、小创新）或你的项目真的没必要做，因为没有价值。

在检查、修正完毕后，你的项目目前已经基本靠谱，但是还有两个小步骤能够帮助你进一步提升项目的可控性（不管项目是成功还是失败），并发现更多隐藏的威胁。

1.4.5　结果模拟

结果预判和多结果的后续策略可以帮助你提升可控性。

首先，你要转变一个观念：我做一个项目就是为了把它做成→不管成败我都要让它有价值。

很多关于项目管理和职场的理论都做了相关的介绍，更加完整和连续地计划一个项目的核心就是需要意识到事情是连续的，大多数人对项目的计划只理解到这一步，最多到总结就结束了。意识到事情的连续性要求我们对事情的多种走向有完整、充足的思考，以提高我们对一个项目的真正可控性。

你要尝试在项目方案阶段提前写一下项目总结大纲，使用 Excel 写就可以。

项目总结大纲要包括项目尝试点、尝试策略、策略成功能够得出的结论和后续动作、策略失败能够得出的结论和后续动作。

你要强迫自己用以上格式梳理项目中从大到小的各个关键点，这对你有以下两个作用。

（1）判断关键点是否在项目核心导向上、是否跑偏、是否有价值。

（2）预设好项目各种走向的后续解读价值和策略，从容且按部就班地上线项目，按照计划得出结果和分析出价值，而不是在项目上线后效果不好了才仓促地想办法补救。

如果你对项目想不清楚那么要让其他人帮你想清楚：交互设计方面的经典书籍 *don't make me think* 提到，找个对项目毫不了解的人，最好是非互联网从业者，让他从头到尾用你的产品或者看你的前端方案，在他遇到任何问题时你不要解答，把问题记下来去优化，然后再找另外一个人用你的产品或看你的前端方案，依次循环。这个办法能够最高效地提前验证用户的反应和效果。当然，如果你有资源那么提前做用户研究（简称用研）更好，你要注意自己要深度参考用研过程，不要只是简单地提需求给用研团队。

1.4.6 十问十答

最后，在每个项目方案完善后，你要对项目进行验证，持续完善它，我推荐一个有效的方法——十问十答。

十问十答最经典的案例是亚马逊的创新孵化体系，亚马逊要求每一个提出创新方案的人在提出方案后自问自答 15 个以上的问题，直到没有人能够提出更多问题为止。

试想一下你要向领导/客户宣讲方案，你最怕他们问到的问题是什么，项目最站不住脚的挑战点是什么（例如，为什么用户要来使用、为什么××业务不来抄袭），你要先问自己并尝试解答，如果解答不了就说明项目方案还有优化空间或者并没有说到关键点。你要调整方案，继续提问，直到你或者领导、合作方问不出其他问题为止，这说明你对这个项目真正清楚了。

你要把问题和回答都记录下来，作为项目方案的附录，这就是项目方案的最后一环。

第2章 策划能力

策划工作指的是基于一个明确的目标，通过策划方案去实现目标的过程。

在互联网领域中策划工作指的是利用互联网的手段去影响用户实现对应的操作而达成目标。在互联网领域中策划工作的三个阶段如下：

（1）清晰、有效地传递信息（在这个阶段对用户的影响是被动的）。

（2）主动影响用户进行某项操作。

（3）让用户进行主动的传播。

对于活动运营来说，策划工作是项目管理之后的最常见工作，在活动场景中实现对用户的影响。活动运营可以通过文案、交互和创意的策划影响用户。

以上概念的交叉就形成了活动运营需要掌握的策划能力的完整含义，活动运营通过文案、交互和创意的综合策划从三个层级实现对用户的影响。策划能力体现于活动运营能够利用策划案实现哪个层级的用户影响。下面我们依次对文案、交互和创意的策划能力做解读。

当然，策划能力归属于硬技能的一种，这意味着三种策划能力都有很多具体的方法论和工具可以借鉴、使用。策划工作面临的最大挑战其实并不是如何利用工具做出华丽的策划案，而是如何避免“为了策划而策划”（这是大多数策划案都有的问题）。这有以下两个含义：

（1）是否能够清楚地理解文案、交互和创意策划分别如何影响用户（既有积极的影响，又可能有消极的影响），它们之间是如何配合的。

（2）是否能够在整个策划工作的过程中明确策划和影响用户的目的，紧密围绕目标管理部分的工作成果，做出有效的策划而不是看上去华丽但实际上完全偏离目标的策划。

所以，本章对各种策划能力的解析用了较大的篇幅，阐述了一些显而易见但又往往在实际工作中被忽略的部分：什么样的策划是有效的。本章并不会介绍太多华丽或者高级的策划方法论（其实这些很容易搜集到），而是回归本质分析文案、交互的运作原理，以及它们如何与创意有效地结合以实现紧密围绕目标的策划。在理解了这些基本概念后，你就可以用本章给出的各种基础工具为实操切入点，先做到清晰传递信息的策划等级。这是你进一步拓展学习更多策划方法论和让策划能力更上一层楼的基本要求，也是本章要达到的目的。

2.1 文案策划能力

现在可能有 50%的互联网活动文案让人看不懂。但这是意料和情理中的一个结果。文案策划在传统广告行业中是重中之重的工作，通常由专业的文案专家执笔，通过层层审核才会最终面向用户。文案是一个活动和产品传递信息，影响用户决策的最重要工具。传统广告行业的文案策划经过多年发展已经形成了成熟的体系和理论（例如，如何引起关注、如何匹配预期、如何引起共鸣），有很多文案“大神”创造出了令人耳目一新的文案神作——既让我看得懂又引起我强烈的情感共鸣。

随着近几年互联网行业的蓬勃发展，大量教育背景起点不一的从业人员进入了互联网行业。刚刚工作一个月的人开始负责策划即将面对千万个用户曝光的活动，工作两年的人开始指挥团队，脱离一线工作，这就是所谓的“快餐化”的互联网行业。

互联网的“快餐化”使得从业人员的能力参差不齐、专业力缺失、审美力缺失，这些都直接体现在前端的活动文案上。一个被执行工作压得喘不过气的一线员工，用 5 分钟仓促撰写的活动文案被粗暴地交给交互和设计团队，依靠设计师和交互师个人的审美解读制作出来，仓促地上线，项目承担着一个并没有理解清楚的 KPI，直接呈现给了千万量级的用户，然后就下线了。没有一个人从用户的角度从头到尾认真地审视一下这个活动文案，对于这样的活动，用户看得懂吗？

我们来看几个典型的案例（因为电商平台的活动比较多且信息更复杂，所以以电商为例，但是这些现象在各种业务中都真实存在）：

（1）文案和内容不对应。这种情况一般来自推广素材制作和页面制作的割裂。负责引流的人用最刺激的文案和图片吸引流量完成引流的 KPI，毫不在乎引入流量的质量如何。

1 折的噱头非常吸引用户点击，如图 2-1 所示，可以引入大量想要捡漏的流量，但是落地页面却是常规的商品列表页，如图 2-2 所示。

图 2-1

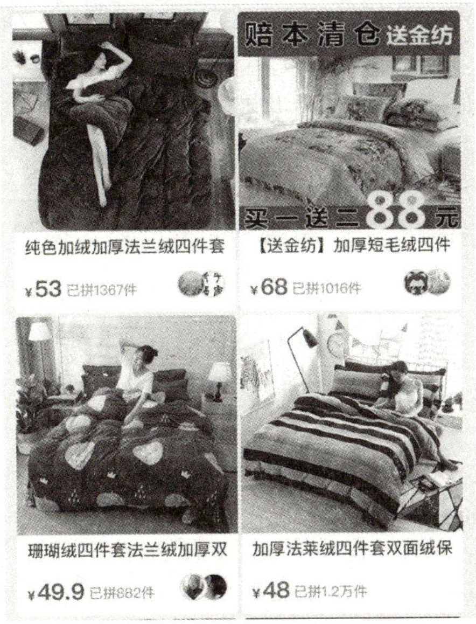

图 2-2

（2）文案优先级莫名其妙。有的活动运营认为方案的标题就应该是活动页面中优先级最高的文案，毫不在意用户实际需要了解的信息是什么，如图 2-3 所示。

图 2-3

“我真的不在乎几周年庆，左上角的标签已经无时无刻不在提醒我了，现在我最需要知道的是我在卖什么产品的页面？促销力度如何？有什么主打商品？”

（3）毫无意义地氛围营造。有的活动运营以氛围营造为借口放了一些自认为很酷的文案，其实这些方案不仅不酷而且造成了用户的困惑。

“我真的不想怦然心动，只想知道你到底是卖所有鞋子的专场还是卖靴子的专场？有没有促销活动？促销力度如何？都有哪些品牌参与促销？虽然我点击进去看了一眼但是发现全是一些不知名品牌的便宜货，然后就离开了页面”（如图 2-4 所示）。

图 2-4

（4）过时地追赶潮流。贴合潮流热点确实能够很容易抓住人们的眼球，但是潮流稍纵即逝，如果追赶潮流晚了就会显得很土和过时（当然做到像杜蕾斯一样几小时响应的就很棒）。有很多活动运营在不断地追赶着过时的潮流。

虽然我当下没有找到很好的例子，但是你应该没少看到过这个问题。比如，现在如果还用“宫廷梗”就过时了，用户在打开一个页面后看见大大的标题“恭迎小主大驾光临”，就会想立刻退出页面。这种过时、硬凑的文案真的让人尴尬不已。

（5）专业词汇随手写。每个业务的具体从业者一定都非常了解所处的行业和领域，这很容易导致把内部经常使用的一些简称和专业词汇直接写出来呈现给用户，当你提出来这个问题的时候他们往往还会质疑你“‘公号’不是常见说法吗？谁看不懂了？”常见的词汇有大促、加购、预约、限秒……（当然，对于用户已经熟悉的线下使用了很长时间的简称，活动运营是可以大胆使用的，比如跳楼价……）

业内人士当然知道加购（如图 2-5 所示）就是加购物车，但是在我旁边正在打游戏的金融业高级知识分子可能会以为是提前加油购买。

图 2-5

（6）我想说的全写出来，你爱看不看。有的活动运营总有一万句话想要对用户说，那就全部说出来吧。

图 2-6 所示的案例绝对不是最夸张的，我曾见过十行文案的专题页标题。

图 2-6

（7）粗暴地以数据导向。有的活动运营认为点击量高的文案就是好文案，以此形成了所谓的方法论，代代相传，然后非常奇怪为什么点击量越来越低，却从来没有动脑想过用户其实只是被你欺骗了，但是并不会上第二次当。常见的案例如图 2-7 所示。

图 2-7

在案例中，主打商品实际上并没有限量发售，利用刺激性的文案在刚开始时常常会吸引用户的眼球，欺骗他们进入，但是当用户一次又一次地失望后他们就会回归理性（你现在还会相信广告里面的秒杀、抢购、1折起这样的文案吗），而刺激性的文案会造成一种压迫感，让人感觉是无法回头的一次点击，用户会害怕这次点击对他造成额外的损失，这个时候他们更需要“查看详情”而不是“立即抢购”，这其实稍微动动脑就能想到。

以上只是部分情况的举例，由于粗糙的文案造成的用户理解成本增高、用户跳失，甚至对平台的厌恶感增加每天都在各大互联网平台上不断地发生。

从实际观察来看，文案撰写在活动运营专题策划的过程中，投入的时间占比是极小的，往往就是按照一个固定套路仓促地写完了。但是你有没有想过你的活动用户都看不懂，你的文案都没有传递有效的信息，你做的这个工作有意义吗？

由于从业人员众多，统一提升从业人员的文案专业力并不可行（至少在现在这个阶段还不可行），在此我想倡导一个全新的文案策划导向：我们不谈概念、不谈感情、不谈是X文案还是Y文案，先把话说清楚，即说人话文案策划导向。

其中需要以下两个部分的努力：

（1）业务领导和各级负责人要极大地提高直接影响最重要用户的每一个前端页面和活动文案的优先级。

（2）执行人员要以“我有没有在‘说人话’”作为唯一的文案策划判断标准，先达到文案有效地传达信息的功能。

我认为统一的“说人话”文案策略有以下几个好处：

（1）通过细节文案满足用户预期的一致性，日积月累增强了用户对整个平台的信任感。

（2）接地气、能看得懂的文案从长期来看能够提高活动最终的转化率。

（3）容易形成整个平台一致的文案风格，减少个人品位差异带来的风格混乱（当然，像YOHO这样由设计师把控的文案策划和统一、严谨执行的风格标准非常棒）。

（4）对个人来说，掌握写出直白、让人看得懂的文案的能力是进阶到影响用户和引起用户情感共鸣的文案能力的坚实基础（用户都不懂你，你怎么影响他？）。

（5）对用户来说，所有的文案都要“说人话”、不要欺骗、要看得懂（但是不代表不能使用刺激性的促销手段和文案），这样减少了很多的搜集成本，用户会更愿意在线上进行消费。

当然，我不否认用户在粗暴的文案环境中已经自动进化出了在乱七八糟的信息中寻找有效信息并把专业“黑话”转译成“人话”的能力，似乎文案垃圾一点儿，但是产品价格便宜还是能卖出去的。如果在这种环境中我们能够把体验做好了，谁又能保证这些细节体验的积累不会导致后期流量爆发呢。一个优秀的活动运营不要再拿出像垃圾一样的文案策划了，这样不专业。

什么是“说人话”的文案？

如果你要给你的母亲介绍如何参加这个活动，那么你会如何描述？

（1）你先点击“关注”按钮，当促销活动开始时会有消息提醒你。

（2）这是个卖家具的页面，最近 7 天在国庆节做促销活动，你只要购物每满 300 元就优惠 100 元。

（3）购物每满 300 元就能减 100 元，也就是说满 3000 元就能减 1000 元。

所以，你应该知道，在预热页面中产品下面的按钮不应该叫“预约抢购”，应该叫“促销开始提醒我”。

我所定义的“说人话”文案就是：用你平常跟人口头解释一个概念所用的逻辑和形式表达内容，要重点考虑读者的立场和角色（即他们能不能听懂），对应转化成最简单、最直接的文案。不用浮夸，不用情感共鸣，就是讲大白话，简单说清楚一件事情。

说人话的文案策略：直接传达信息，前置用户决策，提升流量利用效率；紧贴用户预期，不追求单次欺骗性文案对单点活动带来的点击量提升；长期坚持同一种连贯性的文案风格，让用户习惯和你的活动对话。

理念如上，现在我们说点儿实际的，以下是我使用的帮助我写出“说人话”文案的检查方法。这不是唯一答案，但是对于毫无章法的活动运营来说，你可以先用这个方法来做，再衍生你自己的方法论。

1. 说人话原则

说人话原则有两个层面的解读，在做完所有的文案策划工作后，我建议你用这两个层面的原则审视你所有的文案：

（1）不要强加主观意识给用户。不论产品广告多么刺激，只要是开放售卖的，用户的需求都是查看更多的信息。你不要认为这个商品需要抢购就放一个“立即抢购”的按钮。你要思考用户在当前页面最有可能继续浏览的理由是什么，把它转化为文案呈现出来，不要强加你自己的理解。

（2）所有的文案是否都可以像口水话一样直接叙述给一个人。你要检查你的页面文案、功能文案、异常提示是不是用最简单和最直接的口水话形式叙述的，如果有过时的“赶潮流梗”那么要删掉。体会一下：“预约”可以优化为“促销开始提醒我”，“全年大促”可以优化为“全年最大力度促销”。

2. 预期一致原则

简单来说，预期一致原则就是把所有关键步骤的文案用一个表格集中管理，剥离掉其他的元素，单纯审视每个环节的文案是否在循序渐进地说同一件事情，是否准确、清晰地传达了核心价值。你要避免把不准确的流量送到下一个环节。

我推荐一个活动策划案/文案的练习/打磨工具，帮助你更清晰地解读经典案例和打磨自己的策划案，如图 2-8 和图 2-9 所示。

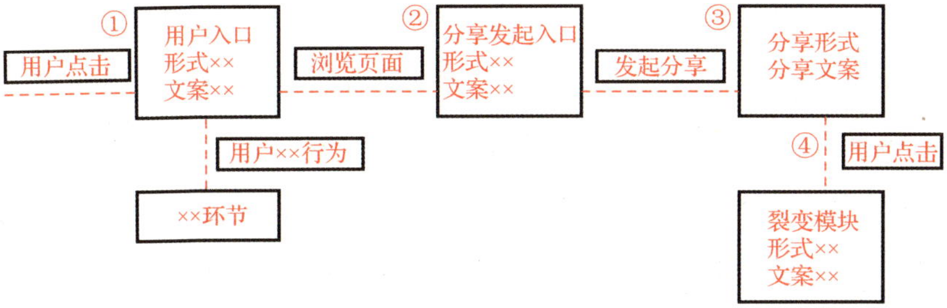

图 2-8

关键用户行为	形式	文案	信心评分	目标	实际效果
1.用户入口	轮播产品细节图XX	99元性能太空火箭	5	5%点击率	XX
2.查看详情	商品性能参数XXXX	XXX	3	XXX	XXX
3.进行分享	XXX	XXX	2（需要优化）	XXX	XXX

横向分析形式+文案对用户行为的驱动力信心

纵向分析用户预期一致性，避免文不对题导致的跳失

图 2-9

（1）画出活动逻辑图，从用户看到你的广告的那一刻起，画出用户所有的路径，并标注关键点。

（2）提炼关键点的形式和文案，把它们整合到一起，自己或求助他人为每个关键点评分，分析对这个关键点你有多少信心用交互和文案引导用户进行下一步操作。

（3）整体审视提炼表格，打磨和评估用户预期的一致性，保证用户从始至终精力聚焦在一件事情上。只有这样你才能够有效地引导用户往下走（你不要指望用 1 元抢购的广告引进来的用户会点击“全场五折”的按钮往下走）。

（4）我建议你拆解关键点的 KPI，把每个环节的跳转率目标制定清楚，在实际上线后观察并持续优化，感受每一次调整带来的变化，形成自己的感觉（这就是你的核心竞争力）。

3. 1主1附1操作原则

在每个环节中区分主次，并告诉用户两件他最想知道的事情和一个他需要的操作。这个原则有以下两个标准模板：

（1）专题页头部模板。专题页头部模板包括主标题（我在哪里）、主噱头（我为什么要留下来）、操作引导（我可以做什么），如图 2-10 所示。

（2）广告模板。广告模板包括吸引注意的噱头（我为什么要看你）、活动主题解释（你到底是什么）、点击引导（我想要点你）。点击引导可以用多种形式实现，常见的是一个极具点击感的按钮。一个小经验：在无线端因为人们是用

手指而不是用鼠标进行点击操作的，所以符合手指形状的圆形按钮会让人更有点击欲望，实测点击率大概会高出 20%，如图 2-11 所示。

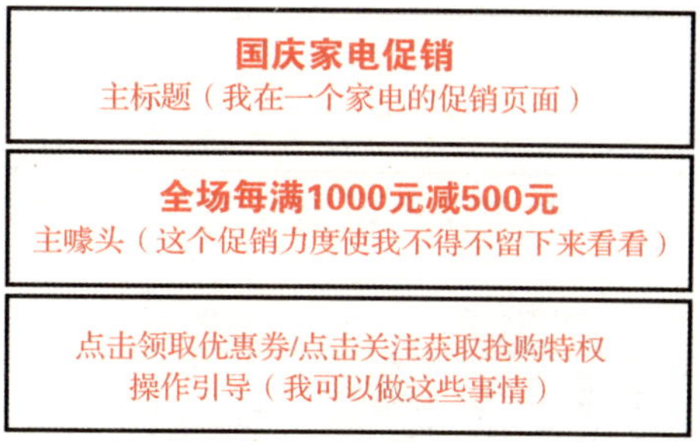

图 2-10

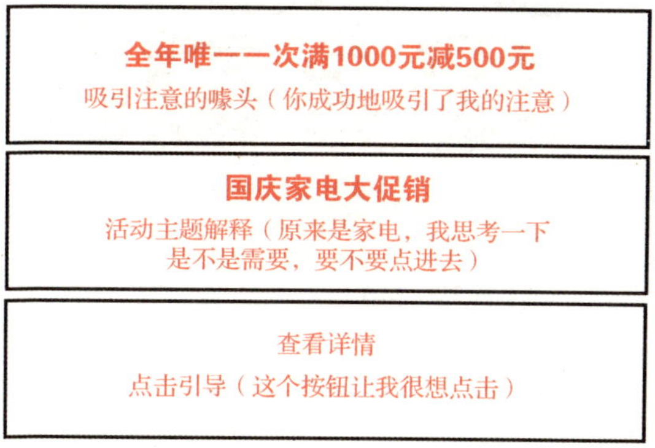

图 2-11

你可以采用其他的角标氛围、背景图氛围、价格标签等，也可以与交互同事讨论随意排版但是最重要的文案就这三条，千万不要再多！你如果能使用好这两个模板，那么我相信你已经能够从无序的文案策划工作中找到一点儿感觉。

如果你还需要感觉，那么你可以参考苹果手机的 App Store 和小米手机广告两个标杆案例。它们是让你充满了点击欲望，不时出现情感共鸣的“神作”，如图 2-12 和图 2-13 所示。

5:00
用 RAW 格式拍照的
好处
通过后期编辑打造超高品质照片
妙趣横生
体验走路的乐趣
释放创意
好片配好框
Today
游戏
App
更新
搜索

图 2-12

手机超级秒杀
旗舰机型超低价秒杀，不容错过
立即参与

图 2-13

以上是我要倡导的“说人话”文案撰写方法。当然，这在文案策划的三个层次里只是看得懂的第一步，基于这个步骤后续我们会探讨更高层次的“影响用户”和“产生共鸣”。

2.2 交互策划能力

在介绍完文案策划能力之后，我们接下来探讨一下与之紧密相关的交互策划能力。交互策划听上去是一件很复杂的工作，实际上交互策划领域也确实有众多专业方法论和细分研究领域，但是对交互策划的研究归根结底也是为了配合文案策划实现三个层次的用户体验效果。

当然，这三个层次的效果还需配合实际的产品体验和产品价值才能达到，但是文案和交互策划在这三个层次的效果实现过程中起到的作用就像是一栋房子的地基，起到了为实际内容提供转化支撑的坚实作用。文案和交互策划越有效，页面内容的体验价值就越能放大。

在理解了以上概念后，我们要回归到活动运营的范畴。对于文案策划逻辑，我们先从基本的有效传递信息着手，了解怎么先做到把产品体验和价值准确、有效地传递出来，也就是从50%做到100%的过程，这是最基本和必备的交互策划能力的前提。后续基于这部分的内容我们会从另外的角度来探讨从 100%到120%甚至到1000%的后两个阶段。

由于运营岗位日常对交互、界面和视觉术语的使用比较模糊，故此部分的术语使用可能并不严谨，目的是贴近并不专业的运营岗位日常交流场景。在此补充一些相关的标准概念：

目前，我们把界面样式设计称为交互设计（也就是大家所熟悉的视觉设计，交互偏平台视觉设计）。交互设计为 Interaction Design 或者 UX（User Experience Design，用户体验设计）。人机交互一般为 HCI（Human Centre Interaction 或者 Human-Computer Interaction）。

本书把用户界面设计和交互策划合并为一个概念介绍，统称为交互策划，因为你需要理解的并不是规范的专业术语，而是人和事物以及界面产生互动的原理。

用户交互设计就是怎么与一个事物产生正确、有效互动的方式。交互形式本来是没有对和错的，但是第一个发明螺丝钉的人把螺丝钉设计成了顺时针旋转，然后大家用起来觉得还挺顺手。久而久之，所有的螺旋产品都遵循了这套流程，逆时针旋转的螺旋瓶盖就成了奇葩的交互形式。这就是交互产生的本质——基本正确和良好的互动体验相结合，长久培养而形成的习惯与广泛的共识。当与人产生互动的事物变成了线上的页面时，“界面”的概念就出现了，这个“界面”的布局和视觉体验直接影响了人们从这个界面中获取信息的效率、操作互动的形态等。当然，这个世界已经有了亿万个界面，你的一生也在和大量的界面进行互动，这些就逐步形成了“经验”。

所以，交互的策划能力既包括交互原则和经验的使用，又包括对于原则、经验不同层次的解读和理解深度，理解得越深刻你就越能够游刃有余地利用交互原则创造出各种各样优异的体验。

当然，你也可以创造和培养你的用户习惯。一种全新的前所未见的交互形式可以帮助你形成产品特色。但是这样的高级操作一般只在产品本身价值足够大或者产品的用户量级占垄断性优势时才敢轻易尝试。例如，在微信和苹果的产品上你可以见到很多独特的交互体验，竞品只能模仿。

我们回到活动运营的范畴。先打基础，学会基本的交互原则已经足以让你把产品体验和价值完全传递出来。以此为基础，对这个领域感兴趣的人可以继续深度研究。与文案策划一样，交互专业领域也是非常有意思的。顶尖的交互策划者可以游刃有余地创造出精彩的交互体验，就像创造艺术作品一样，也会在行业里非常值钱。

我结合近百次的案例实操和广泛的交互专业知识研究、整合、提炼，给出活动运营最需要掌握的五个交互基本原则。你如果能理解并用这五个原则实时检查你策划的页面，那么基本上可以实现有效、清晰地传递信息。

1. 2W1H 原则

2W1H 原则中的 2W1H 分别为 What、Where、How，为什么它们总是出现在各种问题分析原则和逻辑组织框架中呢？因为人们无时无刻不在思考这三个问题，当这三个问题的答案清楚时，人们就会舒适且放心，反之就会不安和想要改变这个现状。所以，优秀的交互设计需要遵循的第一个原则，也是很多交互设计会忽略的部分，就是无时无刻不让你的用户清楚他所处页面的 2W1H：

（1）我现在所处的这个页面是做什么的页面？

（2）我现在所处的页面在整个浏览“地图”中处于什么位置？

（3）我应该怎么操作才能达到我的目的？

你要大量地观察、分析优秀产品和专题策划是如何在每一个页面中分别实现 2W1H 的（例如，What——常见的搜索框样式让我知道这里可以搜索，Where——搜索的路径表让我方便地在各级页面中来回搜索，How——直接、明确的按钮形式和引导文案让我知道点击就可以达到目的）。你要收集和记录最常见而不是最华丽的方式、合理的组合，并用 2W1H 原则检验你的页面是否缺失必要的元素，这是让用户愿意留下来完成操作的根本。

你要注意的是，这三个问题并不都是以直白的交互元素或者文案直接传递给用户的，只要是常见的用户习惯的形态都是可以的，例如对于上、下两个长条框，即使没有任何文案，大多数用户也会知道上面的是账号输入框，下面的是密码输入框。

你要灵活运用，而不要死板硬套。

2. 预期一致性原则

你要引导用户点击进入下一个页面的操作按钮，不管这个操作按钮在当前页面中优先级多么靠后，在下一个页面中优先级最高的内容也必须与之呼应，这样用户才会有“我做了正确的操作”的第一印象，否则用户就会产生困惑。简单来说，就是用户点击了一个“查看居家分会场”的文字链接，在下一个页面的优先级最高的内容必须要让用户知道，他确实进入了居家分会场的页面。

这听上去似乎是废话，但是你回顾一下文案策划里举出的反例，就会发现其实有很多项目都忽略了这一点。在策划过程中，活动运营往往只考虑了页面之间的跳转逻辑，似乎用户只要成功点击了按钮，就一定会停留在下一个页面。所以，在大量的坏案例中，活动运营就用了欺骗性、刺激性的文案引导用户在上一个页面进行了点击，然后在下一个页面中用另外的内容承接。

不符合连续性预期的浏览是非常痛苦的，就像一次又一次失败的尝试，当挫败感达到忍耐极限的时候，即使你的产品有再多的价值用户也会流失。

这就是为什么很多糟糕的活动一开始会有好的转化率，但是转化率越做越低，你要警惕这个陷阱。

3. 单线程操作原则

活动运营常常需要面对的任务是通过一个专题页面让用户达成一个主要目的（例如，完成购买、成为粉丝或发起传播等），最多再附带 1～2 个次要的任务。如果需要完成更多任务，那么意味着一个专题活动无法完成，需要依赖更长线运营的一个固化栏目解决，这涉及更专业的交互规划，需要由合作的产品经理完成这个任务。

在活动运营的专题页面中，问题简单一些：搜集如何提高用户逐级往下走的转化率。当然，你的最终内容对用户的吸引程度是决定用户耐心的因素（如果你让用户做的是一个领取 100 元现金的任务，那么你用最差的交互也完全没问题），所以在既定内容吸引度下如何通过简单的交互原则尽量避免用户跳失是我们需要探讨的话题。

首先，我们需要面对现实。在无线时代，用户的跳失风险得到了极大提升。在 PC 时代，新打开页面的逻辑可以让你肆无忌惮地让用户错误操作，对于新打开的窗口，用户总能找回标注着已操作状态的上一层级页面。但是无线端页面逐级覆盖，大量的设备或者浏览器并不能处理好右滑和关闭的关系。用户在每一次错误的跳转时都可能会流失，所以你一定要慎重对待用户的每一次关键点击，像用户不可能回来一样去对待。

一个最有效的应对方式就是尽量让你的任务完成路径为单线程：一路点到底、一路滑到底的体验是无线端最舒适的交互体验。

你要尽量避免使用任何打乱用户单线程操作的交互形态。

（1）你要把用户需要完成的多个任务尽量串联起来而不是一开始就让用户去选择，比如对于购买操作和关注店铺操作，你一般要在用户完成购买后再引导他关注店铺而不是一开始给他两个按钮让他选择。（现在很多电商网站的无线端版本取消了加入购物车和立即购买的并行设置，大多数根据品类属性或者促销状态预留一个主按钮）。

（2）虽然导航是一种常见的检索形态，但是导航切换的点击折损率是非常高的，每一个次级的导航点击折损率是上一级的 1.5～2 倍。当然，对于固化运营的栏目，用户在形成习惯后这个差距会逐步消失，但对于短期的活动页面来说，用户很难在第一时间就有动力去理解太多并行的概念并且做出正确选择，以上也是大量实际案例测试的结果。

（3）如果出现异常流（例如，优惠券发放完毕的提示框），那么不要依赖用户自己回退，要用一个明显的按钮（回去看商品）把用户的异常流串联回单线程操作。

对于更多的情况，你可以按照这个原则进行举一反三和验证。

4. 三层优先级原则

你是不是总是被吐槽页面内容放置太多让用户阅读很痛苦？如何判断多少才是合适的内容量？简单来说，三层是一个很好的标准。

你要在每个页面中放置一个主要信息、一个次要信息和一个补充信息（要注意，操作按钮也是信息），尽量剔除多余的信息。如果实在有无法剔除的主要信息，那么你要用单线程操作原则把它串联到下一个环节。

在专题活动中，首屏信息的三层优先级的常见运用也和 2.1 节介绍的一样，依次告诉用户他在哪里（主标题），他为什么要留下来（主噱头），他可以做什么（操作引导）。

每一个层级的信息组织都要遵循以上原则：商品模块有三个元素（名称、价格、操作按钮）和商品模块下商品卖点有三个元素。

很多交互方法论在教大家记忆大师乔治·米勒研究出的人类记忆的（7±2）

原则，即人可以同时记住的概念为 5～9 个。但是记住是一种主动行为，你不要指望用户在一个短期的专题页面中会愿意主动记住你的内容，所以你要谨慎对待和运用。

大量的主流的交互界面体验都是三个主要元素和逐级展开的三层逻辑。例如，App Store 的 App 界面：App 名称、主要卖点、下载按钮；评分界面：评论标题、星级、评论主体。久而久之，用户对这种三个元素的阅读习惯形成后，三层优先级原则就成了既定的交互原则。

但是，这没有那么死板。如果你实在需要补充一个避免风险的信息（例如，奖券发完即止），那么用弱化的微小的字体加一个备注也可以。

5. 习惯套用原则

根据交互诞生原理，我们知道交互的本质就是用户形成的既定习惯。所以你最后必须要遵守的一个交互原则就是，尽量避免创造新的交互体验，尽量运用业内最常见的交互形态而不是最酷炫的交互形态，除非你的目标是酷炫而不是转化。

这个原则还有一个更高阶的运用形式，就是把既有交互的参考从线上体验拓展到所有与人产生交互行为的事物上，只要是大众普遍认知和习惯的交互操作都是你可以借鉴的。

举一个例子，很多活动运营都会策划互动游戏，当然抄大家熟悉的互动游戏模式是最不会错的方法。但是如果你想在互动体验里做一些创新，那么我建议你借鉴既有的线下游戏体验而不是自己独创一个全新的交互操作。用一个浮层和一大堆箭头文案指导你如何操作的互动游戏是让人很抗拒的。如果你的互动游戏完全参考了线下的抓娃娃机，那么对于页面中的摇杆和抓取按钮你并不需要做任何解释，用户在进入页面的第一时间就知道如何操作。

同理，我知道一瓶可乐可以被摇一摇、要把一个剪刀的手柄捏起来、一个气球可以被戳爆。

举一反三，你就可以创造有趣但又有效的互动形式。

PC 时代传承了大量的交互经验，当然大多数都是有效的，毕竟用户经历了这么多年的培养已经形成了习惯。但是你要时刻思考一个问题：用户现在是在用手指而不是用鼠标点击，你就能发现大量可以优化的交互点。

例如，圆形的按钮更符合用户手指的形状，方形的按钮更多的是鼠标点击的形态，在关键的点击引导环节中，一个大大的立体的充满点击感的圆形按钮带给用户的点击欲望绝对大过一个常规的方形按钮。我不用截图举例，你可以自己想象一下是不是这样的。

当然，以上的交互原则并不是全部的，但是你只要能时时运用，举一反三，搞定活动运营常见的任务、达成准确传递信息的目的、减少跳失率就已经完全足够了。如果你还希望往接下来的两个阶段走，成为更专业的交互大师，那么可以做以下两件事情：

（1）学习更多的专业交互知识，同步搜集大量有效的交互案例，配合实践沉淀自己的交互方法论和交互原型库。

（2）通过用户洞察能力的提升，培养对文案和交互的敏感性，这在后面会展开讲。

2.3　创意策划能力

创意策划工作和创意策划能力对于活动运营来说很重要——可能是我们的命。

从直观认知上来说，创意策划能力确实是活动运营区别于常规运营的核心优势。活动运营总要有天马行空的想法，在常规运营手段之上创造各种全新的营销主题、模式、互动创意。

作为一名活动运营，你可以问自己以下几个“灵魂”问题：

（1）我具备创意策划能力吗？

（2）如何确定我有创意策划能力呢？

（3）创意策划能力是天生的吗？

（4）创意策划能力是可以学会的吗？是否有方法论可循？

不幸的是，对于活动运营来说，创意策划能力确实还没有被当作一种具体、明确的能力项对待。大多数创意策划类的工作就是找几个“点子多的年轻人”坐在一个会议室中开一个头脑风暴会，大家零散地提出一些想法，最后用毫不靠谱的投票得出具体的方案，大多数情况下在自嗨。

当然，有的公司会把创意策划工作外包给4A公司的创意专家去做，这也是现在大型企业普遍的做法。我们先不谈4A公司的创意专家们水平的高低（他们对业务和目标的理解一定没有内部活动运营理解得深刻），因为极少量的项目有经费找4A公司，所以大多数的创意策划工作还是要依靠内部活动运营的能力，这个问题始终是无法回避的。

所以，针对以上问题，我先给出我的答案：活动运营在对业务深刻理解的基础上，需要具备一定的创意策划能力，不是需要天马行空的创意策划能力，而是需要能有效解决问题的创意策划能力。这个层面的创意策划能力是可以明确拆解、练习、学会和评估的。

对于活动运营来说，你要首先理解和记住，创意策划是解决问题的过程，创意策划必须解决问题，否则就不是有效的创意策划。

创意策划是动脑的工作，大脑的运作模式决定了一个想法的产生需要一个明确的原点（问题），通过搜集、组合大脑中储存的各种信息把它们关联到这个原点，评估最接近解决问题的答案，组合并输出。这个过程其实就像考试的过程，我们领到一张试卷，阅读、理解题目，搜集大脑中掌握的知识，把它们组合成答案输出（为什么文科生更擅长创意策划类的工作，下面会讨论）。另外，创意策划开始的原点越具体、越明确（甚至可以说受限），越容易完成组合答案和关联。

在上小学的时候老师布置作文题目《我的父亲》，我们总是文思如泉涌，而老师让我们自己定义题目写篇作文，我们总是犹豫不决，最后写出的文章也往往很普通。很多惊人的优秀创意策划经常来自一些资源受限的小公司、小业务，资源充沛、选择众多的大平台和大业务反而得出的创意策划很普通。

1. 创意策划的基本流程

创意策划过程不需要质疑，也无法绕过，行业内所有最专业的创意策划方法论最终都回归到了这个基本逻辑。创意策划其实真的很简单，创意策划的基本流程为明确命题—信息搜集—组合答案。

创意策划是可以明确拆解、练习、学会和评估的，是因为：

（1）创意策划的过程有很多方法论和模式，但万变不离其宗的是三个步骤，有针对性的拆解能够让创意策划工作不再是一个虚无的空中楼阁，而是像一个项目一样可以分步攻克，定义关键环节，寻找方法论，解决关键点——这是明确拆解。

（2）创意策划的核心步骤——组合答案——是多种思维模式的运用过程。思维模式是后天形成的，如果你不刻意锻炼就会局限于既定的工作环境中，而有针对性的学习需要拓展的思维模式，并有意识地在日常实操场景中练习就能够帮助你内化成为能力项。

（3）创意策划能力的差异来源于你大脑中可供搜集并组合答案的信息库，这个库的丰富程度其实就决定了你的创意策划能力。

（4）对创意策划三个步骤的灵活运用能力，能够运用既定的基本流程（但形式可以多样）得出创意策划而非毫无可控性的凭空想象，这就是对创意策划能力的整体评估。

在理解了以上内容以后，你要先给自己一些信心：我一定可以成为一个“有创意”的人，因为创意策划是可以明确拆解、练习、学会和评估的。

现在我们对创意策划的三个步骤做明确的拆解，以形成创意策划工作的方法论。

1）明确命题

首先，创意策划工作中的明确命题是一种必要的习惯。你在每次坐下来或者邀约了一堆人开始头脑风暴之前，要问问自己：我是否已经明确了要解决的问题？我是否明确了解决这个问题可以使用的资源范围？我是否确定了这次要做的创意策划方案的边界？

在之前的章节中我反复强调过，一定要拒绝参加诸如以“我们来为这次××节互动玩法头脑风暴一下”这样的命题开场的头脑风暴会议，这样的会议将会极其低效、发散且往往偏离目标。我相信各位活动运营一定经历过很多这样的过程。

什么命题才是明确的命题、有效的头脑风暴起点？以下三个环节的明确是必要的：

（1）明确这个创意策划方案要解决的问题和达成的目标是什么。是为了让用户记住一个品牌，为了让用户感知产品的特性，为了让用户产生关注行为，还是为了让用户产生下单的冲动？我们一定要把目标非常明确地写出来，反复地强调，让它深深地印在每个人的脑海里。在整个头脑风暴过程中和后续执行、调整、落地的过程中我们也要不断地检查、反思创意策划是否偏离了目标。我们一定要把这个环节做到位，虽然明确目标听上去是废话，但这个步骤往往被忽视，大家会自动认为目标是明确的，经常产生一种典型的创意策划偏离现象。在无目标的头脑风暴过程中，可能会出现一个非常精彩、有趣的想法，获得了所有人的认同，并迅速成为整个头脑风暴的主论调，但是从头到尾没有人意识到这个想法虽然精彩但是已经偏离了我们最开始想要解决的问题。在实际案例中这种情况非常普遍，所以大家一定要有意识地做好以上步骤：当出现精彩的想法时我们要第一时间评估这个想法是否偏离了目标，如果偏离了目标，那么这个想法无论多么精彩都要被大胆地抛弃，否则会干扰后续的头脑风暴环节（比如，过度限制大家的思维）。

（2）明确解决这个问题可以使用的资源范围。这可以帮助我们提前缩小或扩大组合答案的可能性，提前明确哪些资源、技术手段、模式是可以用的，哪些是不可以用的。这实际上提供了一个明确的组合答案范畴，以免在头脑风暴过程中产出一些不切实际的答案，但更重要的是我们要避免思维过于局限导致一些不明显的资源和优势项并没有被有效地利用。这可以作为头脑风暴前的一个准备话题（大家不用碰面，各自提前罗列汇总），大家可以有目的地挖掘一切明显的和不明显的资源以及优势项。比如，一些大公司做的创意策划案往往会忽略了利用大平台最占优势的用户认知等。我们要把手头的资源用到极致。

（3）明确解决这个问题的方案边界在哪里。边界的定义和资源范围的定义相辅相成，资源范围对可利用的组合元素进行圈定后，方案边界对最终组合的答案进行了更明确的界定，以帮助创意策划更有效的产生（上面已经阐述过原理，实际上就是自己给自己做边界的限定）。最精彩的创意策划案例往往是在一个丰富的素材库+一个明确的方案边界限制下产生的。泰国“低成本 Cosplay 小哥”挖掘了生活中一切可以获得的低成本素材（低成本是他的资源范围，他在此基础上榨干了日用品的使用价值，甚至用干冰作为道具），而“Cosplay”是他的方案边界。所以，你在面对一个太广泛的命题无从下手时，似乎感觉每个角度都有价值，你不妨先尝试给自己定义一下方案的边界在哪里。也许头脑风暴会议可以分为两个环节，我们先就方案的边界做一些探讨，定义出一个或者几个大家觉得可行的边界（例如，用 VR 技术做、用裂变模式做、用快闪店形式做），基于具体的方案边界头脑风暴一定更有效，你会发现大家就会文思如泉涌了。当然，你的老板给你的任务可能就是做一个快闪店，这时并没有边界的选择，那么恭喜你，你并不用羡慕隔壁项目组不受限，可以天马行空地讨论。你的明确的项目边界就是帮助你产生精彩创意策划的原点。

2）信息搜集

如果你已经有了一个明确的命题，这个命题包含了明确的目标、可用的资源范围、方案的边界，那么你需要尽量多地搜集你自己或者参加头脑风暴会议成员脑海中可以组合成最终答案的元素。当然，脑海中可组合的元素越多就意味着能拿出的可行的解决方案越多，你可以多找几个人帮你在明确命题的范畴下一起想，下面讲两个方法：

（1）拆解命题以便更有效地搜集信息。当一个命题过于庞大的时候，我们需要搜集的信息太多、太杂、毫无头绪，这时应该怎么办？我们可以把命题做拆解，当命题被拆解到足够具体的时候我们就能够直观地进行信息的匹配。例如，你要策划一个裂变传播玩法，可以把它拆解成用户产生传播的几个步骤：用户觉得你的内容很有意思从而点击进来，觉得你的互动很有趣从而参与进来，愿意分享你的活动。这时你的信息搜集就可以分成三个步骤：什么样的内容包装形式紧跟潮流，可以抓住用户的眼球（似乎最近“蒸汽波”很流行）？什么样的互动是有趣的，让人欲罢不能（似乎上次在商场游戏厅玩过的钓鱼游戏很刺激）？什么样的分享刺激模式让人无法拒绝（似乎拼多多的分享送红包很有效）。对于更多的拆解方法你可以举一反三。

（2）有目的性地积累素材库。你所从事的行业和领域是什么？你经常要做的创意策划偏向于什么方面？你要刻意关注和参与生活中一切与你的创意策划目标相关联的体验。这能够帮你快速、有效地积累有效的素材。比如，如果你需要经常做互动策划，那么你就要关注生活中一切让人欲罢不能的游戏，包括游戏厅的游戏、友商在做的近似案例、各种小网站的 Flash 游戏、App 轻游戏。你用一个月集中体验就足够了，当然这是一种速成的方法。你在日常生活中要保持对一切美好体验的观察和思考习惯，对于创造美好或者便捷体验的互联网行业从业者来说，这一直是我倡导的。

3）组合答案

当你已经搜集到很多可能与命题有关的原始信息以后，你要开始进行最终成型的答案组合（解决问题的核心步骤）。组合答案和解决问题的能力实际上是思维模式优势的体现，学习和练习不同的思维模式可以让你的解决问题能力、创意策划能力不断地阶梯性提升。你需要围绕以下两点进行思维模式的提升：

（1）文理思维综合。上文提到了文科生似乎在创意策划类的工作中能够更出彩，道理很简单：在从小锻炼解决问题能力的过程中，文科生往往面对的都是开放性的问题，追求在具体问题之下给出更精彩、更有价值的答案。而理科生一直被培养与追求唯一的最好的答案。前者的模式更近似于一个创意诞生的过程，所以文科生具有的发散性思维更容易产生丰富的创意策划想法。我们是活动运营，不能只有天马行空的创意策划而不落地，最终事情要做，数据要分析，业务目标要达成，货要卖出去。所以，理科生具有的严谨的目标定义、问题拆解、追求指标达成的能力也至关重要。我一直以来倡导活动运营一定要文理思维兼备，这是一个长期的思维模式培养过程，其实方法很简单，就是大量的阅读，不局限范畴的阅读，多尝试阅读工作领域之外的文章和书籍。

（2）跨界思维的丰富。什么是跨界思维？你可以用农民晒麦子的方法解决肥皂厂用流水线识别空盒的问题（一个农民用一台吹风机替代科学家们研究出的高科技自动空盒识别机器人的著名故事，也常被用来解释跨界思维）。我们要学习各个领域和工种的通用基础知识（例如，统计学的基本方法、数学的基本原则、经济学的基本规律），在面对既定领域问题的时候能够用另外领域的思维解决问题。关于跨界思维可以聊的太多，我认为关于跨界思维最好的书是《穷查理宝典：查理·芒格智慧箴言录》。

沿着以上两点进行思维模式的练习和培养，你就能不断地提升组合答案、解决问题、创造创意的能力。对于这两个思维，我们也会在后续的部分再展开详述。

因为我要教你具体、可落地的创意策划方法论，所以给出以下两个速成方法（建议你持续丰富自己的思维模式）：

（1）文理思维综合。你要强迫自己用两种模型组合答案，最好用写下来的方式。第一种是数字拆解方式，把问题指标化（例如，把创造1000万个用户传播量拆解为引入多少流量，达到多少转化率和多少转发率）。你要评估每个环节的可实现性，从每个环节中组合答案。第二种是把问题感性化（例如，我要创造让用户欲罢不能、自发转发的活动），从感性角度组合发散答案（例如，我可以用以小博大的心理实现，可以用互惠互利的心理实现）。两种组合答案工具综合使用就可以帮助你快速、有效地完成文理思维综合的有效的答案组合过程。

（2）利用跨界思维。文理思维综合虽然有助于在所知领域找到有效创意，但是在其他领域也许还有更有效的方法，怎么办？非常简单，你可以拿着你的明确的命题咨询一些其他领域的人，听听他们的答案，即使只有只言片语也足够引起你更多的思考。例如，一个商人可能会告诉你只要让用户或者商家赚到钱，他们就会疯狂地帮助你传播。你可以试试，非常有效。

以上就是关于这个很模糊的话题的内容：如何做创意策划方法论拆解。你只要理解清楚这三个步骤并灵活使用提到的方法，就可以成为一个创意十足的人。虽然有一些速成的方法，但是更重要的还是要理解本质的能力模型提升办法。

2. 创意策划的实践过程

对于创意策划的实践过程，我们以为阳澄湖大闸蟹开湖活动创造一个爆炸性的传播活动（假设我们已经完成了明确命题的步骤）为例。

资源范围：阳澄湖大闸蟹供应链各个环节的配合，任何线上复杂页面的研发能力，一定的种子用户资源。

创意边界：在线上完成闭环传播的页面。

1）换境创意方法（换境创意）

（1）所有人思考一个问题：另外一个领域的传播专家会怎么做这个项目。

（2）每个人在自己接触过的案例中穷举可能相关的元素。（你可能会有这样一些元素：抖音网红可能会创造一个大闸蟹舞引起模仿传播，拼多多可能会推出一个大闸蟹拼团免单的利益驱动裂变活动）。

（3）可以把所有方案的元素用便签纸的形式集中起来，以项目目的（创造爆炸性的传播）和资源范围为标准评估与问题最相关的元素（我们选择了走心路线元素+拼团免单元素）。

（4）把这些元素进行组合，形成解决方案和创意。我们最终选择走心路线+拼团免单两种元素组合在于走心是感性层面的创意解读（文科思维），而拼团免单是理性层面（理科思维）的目标效果达成方案。所以，我们组成的方案是：从一个关于家庭的共鸣故事（这里是第一步的共鸣传播）切入，由种子用户发起拼团免单裂变活动（给父母买一箱大闸蟹尝尝）。

2）反向套用创意（明确终点，寻找近似案例，修正案例）

（1）通过命题大家先模糊描述项目可能是什么样的，尽量把项目拆解成几个关键环节，有助于进行答案组织（例如，我知道这个传播活动要有一个引起共鸣的话题吸引用户点击进入，然后要有一个用户熟悉的互动操作以减少用户的跳失风险，最后给用户一个难以拒绝的分享引导）。

（2）通过模糊的描述尽量找近似的案例（或者自己头脑风暴），可以是全案，也可以是一个案例中的某个部分。（例如，我找到了之前滴滴做的办公室加班活动案例引起大家的共鸣，使用一个抓娃娃机的互动游戏，因为用户经常在线下玩，所以他们知道如何操作，这样似乎可以减少用户的跳失风险，在微信小游戏里分享增加游戏机会似乎可以让用户无法拒绝）。

（3）以项目目的（创造爆炸性的传播）和资源范围为标准，评估出来最近似于目标的案例组合。

（4）将这些案例进行二次组合，形成最终的解决方案和创意（过程同上，原因不做重复举例）。所以，我们组成的方案可能是一个：一起来赢加班餐活动，在晚饭时针对加班的办公室白领人群推广，用他们对加班的共鸣引入流量，用有趣的抓娃娃玩法让他们抽奖放松一下，最后用一些小的利益机制引导他们分享给旁边也在加班的同事。

3）元素拆解创意（拆解命题元素，逐个匹配关键词，组合）

（1）这个方案与反向套用创意有点类似，但唯一的差别是拆解会更细，适用于通过全新的创意捕捉用户眼球的创意策划过程（反向套用创意更偏向于用既有的成功玩法来达成目标）。

（2）更细的拆解举例：吸睛点+互动操作点+发起分享点+参与点+二次分享点。

（3）基于以上关键点，我们需要利用更深入的信息搜集和组合答案的思维能力来创造全新的答案。这个时候搜集的答案扩大到了所有领域的知识和所有领域的知识模式。

（4）这里以互动操作点为例。我们在这个过程中想到了曾经有一次去香港看赛马的经历，在赛马过程中对种子选手的猜测也是很有意思的。所以，我们得出一个方案：每天举办固定场次的大闸蟹赛跑比赛，大家可以来猜结果（当然，用合规合法的手段，如优惠券、蟹券等），在比赛过程中我们可以创造一些体型巨大的杂牌大闸蟹被体型娇小的阳澄湖大闸蟹打败的冷门赛事。

以上就是几个创意策划方法论真实的实践，你可以举一反三。

你一定要相信，创意策划真的是有方法可循的：这个能力是可以明确拆解、练习、学会和评估的。

当然，本节只可以帮助你产生有效、精彩的创意，但是一个创意真正落地和产生效果还有诸多步骤（例如，与可行性评估和项目管理相关的一系列动作）。所以，这个环节绝对不是单独使用的，一个好的想法还不是一个好的项目方案。

2.4 完整的项目策划流程

对于活动运营来说，策划一定是最常接触的工作。

首先，我们回顾一下活动运营的核心价值是什么。活动运营的核心价值是通过阶段性的活动达成各种目标和解决一切问题。

策划工作的三大核心模块（文案、交互和创意）都是可以非常深入的钻研和形成专业力的。

活动运营在日常工作中需要综合运用多种手段（甚至不局限于策划）解决各种任务和难题，对文案、交互和创意这三个工具到底要多么专业才能够支撑日常工作？它们之间又是如何互相作用和串联形成活动运营最有效的策划能力项的？

我认为活动运营要能够透过复杂的各式各样的策划方法论，去理解清楚策划工作以及三个策划工具的本质，理解清楚不同层级的策划工作之间的差距，能够正确地整理出策划框架，在对应的专业点可以引入更多专家的力量，但是又能保证全盘操控。

下面我们来拆解一下整个策划工作的本质和三个策划工具是如何相互作用的。

策划工作的本质是思考如何影响一个人、如何引导他了解对应的信息，让他产生我们希望他产生的动作，引起共鸣和传播（本质需求是达成目标）。在互联网中我们只能通过视觉（也许需要一定程度的听觉）影响一个用户，所以我们往往采用文字和视觉元素的不同种类组合，像一个又一个的中转站，以接力的形式把用户从起点送往终点，而策划的目的就是不断地提高每一个中转站的效率，如图 2-14 所示。

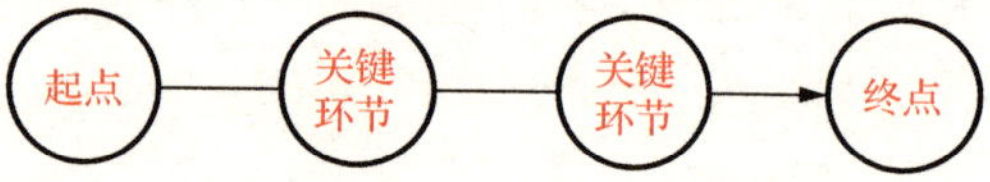

图 2-14

当然，实际的策划案会有很多的分支路线和多个起点与终点，但其运作逻辑都是一样的，无非是到达终点的用户路径不同而已。

创意策划的出现提供了一种抄近道的可能性，我们可以通过创新的形式和打破既有方法的形式直接、快速地把用户送到终点。但是就像游戏里面抄近道一样，使用创意策划形式的策划案的代价就是效果不可控，如图 2-15 所示。

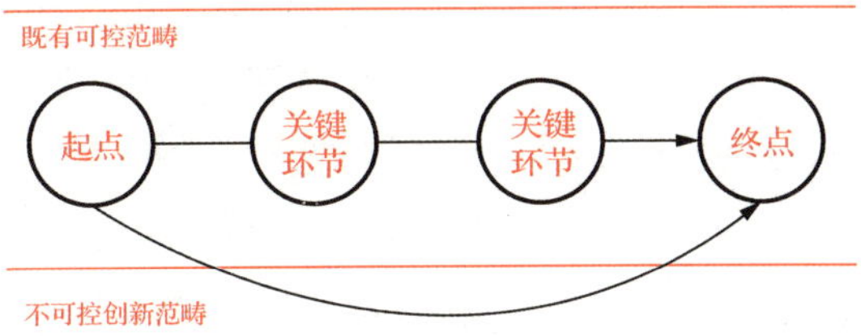

图 2-15

创意策划并不是很死板的全局工作，它可以被细化和拆解，并灵活运用在不同的关键环节场景中，与既有方式合理搭配就能产生最有效的策划成果，如图 2-16 所示。

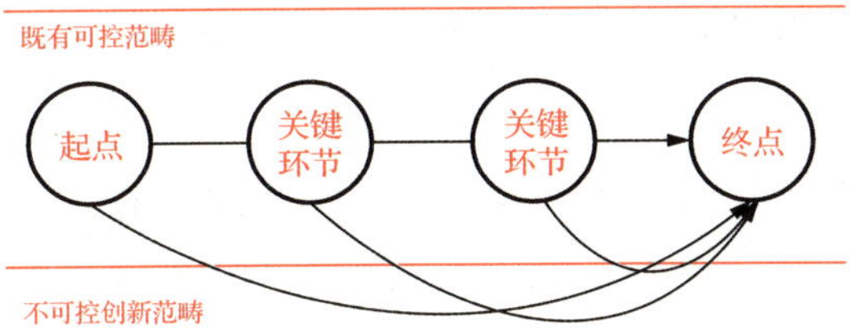

图 2-16

以上就是我想要让你理解的策划工作的本质（灵活引导用户从起点到达终点）。

我们把文案策划、交互策划和创意策划这三个具体明确的方法论串联整合在一起，就能够构成一个最基本、最完整的项目策划实践框架，绝大多数的项目都可以纳入这个框架中实践，尤其对于活动运营来说，它们已经足以让你搞定日常的专题策划、营销策划以及一定程度的复杂项目策划。

基于以上策划工作的本质，我们可以很明显地拆解出策划工作的核心要点：

（1）明确用户的起点和终点。用户的起点就是你的整个策划案第一次接触到用户的场景，你不要只考虑活动页面的起点，如果你要对外推广引流，那么你的广告接触到用户的第一个场景就是你需要考虑的起点。实际上广告策划往往被割裂和随意对待，殊不知这里已经错过了可以带来量级变化的用户跳失率挽回机会。

（2）从起点绘制出用户到终点的最小关键环节（用户路径地图）。这个步骤看上去是初级的工作，所以往往被忽略，但是这个步骤其实对于你思考清楚如何最快速引导用户到达终点（或者产品体验的“啊哈时刻”，这个说法来自增长黑客），避免不必要操作是非常有效的，你务必要落实到位。

（3）组合既有的成熟交互和文案形态先实现用户的基本通路（或者简单、准确地传递信息）。简单来说，从用户路线图到呈现出交互，我建议先用既有成熟的形式形成通路，这有助于开展下一步最大化跳失控制的工作。很多交互工作常常从起点到终点都采用一体化的设计，虽然效率更高但是失去了很多细节控制和过程控制的机会。

（4）打磨和串联各个关键环节体验，实现最大化跳失控制。现在目的明确，你的路线图和关键环节的形态以及每个环节要承担的义务已经非常明确，你可以按照 2.1 节介绍的用一个表格把这些信息管理起来，如图 2-9 所示。

然后，你要通盘审视每一个关键环节，查看是否在用最有效和最正确的形式进行用户引导，不断思考和打磨文案是否还有优化空间、交互形式是否还有优化空间。这个形式能够帮助你最大化控制好每个环节把用户往下一步送的效率。

（5）进一步寻找创意策划捷径和增值环节，通过创新形式寻求超过 100%的跳转效率（传播的裂变等）。除非你接到的是一个无最终业务目标的纯创意策划任务，否则只要有最终的目标，我都建议你完整地落实前几步工作后再进行创意策划的思考，以便保证创意策划不过度干扰用户最终达成目标。创意策划的思考一定要围绕“我能否通过创意策划的形式提高从某个关键环节到另一个关键环节的效率”。这是保证创意策划不偏离最终目的，寻找有效创意点，保证创意策划发挥最大价值的最好方法。

（6）现在社交裂变创意营销模式的出现，让我们有了博取关键环节跳转效率超过100%甚至几十上百倍增长的可能。但是大量的社交裂变流量并没有有效地为业务目标做出贡献，究其原因就是大量的社交营销只是为了裂变而设计，并没有回归到业务本质价值去思考。以上介绍的策划流程就是这种情况的解决方案。

对于任何复杂的工作，你都不要陷入复杂的表面逻辑中（比如，策划的各种方法论、专家教你的所谓的裂变模型等），要学会回归本质思考，其实这往往并不复杂，回归本质思考的方式能够帮助你抓住真正的重点和突破点，就像以上拆解出来的策划工作一样。

第3章 运营能力

活动运营是运营岗位大的分支，好的活动运营首先要是好的运营。什么是好的运营？这就涉及一个基本问题——运营工作的本质是什么？

“搭建产品和用户之间的桥梁”“为产品、用户或数据的顺利运作制定连贯的策略”“承担考核指标，并带领团队达成指标”，我认为这些都是比较片面的解读。

不管怎么定义运营工作的范畴，不管是用户运营、产品运营还是活动运营，运营所涉及的工作总是难以完全罗列的，因为运营的诞生就是为了打包解决所有无法界定归属的工作。所以，渐渐地出现了“全栈运营”的概念，全栈运营强调新时代的运营需要能够承担各种各样的运营工作。怎么样才能提升运营能力，成为更专业、更全面的运营呢？

我身边的资深运营们有一个明确、可定义的共性：他们在面对任何工作场景时都有“方法”，可以“专业”地拆解一个问题，制定一个策略和落地一个方案，而并不是随意和无方法地解决问题。运营越资深，越能够全面和灵活地运用各式各样的工具解决问题。

从掌握和提升运营核心能力的角度来看，我认为，以“运营工作的本质就是分析和解决问题”来定义运营工作的范畴，更能够包含多种多样的运营细分工作，并且这个视角能够让你把不同的运营工作串联起来，找到真正的核心能力项，形成完整的能力体系——能够分析和解决面对的不同种类的问题（全栈运营的概念也是这个意思）。

上级安排下来的 KPI 是一个问题，寻找达成方法和达成的过程本质上就是问题的分析和解决。策划一个有明确目的的创意专题是一个问题，创意、实现的过程本质上也是问题的分析和解决。同样，完成一份年终汇报或者行业宣讲也是一个问题，分析目标人群的关注点，有针对性地组织内容实现目标也是问题的分析和解决。

那么，如何不断提升自己的运营能力？在以上的定义之下，问题就被简化为不断提升分析和解决多种问题的能力。你要不断地掌握和丰富既有的针对不同情境的分析与解决问题工具库，从逐渐熟练和灵活运用到可以抓住解决问题的本质，创造自己的解决问题模型，这就是最有效和最明确的运营能力提升路径。

在本章中，我们在运营的常见工作范畴内解读运营常见的工作场景以及常见的工具，包括以下几个部分：

（1）分析和解决问题。活动运营要把所有工作都当作一个问题对待，学会利用工具有效地分析和解决问题。

（2）数据管理和数据分析。活动运营要从理解数据分析的本质开始，学会有效地借用工具进行数据分析，挖掘有效的信息，避免被数据欺骗。

（3）常用的运营手段工具库。在分析和解决问题之上，活动运营要了解更具实操意义的情况，即在各种运营场景下有哪些类型的工具可以帮助你达成解决问题的目的。

（4）常用的营销和促销手段工具库。对于常面对的营销和促销场景，活动运营要先学会区分营销和促销问题的目的，然后学会使用对应的工具。

当然，运营工作的范畴远大于此，但是我相信你如果能够理解以上的常见工作场景和理解工具在解决问题的过程中发挥的价值，就一定能够不断地提升自己工具库的丰富度，提升运营专业力。

3.1 分析和解决问题

1. 分析和解决问题的三个步骤

正如 2.3 节所述的，创意策划本质上一个解决问题的过程，所以创意策划的明确问题—搜集信息—组合答案的过程也就是分析和解决问题的本质。这个本质来源于人类大脑运作的过程。

要理解这个过程很容易，你可以回忆一下在学生时代面对考题的过程。对于一个复杂的问题，在你的脑海中首先会剥离无关信息、提炼关键元素、找到这个问题的本质和边界，这就是问题的分析；搜集脑海中学过的知识，找到可能与答案相关的信息组合就是搜集信息的过程；将零散的信息拆解、演变和组合形成最终的答案即组合答案的过程。这是最基本的过程，附加上答案的正确与否验证，再次组合其他答案构成的多次循环就是更复杂的解决问题过程，可以对应到你现在手头上复杂的活动运营工作中去理解。

对于分析和解决问题的三个本质步骤，有很多人在大量的实践中创造了实用性极强的现成方法论，也就是分析和解决问题的工具库。也有很多人针对特定的情境创造了更垂直和专用的一体化分析和解决问题工具。

但是这些工具都脱离不了三个本质步骤，而工具的价值在于帮助你解决三个本质步骤各自的核心问题：

（1）明确问题。要保证分析问题的有效性，就要正确剥离无效信息，抓住本质，同时保证全面的思考而没有遗漏关键因素。

（2）信息搜集。要保证信息搜集的有效性，就要在正确的范畴内搜集信息，在正确的渠道内搜集信息，同时保证信息全面而没有遗漏（有效的信息搜集框架）。

（3）组合答案。要保证组合答案的有效性，就要以正确的方式组合答案，在多种答案中找到最近似正确答案的解，在多种可能的答案中合理组织验证优先级。

接下来我从两个维度介绍常见的分析和解决问题工具：

（1）分析和解决问题的三个步骤各自对应的专项工具。

（2）典型的特定场景对应的专业工具。

不管对于哪个维度，你都要牢记：工具脱离不了三个本质步骤，不论形式多么复杂，你都要保持这个意识看待所有工具，这样你才能够理解本质；工具的价值不是创造新的解决问题形式，而是帮助你解决三个步骤各自的核心问题，你要持续思考这个工具是如何达到这个目的的，以便真正理解这个工具的意义和真正掌握这个工具。

如果你能够从以上两个维度理解和消化所有的工具模型，那么在大量实践操作之后，你也能够逐步建立自己的分析和解决问题模型。

1）明确问题

你要解决的问题到底是什么？是问题字面传递的意思，是问题的本质被掩盖在了表象之下，还是问题的提出者本身就搞错了问题的内在？这个问题是一个可以解决的问题吗？你是否掌握了问题的全貌？

常见的分析问题工具都在致力于解决以上几个疑问，即如何通过有效的方法论掌握正确的、完整的、本质的问题。

经典的常用的分析问题工具从原理上来看，主要有以下三个分析方法。

（1）逻辑树及5Why分析方法。这种类型的分析工具强调在MECE原则下，进行逻辑的层层拆解，追求问题的本质和核心原因。其基础逻辑是用连续的Why逐级拆解问题（如图3-1所示）。

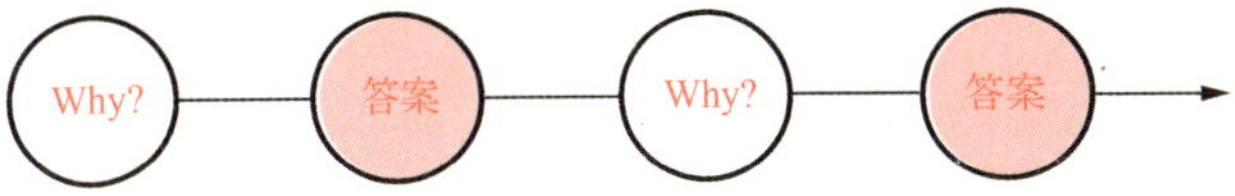

图3-1

基于基础逻辑的案例：为什么这个女孩不喜欢我（Why）——因为她觉得我矬——为什么她觉得我矬（Why）——因为我不会打扮自己——为什么我不会打扮自己（Why）——因为我很难打扮——为什么我很难打扮（Why）——因为任

何裤子都能被我穿成长裤——为什么任何裤子都能被我穿成长裤（Why）——本质是我腿短，所以我需要用内增高鞋垫弥补我的身高。

如果一个问题的构成更复杂，是由多个元素综合导致的，就需要在以上基础逻辑上增加逻辑树的维度，把原点问题（树根）根据 MECE 原则进行逻辑拆解，形成逻辑树，如图 3-2 所示。

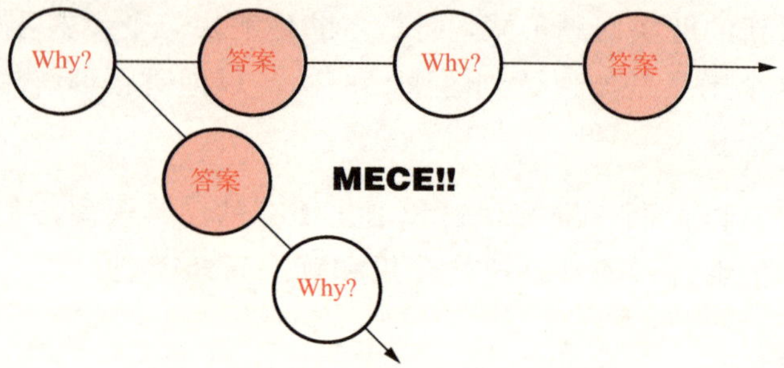

图 3-2

对于以上案例来说，女孩不喜欢我不仅因为我腿短，而且因为我长得丑，头发还少。自己流着泪拆解试试吧。

这个类型的分析问题工具在问题非常明确的情况下，基本上可以适用于所有类型的问题分析。你只要不断地针对当前的问题逐级提问，保证逻辑树维度增加过程中的合理拆解（对于每一层级的 Why 你都要正确地发现问题本质，如果当前层级的问题本质是不清晰的，那么你首先要解决的问题就是回答这个层级的 Why），就会寻找到本质的问题。

这个过程看起来很简单，但是要具备这样不断质疑的意识实际上是很难的。其原因在于，很少有人愿意动脑去质疑一个看似正确的结论。在具备这样的意识之前，你要先套用工具逼迫自己挖掘本质问题。

（2）讲故事的 SCQA 分析方法。并不是所有的问题一开始都是清晰和明确的，很多时候我们面对的问题是要预判和预防一个或者多个可能发生的情况（大多数情况是向不好的状况演变），这个时候我们无法建立逻辑树因为问题的第一个 Why 就已经无法拆解了。

这个时候，讲故事类型的 SCQA 分析方法就能够帮助你。这个类型的分析问题方法的本质在于“讲一个完整的故事，不管是根据历史推演的故事还是提前设想的故事”。你要根据故事的剧本走向来挖掘需要面对的问题本质，从而提前组织可行的答案。当然，未出现的问题一定存在不同程度的不可预见性，这个方法只能帮助你找到近似问题。

基本逻辑就是利用 SCQA 分析方法表述一个完整的故事，如图 3-3 所示。

① Situation（状况）：完整描述目前的稳定状况。

② Complication（异常）：完整描述和假定可能出现的事件，会影响目前稳定状态的程度。

③ Question（问题本质）：当发生不同的异常状况时，对应的需要面对的问题本质是什么？（需要适当地进行逻辑树拆解）

④ Answer（答案）：什么样的答案能够应对以上的问题本质？注意：我们在分析和解决问题的三个本质步骤中定义的“问题”其实就是 SCQA 分析中的“答案”，如何组成这个答案是我们面对的最重要的问题和任务。

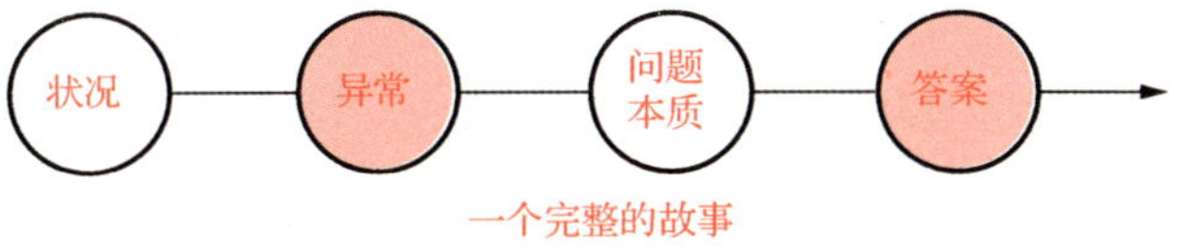

图 3-3

例如，我正在蹦迪，对隔壁卡座的女孩感兴趣，但是我和她完全不认识（状况）——我走过去要她的微信号，可能会成功，也可能会被拒绝，如果被拒绝可能就再也没有机会和她认识了（异常）。如何避免被拒绝？（问题本质）我要想办法让她觉得我是一个非常有趣的人而不是一个猥琐大叔（答案，也是真正要解决的问题）。

这是最基本的单线程 SCQA 分析，而在真正完整的分析过程中我在异常部分要考虑更多种可能，以便发现问题的全貌。比如，我还可以走到舞池中央挥动我的双手吸引她的注意力，这会得出另外一条需要解决的问题线索。但也有可能最后所有的问题都回归到本质核心，即我要解决长得太丑的问题。

实际上在解决未知问题，尤其是防范异常的问题（我们也可以用逆向思维把普通的问题转化为这个过程。比如，我要达成这个目标—我要怎么防止达不成这个目标）时，讲故事的能力对问题的分析和解决帮助极大。你的想象力多丰富，思考得多细致，把故事的脚本打磨得多完整，也就意味着你对状况的把握有多强。当你的讲故事能力不太强的时候，你可以套用这个模板。

（3）“无脑”穷举的 6W3H 分析方法。如果你处于一种混沌的状态，不清楚自己目前面对的问题是什么，就无法进行逻辑推导拆解，或者你不清楚现在所处的状态和可能的动作也就无法完整描述一个故事。对于以上情况，一个常见的“傻瓜式”的、低效但有用的分析方法就是 6W3H 分析方法。它能够帮助你走出第一步，找到一些问题的线索，让你可以着手开始做一些事情。

很多人知道 5W2H 分析方法，6W3H 分析方法就是 5W2H 分析方法的加强版：Who、Why、What、Where、Which、Why、How、How much、How many。

具体的意思从字面上很容易理解，网上对 5W2H 分析方法已经有很多介绍了，这里就不再赘述。我们需要理解，什么时候才真正需要用这个工具，怎么样使用才有效。

与其说 6W3H 分析方法是分析问题工具，不如说它更像是调查工具，其作用就是帮助你在混沌的状态下搞清楚现在的情况，如到底有没有问题和有多大的问题，先帮助你从混沌的状态中走出来，然后可以开始以上的逻辑树拆解或者故事推演分析过程。这是真正应该运用 6W3H 工具的情境，但是大多数人会把这个工具套用到一个已经明确的问题上，让这个问题分析看上去复杂且专业，其实这就像用一种不必要的复杂方式说了一堆废话。

什么是混沌的状态？例如，我想要创业但不知道干什么，我想要实现业务的突破但不知道怎么突破，我觉得在酒吧里很无聊但是又不知道干什么。如果你面临这类困惑，那么你可以尝试使用 6W3H 分析方法帮助自己走出解决问题的第一步。

比如，对于创业的问题：几个“W”的问题会推动我思考。我是谁？我有什么优势？现在处于一个什么样的时代和时间窗？我所处的空间具备什么样的特性？哪一个方向是可能的尝试方向？我需要如何开始尝试？我需要投入多少成本？每一个提问和思考的背后，可能都会隐藏着一个具体的问题，在经过逻辑树或者讲故事的推导后，你就可以着手做一些事情了。比如，你对 Who 思考后发现了自己其实一无是处，可能意味着你要开始学习和积累经验了。

再比如，对于在酒吧里无事可做的问题：你在对 Why 思考后可能得出，其实你是为了参加朋友生日宴会而来的，已经送了朋友礼物，给了朋友面子，其实可以走了。

举一反三，这个工具可以“无脑”使用，帮助你从任何混沌的状态中走出第一步。

6W3H 分析方法本质上是一种调查工具，除了运用于发现问题部分，实际上在信息搜集环节中也是有效的穷举信息框架，可以帮助你从这 9 个问题中搜集相关的信息，保证信息的完整和穷尽。在信息搜集环节的运用我们不做重复介绍。

2）信息搜集

现在问题已经明确了，接下来我们需要针对既定的问题进行必要的信息搜集，找出那些可能形成答案的信息。所以，这个部分面对的核心问题是，如何保证找到了有效的信息，找齐了有效的信息，而没有找错信息。

简单来说，在得到问题之后，应该搜集什么信息？

这个部分的工具的核心价值就是给你一个完整的框架，帮助你明确哪些信息是必要的，以什么样的角度进行搜集，才能够保证信息完整、有效和正确。

虽然关于信息搜集有很多专业、复杂的工具，但是所有的工具实际上都是一个最经典的模型的演变和拓展，因为有效信息搜集的本质就是寻找自己的优势、劣势、机会和威胁。

信息搜集工具来源于 SWOT 分析方法。你只要理解了其本质作用，熟练掌握了它的核心思想，就能轻松地掌握任何信息搜集工具，甚至创造出自己的信息搜集模型。

同样，对于这个耳熟能详的工具就不再赘述了，下面我们来分析一下运用这个工具的核心点：

（1）如何把明确的问题关联到 SWOT 分析方法：SWOT 分析方法对每一个方面的分析必须紧紧围绕核心问题边界，搜集的信息要及时、有效、有价值，如果不属于核心问题的范畴，就不能归于核心问题的范畴。例如，你要解决以上提到的腿短的问题，腿短而不粗是你与核心问题绑定的 S 信息，可以帮助你在这个话题中找到有效的答案（穿紧身裤就会显得腿长一点儿）。头小、戴帽子很好看虽然是有效信息但是属于另外的范畴，应该在“怎么让我的整体气质提升”的问题逻辑树下的另一个问题信息组合中。

（2）S 和 W 是确定的信息，其作用是帮助你实现资源的合理组合。O 和 T 是对于状况的预判，其作用是帮助你制定执行策略。虽然它们都是一个积极的、一个消极的，但是作用完全不一样，这需要严格遵循四象限内容的归属，特别注意不能混淆（从大量实际案例中看这种情况常常发生）。这很好理解，比如，这个女孩还没有男朋友不是你的优势，而是你的机会，而且其他竞争者也有这个机会。

（3）避免积极或者消极倾向。积极或者消极倾向在 SWOT 分析中常常发生的。人们在分析过程中常常因为主观的认知过于倾向于挖掘更多的积极信息或者消极信息，从而得出不客观的结论。在搜集信息的时候你需要逼迫自己忘掉倾向，不断地穷举每一项信息，这样才能够保证最后结果是客观的。

在理解和熟练掌握了 SWOT 分析方法的本质后，你就可以开始尝试使用一些拓展版的信息搜集工具，进行更全面的有针对性的信息搜集。下面我举几个例子，你可以沿着这个思路学习更多工具，甚至创造自己的工具。

（1）商业画布。如图 3-4 所示的商业画布往往用于一些复杂的策略制定、方案策划、资源整合过程中，用更细的颗粒度帮助你挖掘有效的信息。在使用这个工具的过程中你要记得 SWOT 分析方法的核心，你不是要把挖掘的信息呈现出来，而是通过这些完整的信息和它们之间的运作关系找到优势、劣势、机会和威胁。

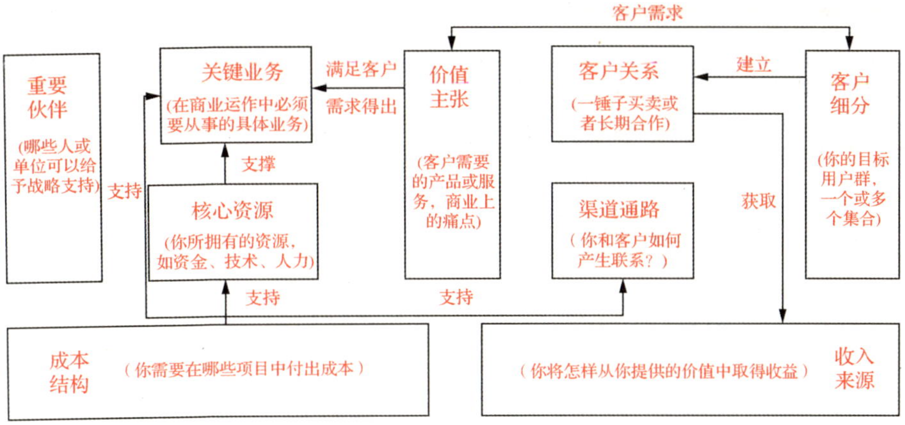

图 3-4

（2）市场细分。市场细分（如图 3-5 所示）相对于比较宽泛的 SWOT 分析更聚焦于明确的市场空间挖掘和客户群体选择，用更前端（直面市场）的视角进行信息搜集。但是你仍然不要忘了本质，核心还是寻找你的优势市场、劣势市场、机会市场以及存在威胁的市场。

	地理细分	人口细分	心理细分	行为细分	利益细分
细分维度	位置、环境	各种外部特征	生活方式、价值取向、个性	购买行为	寻求的利益
细分目标	了解需求总量和变化趋势等	了解市场结构、其他方法的补充	新产品引入策略、广告策略及其他营销策略	产品定位、客户关系管理等	新产品引入策略、广告策略及其他营销策略

图 3-5

3）组合答案

现在问题明确了，与解决问题相关的关键信息也有了，那么我们开始进行第三步——组合答案。组合答案的过程本质上是进行聚焦、寻找最优解、排列优先级的过程。在拆解和穷举的信息中，我们要找到最近似正确、最有效和最应该首先着手的问题答案。

在开始组合答案之前，我们还需要做一个简单的准备动作，把信息转化为答案。只要你的问题拆解和信息搜集步骤是严谨的、无误的，这个过程就应该是显而易见而且直观的。

例如，你面对的问题是如何穿得好看一点儿—搜集的信息是我的腿虽然短但是不粗—显而易见的答案就是穿只有腿细的人才能穿上的紧身裤让腿显得长一点。

组合答案的工具非常简单，虽然也有诸多演变和拓展版本，但是万变不离其宗，组合答案的工具就是两条线，如图 3-6 所示。

图 3-6

然后，根据问题的本质，我们要找到两个最影响有效解决问题的衡量标准，把它们分别作为横、纵坐标，并给它们命名。我们以如何在酒吧搭讪陌生人为例。我的关键衡量标准是我的擅长程度和陌生人的喜欢程度，如图 3-7 所示。

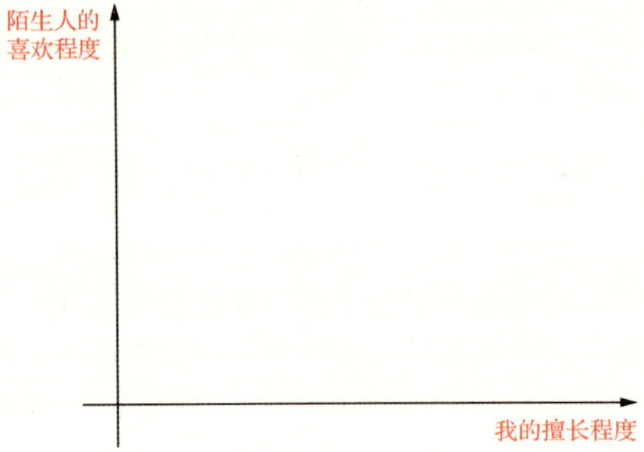

图 3-7

把通过搜索信息转化成的答案放到这个坐标系中，这时你应该采用的答案（右上角）、你应该去更换搭讪目标的答案（左上角）或者你如果不愿意更换目标需要去加强的答案就做出来了，如图3-8所示。

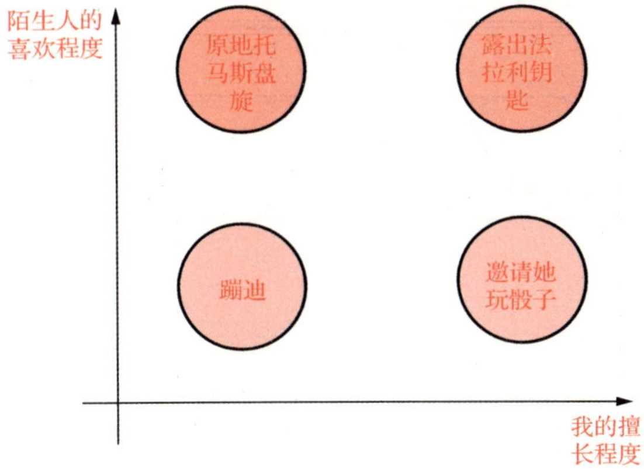

图3-8

在组合答案过程中唯一的难点在于如何确定有效的两个坐标轴的衡量标准，而这正是更多拓展工具能够教你的，在此简单举例，你可以根据需要搜集更多相关工具。

（1）产品策略——波士顿矩阵（如图3-9所示）。

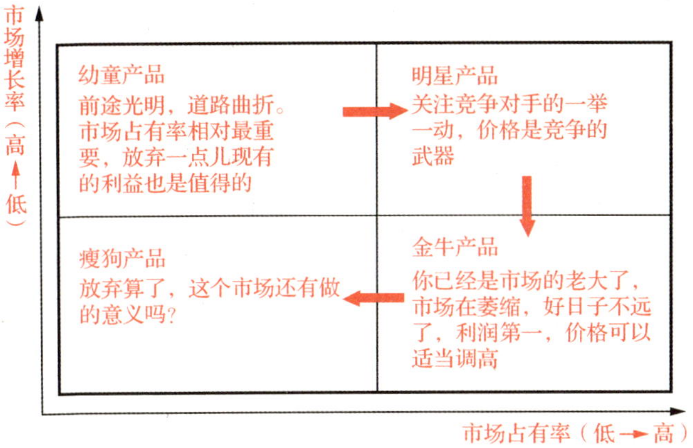

图3-9

（2）市场策略——市场分析矩阵（如图 3-10 所示）。

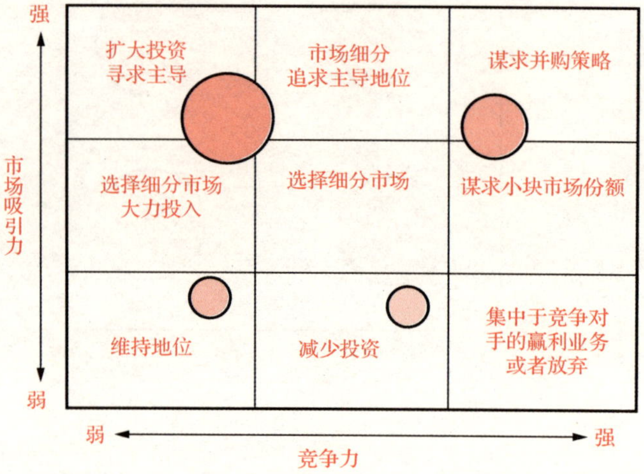

图 3-10

（3）消夜策略——“sky 消夜要吃什么矩阵”（如图 3-11 所示）。

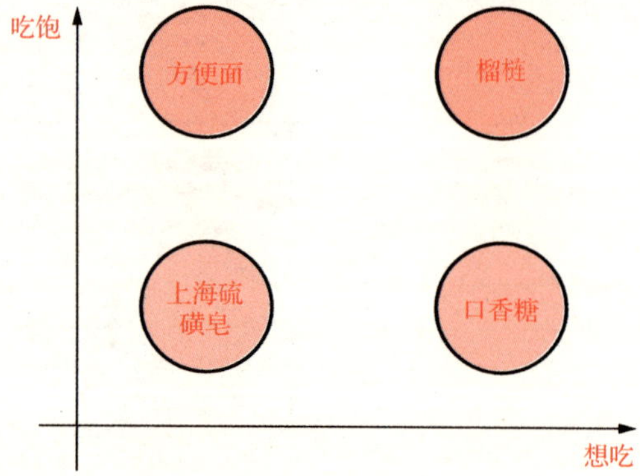

图 3-11

以上的分析方法有专门的理论体系——矩阵分析法，但是活动运营在日常工作中不需要研究那么深，了解到这里即可，关键要理解背后的逻辑。

2. 针对特定场景的更多专业工具

上面介绍了在分析和解决问题三个步骤中分别要用的工具，主要目的是让你理解每个步骤背后的逻辑和本质，完整使用当然也是不会错的。现实中的问题往往是更具体的单点问题，所以你并不需要完整和复杂的分析过程。对特定场景，很多人开发了一些效率更高的专用工具，下面简单介绍几个，你在遇到更多问题场景的时候可以带着问题再去学习更多的工具，这样会比较有效。

在使用任何工具分析和解决问题的时候，我建议你能够实时把过程还原到三个基本步骤去做一些思考，搞清楚现在做的分析到底属于哪个步骤、目的是什么，这样更有助于你理解正在做的步骤的本质，以免跑偏。

1）战略分析：3C 分析工具

（1）Company：自我分析。找到我的优势和劣势。

（2）Customers：用户分析。找到客户的核心诉求。

（3）Competitors：竞争对手分析。找到竞争对手的优势和劣势。

你要将三个 C 串联形成协同效应（找到客户核心诉求中我相对于竞争对手最有优势的点，集中攻克），构成最优答案。

虽然这个工具的名字叫战略分析，但是三个 C 并不只是代表了字面的意思，而是代表了一种分析问题的切割方法。只要按照同样的逻辑切割，实际运用范围可大可小。你甚至可以用它分析你在领导（用户分析）心中如何成为比同事（竞争对手分析）更受重视的员工（自我分析）。

2）经典的营销策略分析：4P 工具

（1）Product：产品。我需要让客户为之买单的产品是什么样的、有什么特性。

（2）Price：价格。我需要让客户付诸的成本是什么样的。

（3）Promotion：促销。我需要使用什么手段增加用户购买产品的动力。

（4）Place：渠道。我需要通过什么方式让用户接触到我的产品。

同样，在这个工具的实际运用上，你不用拘泥于 4P 的字面意思，只要掌握好背后的切割逻辑，就可以把它用于任何前端业务的分析。比如，你把要做的专题活动看成产品，把用户参与的门槛看成价格，把吸引用户参与的噱头看成促销，把推广使用的资源看成渠道，同样能完成分析。

3）用户路径分析的代表：AIDMA 工具

在一些针对具体客群、具体场景、具体产品的策划工作中，对目标客群的完整心理路径或者行为路径进行逐一分析，能够有效地锁定关键点，找到核心解决方案。这类工具的代表就是 AIDMA（我们经常画的漏斗模型也是这类工具）。

（1）Attention：注意。什么东西能引起用户的注意，设计美观、信息明确的广告？

（2）Interest：关心。在注意到你的产品之后，什么样的噱头能够让用户关注？

（3）Desire：欲望。在进入页面后，什么样的促销力度能够让用户产生想要逛一下的欲望？

（4）Motivation：动机。什么样的页面布局和商品呈现能够让用户想要点击购买按钮？

（5）Action：行动。什么样的商品详情页和后续服务保障能够让用户最终决定下单？

用户路径的拆解非唯一答案，但是沿着用户每一个心理状态转换和关键操作路径来思考，是非常有效的解决策划类问题的办法。

3. 如何提升工具使用熟练度和灵活使用的能力

任何有经验的互联网从业者对以上工具都不会陌生，大量的课程和方法论都介绍过，日常工作中也经常运用，但是会用工具真的代表你的分析和解决问题的能力到位了吗？

遗憾的是，根据我的观察并不是这样的。很多人只是停留在会套用这些分析工具让自己的报告或者方案看上去很专业（通篇 PPT 都在用专业的分析模板掩盖思考粗浅、逻辑混乱的内容），实际上并未产生真正的作用。

要把这些工具的掌握从会套用模板内化为能力还需要经历两个过程：①在能

够回归问题本质之后，通过在大量的实践中运用这些工具，不断提升熟练度将工具模板形成思维模式和能力；②回归工具价值的本质，有目的性地灵活使用工具。

以 SWOT 分析方法为例，你在 PPT 上画一个四象限，分别写上优势、劣势、机会、威胁其实并不难。难的是，你要时刻理解这个工具的本质是一种帮助你搜集信息的方式，四个象限可以保证你能够搜集到影响你获取一个市场机会和竞争位置的全部信息，你使用这个思维模式会发现，这些信息并不是反向凑出来的结果，而是主动搜集、挖掘、穷举出来的。只有这样这个工具才能够发挥真正的价值。

很多人在项目方案成型以后才使用这个工具反向凑一个支持结论，以表达这个项目方案的可行性。而现实情况常常是分析结果告诉你，其实这个项目你并没有十足的把握、没有市场空间或者并不应该由你来做。你如果不能面对这个结果（这不是你的问题，从心理学基本原理中我们知道人会倾向于认同已经形成的结论，避免接受否定的结论），那么这个工具得出的结果是没有意义的。

在以上两个回归问题本质的基础上经过大量的实践积累之后，你会慢慢地形成一种思维习惯，即形成时时思考资源最有效利用和寻找机会空间的意识。这不仅可以运用于业务的分析，甚至会渗透到你的工作和生活的每一项决策中。这就是能力内化的第一个阶段。

当思维习惯成形后，理解工具模型会帮助你全面搜集信息的本质，这样你就知道了工具的每个部分在既定的场景中是如何运作的（S 分析告诉你穷举自己的优势组合成优势策略），就能够实现灵活的、有目的运用（如果你要向一个女孩表白，那么你可以洞察她的需求，利用你的 S 和 O 组合成策略大胆地试，根本不用考虑你的 W，没准她就是喜欢丑的呢）。这是能力内化的第二个阶段。

工具的掌握不在多，你只要能够内化几个经典、有效的工具，在生活和工作中就一定会大幅度领先不懂分析和解决问题的人。

以上就是运营工作的本质——解决问题，即如何通过掌握分析和解决问题工具库提升分析和解决问题能力的内容。能够使用工具是第一个层次，对于解决问题来说，达到第二个层次——能够脱离工具创造自己的解决问题模型并站在更高的跨界思维层次解决问题——才能成为真正的活动运营大师，这部分内容将会在第 2 部分详述。

3.2 数据管理和数据分析

上面介绍了分析和解决问题，接下来我们介绍一下与分析和解决问题紧密关联在一起的数据管理和数据分析。

首先我们需要明确，这里说的数据，不是“number”而是“data”。“data”比“number”附带了更多的信息量、属性和衡量维度。

为什么与数据相关的职位（如数据分析师、会计、金融分析师等）都非常值钱？因为数据是模糊现实的一种客观呈现（理论数学是一切理论和实用科学的基础），以理性的方式讲述现实，以量化的方式衡量客观存在。对数据的深入分析和挖掘能够得出现实的最近似解，可以指导人们制定最有效的策略。

当然，对于活动运营来说，数据工作没有那么玄乎，但本质是一样的：如何通过数据的管理掌握负责业务的最近似现实，如何通过数据分析从数据中挖掘有效信息。

简单来说，当老板问你最近做的这个活动效果如何时，你要能够从多个角度阐述活动效果到底是好还是坏，你要能够用数据让你的结论无可辩驳，而这些数据来自严谨的数据分析和挖掘过程。

所以，对于数据这部分内容我希望你能够明白以下几点：

（1）活动运营需要具备有效的、基本的数据管理能力，以掌握所负责业务的最近似现实。

（2）活动运营需要掌握一些基本的数据分析工具，以便进行有效的数据分析和挖掘。

我们将活动运营需要掌握的数据管理和分析能力设定为这个部分知识的边界，数据管理和分析这门学科同样也是深远和无止境的，直至现在也还不断有新的数据分析理论和方法被创造出来，如果你对这个部分感兴趣可以再自行深入研究。

3.2.1 基础数据管理能力

数据管理工作的本质是帮助我们尽量了解现实，了解我们的产品、策划案、专题活动是否真实和有效地影响了用户，了解呈现出的现实结果是由什么现实过程带来的，所做的运营动作的效果与其他可能的选择相比是更好还是更坏，投入的资源、人力、运营成本是否能够得到对应的回报。

通过数据管理了解现实的过程是挑战直观认知的过程，你可以了解到一个领导个人喜欢并赞不绝口的项目是不是一个成功的项目、一个表面上毫无产出的项目是不是毫无价值的项目、你认为好的内容用户是不是也这样认为。

可怕的是，从实际来看，数据管理往往并不被用作掌握现实的工具，而被用作掩盖问题、创造虚假现实的手段，用于欺骗上级、合作方、客户。常见的方式就是先写下乐观的、有助于达到目标的结论（例如，这个项目非常受市场欢迎，可以加大资源投放），然后反向挖掘数据，把有助于支撑这个结论的实际上并没有那么严谨的数字留下来（例如，我们投放的产品广告的用户点击率非常高，其实只是因为广告商有一个抽奖 iPhone 的利益点），隐藏掉那些真实的会得出不好结论的数字（例如，被抽奖骗进来的用户对产品根本不感兴趣）。

所以，在介绍数据管理之前，你要先调整好心态：数据管理并不会教你怎么把数据包装、呈现得美观和看似合理，我想分享和倡导的数据管理是怎么通过数据管理掌握真正的现实。

什么是数据管理下掌握真正的现实？我认为至少需要包含三个部分：

（1）需要对现实有完整的客观描述（把模糊的现实转化为量化的结论，如卖了很多产品→卖了 1000 份产品）。

（2）需要对现实的描述有评价标准和结论（比昨天多卖了一倍，所以今天卖得很好）。

（3）需要对现实的原因同样有必要的溯源和量化的描述，形成完整的逻辑描述（因为今天气温骤降，促使很多观望用户下单，使得转化率有很大提升）。

以上三个部分构成了最基本的数据管理框架，代表着你对完整现实情况的掌握。这也意味着，你能够经得住领导的经典三大“灵魂拷问”：做得好不好？有多好？好在哪里？深究原因，之所以领导会喜欢问这三个问题，是因为这三个问题背后隐含了完整现实情况的意义。

下面我们来拆解看看应该分别做些什么、怎么做和怎么提升基础数据管理能力。

1. 描述现实

描述现实意味着掌握完整和客观的现实全貌，透过表象看到本质。

很多时候结果被当作唯一的现实来对待，其实是片面甚至是有误导性的。结果和现实完全是两个东西，结果只是直观的最表象的现实的一部分（但不否认某些非黑即白的问题的结果就是唯一的现实），仅知道结果往往难以让你得出结论和指导接下来的动作，但是在掌握现实后，你的结论和后续动作就会非常清晰。

举个简单的例子，这一次的专题活动的销售情况不理想只是结果，而用户其实非常喜欢我们的产品，但因为某种原因导致这次专题活动并没有促使用户下单才是现实（实际的现实会更完整一些，为了便于理解做了简化）。

搭建一个业务的数据管理框架的意义是根据你需要掌握的维度，把与你的业务相关的所有体现现实的数据搭建成数据框架并加以逻辑拆解和解读，得出有效的结论。

完整性是搭建数据框架首要的目标，只有拥有完整性的数据框架才具备进行数据管理的基础。

你可以先问自己一个问题，影响这个业务的所有相关的现实因素是哪些？

既然是问题，就进入了我们已经掌握的分析问题的领域，这个问题属于一个相对混沌的问题，我现在还不知道最终分析出来的结果可能是什么、拆解的元素有哪些，所以我们用“无脑”的 6W2H 方法进行穷举。

（1）Who：穷举所有描述用户现实的数据项，例如，用户基本画像、用户量级等。

（2）Where：穷举所有描述场景现实的数据项，例如，漏斗模型、资源投放效果等。

（3）What：穷举所有描述产品现实的数据项，例如，转化率、产品销售数据等。

*知识点：以上的分析框架是电商中常用的“人货场”框架，是 6W2H 的一种演变，也常用于策略制定，但因为电商在互联网中特别复杂，所以这个框架往往也能用于各种对 C 的业务分析。

你还可以继续穷举，只要你认为是有助于认清完整现实的数据，都应该纳入框架，继续用其他“W”和“H”拆解，直到穷举完所有与这个项目相关的数据为止。

基础数据管理能力的提升本质上就是在一次又一次的数据拆解和解读过程中，不断地积累自己的业务熟悉程度，知道对于不同的业务场景，哪些数字是需要关注的、重要的、隐含的，在这个能力积累到一定程度之后你就可以跳过以上的拆解过程，在大脑中把这个框架搭出来。但是在熟练操作之前或者在接触某个新的业务场景时，我还是建议你完整地套用以上过程，以便开启前几次的掌握完整现实的过程。

你现在有了一堆杂乱无章的数据，它们已经是现实的完整阐述，但是你还是看不懂，得不出有效的结论，因为它们还只是无序的数字，需要进一步逻辑拆解和解读，即我们要进行下面两步操作。

2. 衡量好坏

我今天晚饭一个人吃了 50 元的麻辣烫，你对这个数字有什么感知？什么感知也没有吧。如果我告诉你，一个 30 元的麻辣烫套餐在同一个店铺里被称为“情侣套餐”，显然你就会得出“你怎么这么能吃”的结论。

这个步骤要做的事情就是，对现有的一堆杂乱的数字做评价。计算机和很多“直男”的头脑中只有 1 和 0 两种结果，正和负的结论是显而易见的。但是对于一个既不是 0 也不是 1 的数字，该如何评价？通过比较得出相对的结论是唯一的办法，得出的好和坏的结论也不是真的绝对的好和坏，只是相对更好和更坏。

以上理论解释了困惑众多“直男们”的一个问题：在纪念日送多贵的礼物给女朋友她才能满意？在大多数情况下的答案是比她的闺蜜收到的贵就好。

所以，在这个步骤中我们要给每个数字下一个定论，关键点就是要给每个数字寻找合理、有效的参考标准：一个广告的点击率是多少，行业内的点击成本一般是多少，之前类似的业务做到了多少，我的上一个项目做到了多少；一个用户的 ASP 值是多少，某一个群体在某一个场景中的平均值一般是多少；一个产品的销售转化率是多少，竞品的销售转化率一般是多少，之前的峰值和日均值分别是多少。

这个步骤的能力提升显而易见，对于你经常接触的数据维度，你要熟记它们的参考和衡量标准。当然，在熟练掌握这个能力之前，你要强迫自己在完整的数据框架下，全面地梳理和了解所有数据的衡量标准。

现在你有了一堆杂乱无章的带着评价的数字，你可以得出一些显而易见的结论，如页面转化率很糟糕，但是你还是没有办法完整地描述出整个现实情况，因为这些数字之间还没有构成逻辑关系，这是我们下一步要做的。

3. 构建逻辑形成完整的现实描述

很多数据分析工作在上一步就停止了，因为似乎结论都很清楚了（点击率高代表用户喜欢，卖得好代表产品受欢迎，页面停留时间长代表用户愿意逛）。对于只是把数据管理的结果当作对上预期管理工具的人来说，这个阶段其实可以得出很多有效支持期望中结果的片面结论，有些活动运营由于某种主观或者客观因素停了下来，开始用这些零散的结论组织自己的项目喜报。

你如果仔细深究就会发现，这些单点数字结论总是可以被质疑和挑战的，很多时候你被领导问得无法答复也是这个原因。

数据如果没有形成逻辑，就没有形成完整的现实描述，结论一定不完整、可挑战。完整、有效的数据管理框架是严谨地对现实的逻辑描述，严谨和逻辑是其中的必要因素。

数据很容易骗人，原因正如上面所述，单点的数据在没有逻辑的推导下，可以得出很多种结果，而人们往往会倾向于相信积极的结论而忽略了其他更多种可能，误导就发生了。

构建完整和严谨的逻辑性是有效地克服数据欺骗的方法。方法其实并不复杂。

（1）假设。你先纵览所有的数字，在脑海中大概描绘一下数字之间的作用关系，应该可以有一些大概的猜测，把这些猜测先记录下来。你要保证你的猜测是一句完整的逻辑描述[*知识点：两种基本的逻辑描述（推演和归纳）如下，因为—所以—因为—所以或因为1、2、3、4，所以……]。例如，这次营销活动的销售效果较差是因为引入了错误的客户，所以导致了转化率低。

（2）验证。你要把现有数字放到你的逻辑描述中，验证这个逻辑是否成立。例如，转化率是不是低、客户画像是不是不准确。

（3）反证。为了避免在一开始猜测的过程中逻辑描述本身不完善，你需要尝试反证你的结论，从现有带着评价的数字中寻找是否有能够让这个逻辑不成立的结论，如果出现了，就重新假设。或者针对这个数字和逻辑的冲突进行一个新的假设—验证—反证。例如，广告的点击率很高，似乎驳斥了引入错误客户的结论—新的假设：广告点击率高是因为在广告中放置了无关的诱导信息（免费抽iPhone），验证类似的诱导信息在其他先例中是不是也产生过同样的结论。

（4）你要不断地尝试组合现有的数字，经历以上过程，形成一个或者多个严谨的逻辑描述，直到没有更多重要的或者需要的描述可以梳理。这就意味着你真正掌握了一个项目的全部现实，这才是有效的数据管理工作的本质，也是制定后续策略优化的基本保证。能够客观地面对成败，得出有效的结论，是一个业务和一个团队真正需要的。

这个时候，你就可以自信地说出："对这个项目的情况，领导你随便问吧。"

写总结就更简单了。无非是把这些逻辑依次通过一些可视化的工具呈现得简单、清晰而已。市面上已经有很多可视化教材了。

当然，以上三个步骤完整执行下来是异常复杂和耗时的，所有项目都严格执行显然不现实。所以，更重要的是，你要理解数据管理的真实运作原理，在面对复杂的数据管理工作时，这套理论可以让你不出错，在每个步骤的工具使用熟练后，伴随着你的业务能力逐步提升，你的数据管理能力就能让你游刃有余地、高效地、有针对性地掌握一个项目的全貌。对于那些每次都花巨大精力无目的地分析数据、写报告凑结论的人来说，你就实现了降维打击。

下面我们开始下一个部分的解读，我想分享的是数据分析工具背后更重要的数据分析思路，从某种意义上来说这些思路才是真正强大的数据分析工具，可以帮助你理解数据分析工具的本质、在什么场景中应该怎么分析一个数字以及如何避免过度强调方法论的分析过程导致得出错误的结论。

3.2.2 常见的数据分析思路（工具）

1. 趋势分析

为什么一个公司还在保持增长且业务规模依旧庞大，但是当增长率出现了一点儿下跌时市值就会疯狂下跌？因为资本市场对一个公司的估值其实是基于这个公司未来很多年的业务规模和回报实现的。所以一个公司的未来和发展趋势比现状更重要。资本行业对一个公司业务规模的评价模型就代表着趋势分析思路的核心，越高纬度的趋势分析越能够看清楚趋势的本质。

怎么理解呢？增长率是第一纬度的趋势分析，体现了这个公司的业务还在正向发展；增长率的增长趋势是第二纬度（我们经常会看到增长率下跌报告）的趋势分析，体现了这个公司业务的发展趋势的走向，是增长得越来越快了（意味着未来持续增长）还是越来越慢了（意味着未来会出现增长停滞和下跌）；增长率的增长趋势的增长趋势是第三纬度的趋势分析，体现了这个公司的业务发展趋势的走向的本质（这个公司的增长率在下跌，但是下跌的幅度比上一个季度更小了，也许意味着这个公司和业务找到了新的增长曲线，正在接棒老的增长曲线）。

这个原理运用到实际的工作中，意味着我们要在各种趋势分析过程中，有意识地不断往高纬度走，以看到更多的趋势本质。停留在低的纬度往往会让你忽略了潜在的未来的趋势。

2. 对比试验类型

我们常用的是一种叫 A/B 测试的分析手段，通过两个对照组的基本一致条件设定和对比差异条件设定得出一个动作的实际效果。

对这个方法的运用，是叫 A/B 测试还是叫 C/D 测试并不重要，重要的是背后的分析思路，我们要得出一个运营动作或者干扰因素的真实影响，采用排除干扰因素的对比试验是最严谨、最有效的办法。我相信理科生对这个方法并不陌生：让两个实验对象处于尽量一致的因素之下，仅存在唯一的测试因素差别，观察最终两个实验对象的结果，这个测试因素和结果之间才构成绝对严谨的逻辑推论关系。

例如，你要测试页面上一个按钮的调整是否会对页面的点击率产生影响，对按钮调整前后两个版本的页面投入同样量级的流量，这样的测试并不能得出严谨的结论。因为可能某一个版本被引入了更多的女性，她们会更倾向于点击那个带着图片的按钮。你必须要保证投入流量的用户群体是基本一致的，这样结论才有效。

3. 用户路径和漏斗模型

活动运营常用的数据分析思路为回归用户的路径搭建数据逻辑框架，以便清晰地帮助业务判断真正关键的影响用户行为的转化环节。

漏斗模型大家都会画，我们可以把漏斗模型应用于从广告点击、页面流量、商品详情页到下单的每一个环节中，算出转化率，得出每一个环节转化率高或低的结论，然后优化低的环节。

在大多数简单的业务模型下运用漏斗模型是没有问题的，也能够得出基本有效的结论。但是大多数人对漏斗模型的使用停留在生搬硬套地填写每个漏斗层级的数据阶段。这样生硬的使用方式往往使漏斗模型在业务模型出现变化（例如，在社交分享时用户往往不是从页面进入的）、用户行为发生微妙演变（例如，用户在看到不完整的页面信息后跳出，进行了搜索，但是最终还是下单了）的时候完全失效。

所以，我们要掌握用户路径分析方法的核心思路，而不是直接套用现成的漏斗模型，要尝试绘出用户从接触你的业务第一时间开始，像讲一个故事一样描述清楚用户可能的走向，直到最终的成交转化环节。只有以此思路梳理出用户路径，找出关键点，才能构成真正有效的漏斗模型。

在社交化、垂直化、去中心化业务（例如，社交电商、分销等）越来越普遍的时代，用户的浏览路径远远复杂于传统的主页—专题页—商品详情页的模式（传统的电商、门户业务采用的都是这种模式），只有掌握了用户路径分析的核心思路，你才能真的跟上业务变迁。

4. 黑盒分析

当一个业务或者一个模块的运作机制太复杂，导致分析其运作逻辑的成本过高甚至无法分析的时候，黑盒分析思路给了你一条轻松、简单的路径：把搞不清楚的复杂的运作机制当作一个黑盒，只考虑这个黑盒的输入因素和输出结果，寻找输入和输出之间的关系。

黑盒分析的理论不难理解，但关键是这个思路在合适时间的合适运用，在一定程度上黑盒分析和数据体系管理掌握事实全貌是有冲突的。

很多时候我们纠结于一个项目的细节，总要深究一个难以定义的原因到底是什么。当你发现一个只是引起线性变化的因素把项目团队困在分析中太久导致效率低下的时候，你可以适时地把一些不关键的或者无法分析的部分打包成一个黑盒，用输入和输出之间的关系分析就能得出有效的结论。

合理运用黑盒分析思路，能够帮助你提升效率。

5. 大数据思路

当数据量足够大的时候，你要学会把复杂的个体简化为大数据个体，简化的过程是提炼其中关键的、必要的因素而去掉那些毫不相关的或个体差异巨大但整体差异可忽略的因素。

比如，很多电商平台会把每个人按照收入和城市层级打标，因为这两个属性的交叉构成了基本的消费者模型：一线城市的高消费人群喜欢追求潮流，经济型消费人群可能喜欢买优衣库的衣服；低线城市的高消费人群喜欢买奢侈品，经济型消费人群喜欢买纯粹的便宜货。虽然有一些一线城市的抠门的“土豪”并不愿意买戴森，但是不关键。

搭建最简单的用户模型是大数据思路的本质。

活动运营往往需要面对的业务情况是通过目标用户的分析进行业务策略的制定，而你的业务目的决定了你需要进行的用户模型搭建，用户模型搭建决定了你的专题页面的线索布置和分类。

例如，你负责一个销售月饼的活动，销售月饼是你的业务目的，可能这个目的关联到的用户模型引子是用户为什么买月饼和用户买得起多贵的月饼，所以你进行了“高消费人群送礼”“经济型消费人群送礼”“高消费人群自己吃”“经济型消费人群自己吃”这样的用户模型搭建。接下来，你需要做的事情就很直观了。

以上就是我对活动运营需要掌握的数据管理和数据分析能力的定义与解析。

重要的是，你要理解这些原理，如果没有理解原理，“无脑”地使用，你就很容易被数据欺骗。

3.3 常用的运营手段工具库

因为运营工作的复杂性，如前文所述我更愿意坚持一个简单的理论：运营工作的本质就是分析和解决问题，之前的部分也已经做了相应的解读，主要进行了解决问题本质的拆解和对应方法论的介绍。基于此结论，显而易见，不断地丰富和掌握解决各种场景问题的工具库就是我认为的运营专业力提升的过程。

活动运营的运营基本属性也要求我们需要具备完善的运营工具库，能够形成坚实的运营功底，强大的问题解决能力。“敢运用以及可以运用一切手段达成目的”是优秀的活动运营的必备能力。

我将自己实际运营工作中用到的有效的工具做了完整的梳理和归纳，尝试找到运营会面对的相对完整的业务场景，进而对应出运营需要具备的基本工具库结构。

以下的内容也许并不绝对完善和正确，但希望以此作为引子，能够引起你思考以下两点：

（1）作为活动运营或者所谓的全栈运营，你应该搭建一套属于自己的工具库，以便在各种运营场景下快速找到解决方案和提升效率。

（2）你要理解这些工具和方法在实践中是如何产生效用的，以便根据实操经验的积累逐步创造自己的工具。

首先，为了保证工具框架的全面，我们先从三个角度梳理运营工作。

从解决问题的角度来看，所有的问题都能够被归为三种类型：追求目标、修复问题、防范风险。以此为索引，我们对应出常见的三种场景的工作：

（1）追求目标。为了达成一个具体的目标需要寻找最可行的方法。

（2）修复问题。为了使情况恢复正常需要找出引起异常的真正原因。

（3）防范风险。为了避免发生不希望看到的情况进行的风险防范工作。

我们从运营工作属性的角度来看，运营工作主要分为三种类型的工作：

（1）固化运营。针对一个固化场景（或者周期性的固化营销）的连续性运营，保持核心指标的持续突破。

（2）阶段突破。通过营销等手段实现某些关键业务指标的阶段突破。

（3）创新探索。通过不断地尝试新的运营手段，实现方法论的沉淀，掌握一种全新的运营手段。

从前端用户角度来看，针对用户的生命周期又有以下三个阶段的工作：

（1）用户拉新。从曝光阶段开始逐步引导一个全新的用户直至他完成首次注册/登录/互动/购买操作。

（2）用户留存。引导新用户不断提升活跃频次，让他完成更多复杂和重度操作，成为价值更高的用户。

（3）用户激活。将曾经活跃但因为某种原因流失的用户重新激活和召回。

从这三个角度梳理出来的运营工作场景构成了运营的基本工作场景框架，

以图 3-12 所示的九宫格框架进行工具库的沉淀和能力体系的搭建可以使得完整的运营基本能力持续提升。

追求目标	修复问题	防范风险
固化运营	阶段突破	创新探索
用户拉新	用户留存	用户激活

图 3-12

以此基本工作场景框架为基础，下面我为你推荐一些有效的工具（以有效为原则，并不一定是常见的）。工具本身并不重要（甚至大多数只是解决问题的方案），每个场景中可以使用的工具一定多到无法穷举，我们要知道为什么这个场景对应这个工具、这个工具是如何产生作用的，以及还有哪些工具可以对应或者更有效。带着这几个问题思考以下例子，我相信你在未来的运营工作中可以不断完善自己的运营工具库。

3.3.1 三种场景的工作

1. 追求目标

追求目标是活动运营最常接触的场景，典型场景就是完成一个带有明确目标的项目。关于目标管理前文已经介绍过了，在这里我们探讨更广泛意义的追求目标场景：说服一个挑剔的客户，完成一次顺利的汇报，开展一次有效果的会议。这些都是更广泛意义的在日常工作中活动运营需要面对的追求一个明确目标的场景。

在目标含义和边界明确的前提下，找到达成一个目标的可行方案往往不是最困难的事情（一群人坐下来穷举即可），在众多看似可行的方案中做出决策，找到投入产出比最高的方案才是真实的难点。难以决策的本质在于对多种可行方案的对比往往是难以量化评估的，无法清晰地看到好坏和优劣。在经验缺失的情况下（第一次处理类似问题），我们没有更多的参考条件，大量的解决方案决策过程仅仅是一个拍脑袋的过程。

举个例子，以说服一个挑剔的客户为场景，项目成员已经通过头脑风暴和穷举得出了“给出更多优惠条件”“通过更高层与对方达成协议”“尝试引入三方合作达成协议”等几种解决方案。这个时候核心的问题已经不是如何说服这个客户沟通，而是在各种解决方案效果未知的情况下，哪一个解决方案最靠谱/应该优先尝试。

我们要投票吗？请停止这种愚蠢的行为。在追求正确解的问题上，投票决策是一种集体无意识行为的典型代表。

作为解决这个问题的第一负责人，你有义务在既定条件明确的情况下决策当下最可控、成功概率最大的解决方案（即使在一定的概率下你的方案还是失败了），而不是扮演一个纯粹的赌博者角色。

成本概率组合工具能够有效地帮助你决策，即以成本视角审视每一个解决方案，并进行成功概率评估，综合进行当下最有效的决策。

你要完整地评估成本，包括现有的成本以及未来可能产生的成本，注意成本必须是准确的、既定的信息。你不用纠结概率的精准性，主观地、粗略地评估即可，概率分为三个等级：极有把握、很大概率、有一定概率。

以成本视角审视每一个解决方案的意义在于，很多时候我们的精力都只聚焦在一个问题的最直观的解决方案上（以说服挑剔的客户或者合作伙伴为例，我们一般都在不断地想办法说服对方），往往最直观的解决方案的成本是高于其他一些看似突破常规的解决方案的，以成本视角审视更有助于找到高投入产出的方式。例如，说服你的上级搞定对方上级也许只需要你付诸 10 分钟的成本，而替代掉的是大量的谈判和撕扯成本。

还以说服挑剔的客户为例：

（1）通过更高层领导与对方达成协议：成本是说服我方的高层领导。成功概率为极有把握。

（2）给出更多优惠条件：成本是本次合作损失的利润和未来更多的谈判成本（例如，对方不会再同意提高合作条件）。成功概率为很大概率。

（3）尝试引入第三方合作达成协议：成本是调整谈判对象和策略。成功概率为有一定概率。

接下来，不管你是用坐标轴的方式还是用打分的方式，你都要计算出综合评分最高的解决方案，即在现有条件下能够做出的最有效的决策。

这个工具代表的核心思路是把决策问题简化，抓住关键点，剥离未知的干扰因素，基于现实条件进行最有效的判断。举一反三，当你未来面对如何达成一个销售目标问题的时候，你不要总纠结于尝试一些效果未知的优化动作，也许说服某个资源方给出一定会有效果的资源支持才是你最有效的决策。

2. 修复问题

修复问题的工作是指发生了一个异常现象，我们需要对异常的起源进行追溯，解决异常，恢复原状。典型的案例是对一个连续性的业务指标进行监控，当业务指标出现异常（例如，销售额下跌幅度超出正常波动幅度）的时候，我们需要定位引起指标异常的真实原因，并进行修复。

同样，修复问题的关键也并不在于如何解决问题，因为修复问题定位到原因后，修复手段往往是显而易见的（例如，如果新投放的广告效果下跌严重，那么可以换成原来的广告或者尝试一种新的广告）。关键点在于定位问题的过程：是否能够通过表面现象高效（修复问题往往紧迫）地完成原因定位。

假设验证工具有助于我们解决修复问题开始出现时的一头雾水：到底哪里出了问题？我应该从哪里开始着手寻找问题？那个显而易见的原因是真实的原因吗？

为了保证问题追溯的有效性和效率，这个时候你要首先搭建你的假设逻辑树，即利用之前介绍的 5Why 方法进行问题的假设拆解，把问题的所有可能答案拆解到最末端，形成可观察的原因点假设清单，如图 3-13 所示。

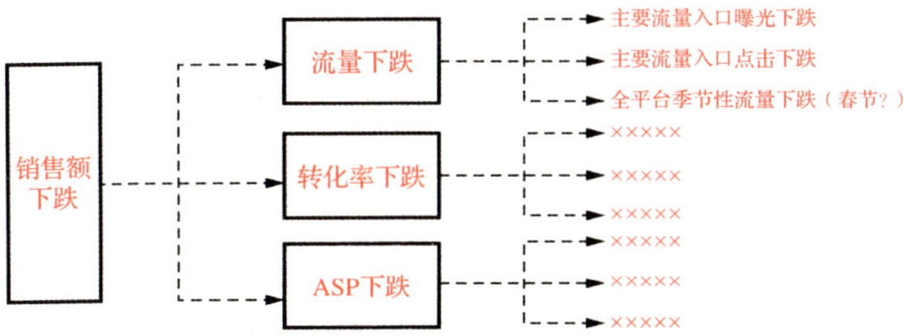

图 3-13

然后，依次从问题的源头开始进行每个层级和每个假设因素的验证，逐一排除，直到找到最终问题点。注意，你要完成所有假设的验证过程，梳理假设逻辑树的一个重要作用就是帮助你在综合因素影响的情况下，找到一个或者多个真正的影响因素。从实际案例来看，很多时候一个表象的因素变化由另外一个根本的因素变化引起（例如，转化率下跌其实是因为入口广告的变化引入了错误的流量），不进行完整的验证无法找到最终的原因。

如果你是做一个连续业务的运营，假设逻辑树只需要进行一次拆解，那么后续在每一次异常出现时你都可以再次快速套用已经拆解好的逻辑树。

3. 防范风险

防范风险是一种比较复杂的问题，与前两种问题有具体、明确的唯一目标相比，防范风险需要达成的目的会更加模糊和多样。活动运营对临时性的活动项目往往考虑不周，会遇到页面 BUG、客户投诉、上线延期等问题。

这个时候你需要的工具要能够帮助你尽量全面地预判可能存在的风险，评估出有效的应对方案，最可控地完成一个项目落地。

以基础风险管理工具为例，它简单、直白但是极其有效，包括以下三个步骤：风险穷举—问题追溯—寻找最优解。

（1）风险穷举。你可以先从一个头脑风暴会议（或者你自己闭门思考）开始，问自己和所有人一个问题，你最担心发生的情况是什么，然后穷举和排序。你需要保证所有后果不可承受，把不可控的结果都罗列出来。

（2）问题追溯。用假设逻辑树的工具找到每个不可承受后果的完整原因。

（3）寻找最优解。把避免担心发生的情况转化成一个追求目标的问题，找出以当下信息为基础的最可控的解决方案，注意这里不是风险发生时的解决方案，是在当下可以执行的规避风险（达成规避风险目标）的方案。

举一个例子：

（1）担心发生的情况。活动整体效果不好影响与客户后续的合作。

（2）原因追溯。因为向合作客户承诺的效果无法达成，所以他们会失去对产品的信心。

（3）风险防范手段。剥离一部分资源，集中保证头部客户的活动效果，在整体效果无法达成的情况下，以几个少量标杆案例保证客户后续的合作信心。

对于不可控的风险防范来说，除了使用这种“傻瓜式”同时成本又较大的工具，我暂时没有发现其他有效的方法。风险管理往往被忽视，所以你要具备风险管理的意识，在极其重要的项目中适当地使用几次风险管理工具，逐步熟悉，进而可以灵活地运用。我们在1.2节中提到的对于项目的连续性管理也是这个工具的一种灵活运用。

3.3.2 三种类型的工作

1. 固化运营

固化运营是运营工作最常见的工作场景之一，即连续性地运营一个固定的产品、频道、系列营销甚至主页。固化运营意味着你在针对一个有既定用户价值、用户群体和用户入口的业务进行连续的运营，保证业务的关键指标进行持续的增长。

对于固化运营的场景，很多运营领域的专家已经创造了大量的方法论，因其不是活动运营的重点，在此仅对一个共通的话题做出一个工具举例：

针对一个固化运营的场景，打造明确的用户认知的工具。

既然是固化运营的场景，就意味着你不只和用户产生一次互动，更希望不断建立用户的认知，不断实现用户沉淀，进而形成固定的用户群体。所以，固化运营的核心往往被忽视，即如何建立用户认知。

我们首先拆解一下用户认知的几个因素：这是什么、这能给我带来什么价值、我为什么要再回来、我怎么回来。

你如果能够通过你的体验结果回答用户这几个问题，就初步实现了用户认知的培养，这个用户也就成了你的潜在忠实客户。所以，以回答这几个问题的工具组合成的工具组合就是用户认知打造工具，以这几个问题检查你的场景是否存在元素遗漏即可保证用户对你的认知是全面、有效的。

你要确保在固化运营场景中，能够依次明确地回答用户这几个问题：

（1）这是什么。你要写出直观、明确的场景标题（例如，天天特价），除非你有大量的市场经费打造一个莫名其妙的名称，附加一个直白的 Slogan 似乎是更简单的做法。

（2）这能给我带来什么价值。你要确保首次进入的用户能够明确地感知到这个场景的核心价值是什么，如果你的内容本身不能直观地体现出核心价值，那么可以用 Logo 序列的形式展示。教育用户价值的工作往往由市场和营销团队来做，有时候承接流量的场景运营并没有续接好用户认知，从而造成断层。

（3）我为什么要再回来。如果你的场景本身具备足够的独一无二的价值，用户自然就会想回来，但是你也可以利用一些工具进行用户的回流强化，如二次回访的用户激励、重复访问的服务升级等。

（4）我怎么回来。这是经常被忽视的，你永远不要以为你的用户都是从显而易见的入口进来的，大量的用户可能是从一个广告、一个分享链接进入的。你要尽量强化一种最简单、最高效的用户固定访问路径，让用户形成习惯。当然，你如果有技术支撑，那么可以通过用户进入的入口判断需要强化哪些信息。

对于每一个问题的回答方式还可以衍生出很多种，新的工具也不断地在被创造出来。掌握这个本质的工具框架，有助于你更有针对性地搜集这个部分的工具，甚至可以创造你自己的工具。毕竟本质就是回答四个简单的问题。

2. 阶段突破

这是活动运营主要的工作，需要通过一个阶段的运营手段，实现某个指标的突破。典型的案例就是策划一个促销活动，实现×××的销售指标突破。

对于突破型的运营手段，重要的不是具体运营手段是什么，而是需要明白一个基本的道理：突破型的运营手段分为线性增长突破型的运营手段（量变手段）和倍数增长突破型的运营手段（质变手段）。基于这个基本的逻辑，你要有目的地沉淀对应的运营手段，在面对具体的运营手段决策时能够合理地决策优先方案，这是现在大多数活动运营需要转变的思路。

（1）线性增长突破型的运营手段。优化一个页面的广告、动线，进行精细化推广等手段一般能够带来百分之几十的增长。

（2）倍数增长突破型的运营手段。把关键操作环节替换为互动性更强的模型、用一个更有自传播能力的产品替换原产品，去掉一个不必要的中间跳转页面等手段往往能带来几倍的增长。

当面对一个模式相对固定、业务规模相对较大的业务的时候，线性增长突破型的运营手段也能带来较大的价值，我们可以精细化地做线性增长突破型的运营手段优化。

但是当面对的突破目标遥不可及，或者业务规模较小，还不成熟，需要寻求巨大突破的时候，我们不要把精力浪费在线性增长突破型的运营手段优化上，而应该寻找倍数增长突破的方式。

下面介绍两个引子，以便你能够理解在这个模块中应该沉淀什么样的工具：

（1）线性增长工具：你要配合推广渠道的 BI 投放（能够判断曝光用户的属性进行有针对性的曝光）对应页面的 BI 能力（能够自动前置对应内容），即当 BI 广告给一个男性用户推荐一个剃须刀的时候，你要保证你的页面头部置顶位置也是这款剃须刀或者类似的男性商品，从实操经验来看，这样可以提高 30%～50%的页面点击率。

（2）倍数增长工具：把页面上的点击领券按钮替换为一个抽奖工具（实际上用户还是领到一张优惠券），且需要用户付诸一定成本获得这张优惠券，实测大概能提升 4 倍左右的按钮点击率以及 2 倍左右的优惠券使用率。

你可以沿着这个思路，不断地结合实践沉淀更多线性增长/倍数增长工具，这样在面对一个突破型的任务时才会更加得心应手。

3. 创新探索

创新探索也是活动运营经常要操作的业务类型之一，本质是验证一些新的项目有效/无效。你要不断地沉淀完整的运营方法论，供后续更多业务落地。

这个部分主要面对的问题是什么样的创新探索是有意义并且能够得出有效结论的。

这个部分要克服两个障碍：①无目的地为了创新而创新。②因为创新付诸了大量成本所以不敢面对失败的结论，从而错失了挖掘有效结论的机会。

图 3-14 为一个创新管理表，不论是领导者还是实操者都可以在创新的过程中得到有效结论。

创新目的	提升转化率
创新策略	根据目标城市的极端天气变化自动推荐专题促销活动
对标常规手段	季节性的统一促销活动
对标常规手段衡量指标	××
创新手段结论	实测在极端天气下自动推荐的专题促销活动转化率达到××，超出×××，分析原因×××××
后续动作建议	拓展极端天气种类（例如，降温、升温、雾霾）以及品类，覆盖更多场景 以自动化促销页面矩阵替代统一促销活动，实现整体转化率提升

图 3-14

以上内容看上去似乎是一堆正确的废话，但是实际上关于创新业务和模式的探索往往缺少回归最基本起点的分析，造成了大量莫名其妙、无目的地创新和为了掩盖失败得出的错误结论。所以，“创新探索”部分的工具的主要作用是帮助你拆解和明确创新探索的本质目的、衡量标准以形成有效的结论。在熟练使用和形成习惯之后，你能够在创新探索的不同阶段实时回归业务的起点思考运营策略的有效性，保持清晰、明确的衡量标准认知，做出真正有效的创新探索工作。这个部分的更多工具的演变也是基于这个思路展开的。

关于创新探索的另外一个角度是探讨如何提升创新验证的效率和质量，涉及敏捷测试/最小可用性测试（偏交互）/精益创业（名称很多但是意思都相同）的一些理论，这也有很多现成的方法论，你如果感兴趣，那么可以继续深入研究。

3.3.3 三个阶段的工作

1. 用户拉新

用户拉新是用户运营领域被研究得最多、最全面的部分，同样也有大量的现成工具。下面介绍一个比较有意思的用户拉新工具的原理拆解，让你找到更多全新的拉新手段：

用户拉新最重要的是拉新成本的问题。当然，具备极大自传播能力且处于快速增长期的产品自然不用考虑拉新成本（这类不在运营工具讨论范畴内），这里要讨论的是基于一个既定的产品和固定的费用成本，如何尽量降低拉新的成本。

在行业内拉新成本一直在涨，现在一个电商产品获取首单新用户的成本为50元左右，而一个金融类的产品获取一个新用户的成本已经达到了200元左右。这听上去不可思议，但是传统拉新手段用大量的投放广告引入一堆无目的的用户，在产品体验后留下来会完成最终购买操作的用户确实极少，整体广告成本除以这些用户数量，得出的拉新成本就如上。

但是，以拼多多、趣头条为代表的一些高速增长产品，开始转变思路，用全新的形式实现了拉新成本的量级变化，它们使用的方法基本上可以归纳为成本转移的系列工具。

这些工具来源于某一个活动运营的想法：既然我要用50元甚至200元的成本获得一个新用户，那么我直接把这些钱给用户，这么大的额度是不是足够促使他完成新用户的转化，同时完成传播裂变，从而替代传统的广告投放？

以此衍生出了大量的现金激励裂变玩法：一个用户完成首单购买获得2元奖励，每邀请一个人又可以获得2元奖励，每一个人完成新用户转化就可以再获得一个裂变的现金红包等五花八门的玩法。但其本质都是把原本拉动用户形成首次转化的成本变成了用现金利益刺激、驱动用户完成转化和传播。

这种玩法的效果确实不错，刚好又与这些产品的目标客群（追求小便宜）匹配，所以这些工具带来了这些产品的爆发性增长。

这种成本转移的思路又引起了其他聪明的活动运营的思考，既然拉新成本可以转移为用户激励，那么其他的成本是不是都可以转移？所以，看新闻获得现金奖励（通过用户看新闻产生的流量换取的广告成本转移）、分享广告获得现金奖励（广告主成本转移）、分销获得现金奖励（下一级分销成本转移）等拉新工具就层出不穷了。

虽然这些玩法都很低级，大多数互联网从业者也不是其目标客群，但是不妨碍我们沿着这条思路再去思考更多的拉新工具。

2. 用户留存

用户留存从本质上要达到的目的是让一个用户尽量与你运营的产品产生互动，当然这在更大程度上是产品本身体验和价值的义务，但是运营在这个环节中可以用一些工具引导浅度用户一步一步地成为重度用户。

运营常用的工具分为三类：

（1）打卡类工具。打卡类工具常用于电商类、游戏类业务，用成本可控或者与用户消费行为挂钩的激励手段（例如，优惠券、各电商平台自己的激励货币）刺激用户不断回来，也有很多业务在打卡激励的基础上再附带传播裂变的功能，以拉动更多用户进入。打卡类工具的核心点在于成本控制和防刷（表面数据很好，但是其实只有一批“薅羊毛”的无效用户在参与）。成本控制在游戏类的业务中很好解决，无非就是利用无成本的虚拟道具（有外观或者属性的加成）作为激励手段，这是一种屡试不爽的手段。一些成本控制较难的业务（例如，电商）可以适当参考游戏的打卡机制，将一些对用户实际有价值但成本极低的功能作为打卡奖励。比如，用户连续打卡一个月可以自动领取最大力度的优惠券/解锁官方的历史价值对比等。

（2）成长体系类工具。成长体系类工具常用于一些社交类业务，通过任务引导用户熟悉平台的各种功能。成长体系在社交类业务中运用比较广泛的原因为任务所带来的奖励往往是用户在对应平台中比较重视的身份（用户等级），有效的任务引导既可以完成用户的教育，也可以帮助平台生产大量的初始 UGC 和完成初步的用户关系链建立等。如果你的产品的核心内容是由用户生产的，且平台上的用户身份被他们所认可，那么一套完整的用户成长体系和任务机制是必备的。

（3）养成类工具。养成类工具是一种比较新兴的用户留存系列工具，适用于各种场景，尤其对于一些用户低频操作的产品。主要原理为当用户访问产品的频率比较低时，你可以用一个养成类的游戏形成一套独立的用户价值，让用户先喜欢上这个游戏，进而因为这个游戏形成回流。使用养成类工具的关键在于，你要先让用户觉得你的养成类游戏有形成回流的价值，再进行业务的植入。大多数养成类工具先规划了和业务的结合，再策划具体游戏，脱离了游戏有趣、有价值的本质，这样养成类游戏自然不会形成另外一条独立的用户活跃线索。

3. 用户激活

其实唤醒一个沉默的用户比转化一个全新的用户成本要低，毕竟沉默用户或多或少对你的产品已经有了一定的认知。因为新用户增长在财报和年度总结中被更多地提及，所以唤醒沉默用户的优先级往往被放到了拉新之后。

唤醒沉默用户不能像拉新一样粗暴是因为，新用户从未接触过你的产品，你只有一个任务就是传递产品的核心价值并想办法让他们记住，而沉默用户沉默的原因各不相同，对错误的沉默用户用了错误的激活手段是完全无效的。

所以，这个部分的工具给出的引子即是，如何通过不同的运营手段进行沉默用户的精细化运营和激活，以下工具也仅是一些举例，更重要的是你要沿着精细化的思路去做用户激活运营。

我们以几种典型的沉默用户为例。

（1）低活跃用户。他们偶尔会有使用产品的需求，但是频率不高。

从本质上说，低活跃用户的高频需求没有被激活，但是他们有一定的产品使用习惯。我们一般使用的运营手段是关联推荐，把产品的高频特性与用户常用的低频功能绑定在一起，在用户实现低频操作的时候尝试激活。例如，在电商场景中，我们给正在购买洗碗机的用户推荐价格实惠的纸巾。

（2）沉默用户。他们认为产品是有价值的，但是一直没有机会使用。

沉默用户对产品可能有一些初步的认知，但是没有进行深度的使用。对沉默用户使用常规的利益刺激和拉新手段激活并不会有太大的效果，因为这些用户本质上没有找到活跃的契机。对于这类用户，我们一般可以先用辅助手段促使他们的活跃，再进行业务的引导和植入。

（3）流失用户。他们是觉得这个产品完全无法满足需求，直接流失的用户。

别浪费时间了，我们应该忽略这类用户。除非产品在更新后有了本质的体验变化或者全新的功能，我们才能再尝试激活他们。

以上就是关于运营基础工具库搭建的一些引子，之所以叫引子而不叫知识，是因为我认为这个部分重要的不是介绍内容，而是引起你的思考。

3.4 常用的营销和促销手段工具库

下面我们介绍运营工具库的最后一个部分，关于活动运营应该掌握的基本营销和促销手段工具库。

这个部分比较直接和明确，营销与促销模型都来源于一些最基本的用户心理共性，都是如何影响一个用户的不同“套路”，在这里不做太多原理的拆解，更多的是对前人创造的工具做归类和介绍。你可以直接套用、借鉴并逐步掌握和熟练，再结合后续“用户洞察”的能力提升，就能够走上营销和促销大师之路。

活动运营需要首先区分营销和促销这两种截然不同的工作。从实际情况来看，大多数活动运营在团队内都被称为营销人员，做的工作也被统一归属于营销类型，很少有人将这两种类型的工作区别对待。活动运营在工作中往往不断地套用一套模板和方法，无非每次换个主题而已（例如，年货节、中秋狂欢、超级×××）。

然而在活动运营范畴内，营销工具和促销工具在实际的工作场景中是完全不同的两种工具种类，使用的方式和作用是完全不同的。活动运营要能够明确知道自己的任务，选择合适的营销工具和促销工具，独立或者组合使用是做出靠谱营销和促销方案的基本保障，同时也能够避免为了创新而创新，为了策划而策划的无序的工作状态。

这种无序的工作状态如下：

（1）一个以拉动交易额为目的的促销活动为了展现策划工作的价值一定要附加一个互动游戏或者不必要的浮夸的设计和交互，这样做除了让用户跳出并没有起到任何作用。

（2）对于一个综合性的活动，不考虑各个子页面的义务和价值，不做任何有针对性的推广，把所有资源全部放入一个综合的分流页面让用户自己完成分流，从而引导了大量错误的用户进入错误的页面。

（3）对于一个策划精良的营销活动，用户体验本来很不错，也给用户留下了很深刻的印象，但是最后非常生硬地跳出一堆商品/优惠券，甚至强制用户跳转到一个卖场，瞬间就流失了用户。

很多活动运营的糟糕案例都是由一个最基本的问题导致的，即没有搞清楚营销和促销的关系。

营销：在传统的市场营销领域中有很多营销的概念，值得参考的一个概念是营销关乎的是用户的心智和认知。活动运营应该理解的营销是如何用一些工具影响一个用户，让他产生期望的动作。

促销：其实促销原来归属于完整的营销环节的末端，在用户建立认知之后，如何通过一些促销的手段促使用户完成最终的交易转化。因为促销的手段直接且有效，所以促销慢慢地变成了一种独立的营销形态，进而延伸出了很多专有的工具和方法论。不管是“双十一”大促还是平常的秒杀、折扣，我们探讨的唯一的话题就是如何让尽量多的用户下单，如何让一个用户购买更多商品。互联网领域的活动运营在实际的工作场景中需要把促销的概念再进行拓展，即如何用一些工具提升各个环节的转化率和人均贡献。

（1）营销是指影响用户。

（2）促销是指提升转化。

基于这种切分，对于这两种不同的工作，我们可以使用不同的工具。

1. 营销工具

营销工具包含各种第一时间触达用户的工具（例如，广告、栏目标题、引导界面、触达消息、公关稿），各种以打造用户认知为目的的营销活动（例如，P 图软件的选美比赛——好看的女孩都在用我们的产品），各种引导用户传播的营销手段（例如，裂变模型、内容传播）等。

2. 促销工具

促销工具就是促进销售的工具，包含所有合法的能够帮助你更有效卖出产品的手段（例如，常规的折扣满减、三人同行有人免单、一些新的阶梯价和预售模式、不超过两层的分销）。

当你接到一个活动运营的工作之后，你首先要判断到底是需要影响用户还是需要提升转化率，很多时候你需要同时达到营销和促销的目的，所以你需要搞清楚每一个模块需要扮演的角色到底是什么。这样你才能够知道哪些工具是可以真正帮助你的、你的策划案应该紧密围绕的核心是什么，而不能做出来一个看似很华丽、很有趣但实际上并不知道要干什么的页面。

在你完成判断后，以下的工具归类、举例能够作为一个有效的引子和工具库，帮助你做有效的策划工作。

3.4.1 常用的营销工具

1. 用户触达工具

用户触达工具对用户的影响是引起用户的注意和影响用户进行主动操作。任何不属于这两个作用的内容都是画蛇添足的。

引起用户注意的常用手段如下：

（1）与当前的时间点属性（例如，节日、×周年等）或者热点结合，是最容易在很多消息中抓住用户眼球的，因为人都有凑热闹、追逐热点的倾向。这就是为什么一到节日或者出现某种热点的时候所有的产品都做营销，但是大多数营销人只是为了跟风，并不明白其背后的核心意义在于营销活动要脱颖而出，要抓住用户的眼球。因为一个泛滥的热点、同质化的热点主题会让这个优势荡然无存，所以你需要结合一些其他的手段让你的信息脱颖而出。

（2）制造悬念的方法被大量运用于公众号爆款文章，典型案例是“互联网十大最佳蹦迪手，没想到 sky 居然只排第二名”。这类方法的简单运用是准备带有信息量的内容（不要是一句无意义的废话），不要全部展示完，以此套用就可以快速创建大量类似的爆款标题。因为悬念的价值在于用户猜不到答案，或者用户有一个显而易见的答案与之产生冲突了，所以你要保证你的承接内容是与用户既有认知产生冲突的或者确实是用户猜不到的答案，否则就会有标题党的嫌疑。

（3）制造冲突是一种经典的营销手段。当然，完整的冲突理论讨论的冲突范畴会更广泛一些，你只需要理解基本的冲突制造方法即可：挑战既定的认知即可制造一个最简单的冲突。在年轻人对“北上广”趋之若鹜的时候，“逃离北上广”的策划是一种冲突，在一堆精心设计的广告图之间出现一个设计粗糙、略带戏谑的“美工跑了”的广告是一种冲突，卖一元钱的苹果手机是一种冲突。

（4）引起共鸣。从字面意思中很好理解，对于如何创造引起共鸣的内容，你只要考虑一个点，即你要帮助目标用户说出他们最想说的话。“在新的一年里，我只想好好赚钱”“领导，你能不能闭嘴”“我不要不要不要加班”。但是引起共鸣主要的挑战点在于你要说的是用户的“心里话”，什么是心里话？心里话是真实的想法，没有契机说出来而留在心里的话。“祝大家新年好”这种不需要你帮助用户说出来的话就不是心里话了。

以上仅是一些引子，每一种方法的使用都有很多延伸的理论，你要找到你能领悟和灵活使用的方式，并可以继续深入的研究，要相信引起用户注意这件事情其实没有那么难。

2. 影响用户进行主动操作的工具

影响用户进行主动操作的工具只有三种，其他的工具都是演变的。

（1）逼迫类工具。例如，立即抢购、点击秒杀、马上注册等。类似营造紧迫感或稀缺感的文案，配合强化的按钮、动态效果、冲突的颜色、倒计时等元素，即形成了一个逼迫类型的用户主动操作工具。这类工具是最常见的引导用户进行操作的模式，但是因为被大量滥用，用户已经对类似的形态麻木了。一个本身没有任何稀缺感和特色的内容配合逼迫类的操作工具是没有任何意义的。

（2）引导类工具。查看详情、查看更多、下一步、领取优惠券、参加活动等比较冷静的强调功能和操作的文案，配合下划线文字、常规按钮等冷静的引导形态组合成了一个引导类型的用户主动操作工具。这类工具的好处在于，它让人感觉“可以回退”，而不是感觉必须买（例如，“立即抢购”）。虽然引导类的工具看起来很常规，但是我们可以合理地配合文案运用（例如，抛出利益点，通过制造悬念等方法隐藏另外一部分内容）。与其他两种手段（逼迫和诱导）相比，这类工具更能够帮助你获取精准的流量，而不是获取看上去量级很大但都是被欺骗进来的垃圾流量。你有没有试过在一个广告中放“下一步”的文案和按钮？你可以试一试，会有奇效。

（3）诱导类工具。首先，这个工具不能常用，否则总有一天用户的信任会被你消耗殆尽，你只能在一些阶段性的营销上单次使用，这时用户对于创意性的认可会抵消被欺骗的反感。其次，这里的诱导不是真的欺骗，而是在本身承接内容不足以驱动用户操作的时候，转换另外一种形态去驱动用户产生主动操作。常见的几种运用形态是虚假的可操作交互（例如，“关闭”按钮）、轻互动（例如，投票、抽奖）、任何想让你点一下的东西（例如，一个假的小虫）。诱导类工具要有创意，并且承接内容不要让人太失望。

3. 打造用户认知的工具

营销的最本质的工作是建立和影响用户对于你的产品的认知。在营销和市场领域最流行的定位理论里，这个过程叫抢占用户心智。当然，定位理论强调了用户心智是不能被创造的，只能被抢占，这似乎与打造用户认知的概念产生了一些冲突。目前的营销行业对用户心智是可以打造的还是只能抢占现有的还没有定论，不过属于广泛的社会学科的营销领域本就没有太多标准答案。

以上内容仅给你一个引子，你如果对市场和营销有兴趣那么可以继续深入研究。在活动运营领域中我们不探讨那么深刻，只基于如何让用户认知和记住一个概念这个层面来分享一些工具，不过这些工具背后的原理，实际上和更高阶的心智抢占的方法是相同的。

活动运营往往都会代表一个产品、平台或者业务最先接触到用户，虽然市场营销打造用户认知的义务往往并不由活动运营承担，但是每一个与用户接触的营销活动实际上都是为了强化一个产品、平台或者业务的核心价值，也就是用户会记住的一个概念。遗憾的是，大多数活动运营只考虑自己活动的目标，很少有人一直抱着为产品强化一致性的用户认知去做活动，也就失去了很多教育用户的机会，而这些教育机会正是隐隐当中错失掉的用户拉新和留存机会。

下面我分享一下哪些常见的工具可以在活动运营的工作中实现打造用户认知的目的。

（1）和关联的概念绑定的工具。最常用的用户认知打造方法基于一个最基本的心理学原理，展示（都不需要强化）两个事物之间的关系，用户自然会在心里建立它们的联系。最直接的一个案例就是你会讨厌通知你坏消息的人而喜欢通知你好消息的人。基于这个最基本的原理，我们有大量针对不同形态营销场景的方法可以借鉴和创造。例如，与闪电、火箭相关的物流公司的广告（想要强化自己快速的概念），P 图软件最喜欢搞的选美比赛（想要强化自己和美相关的概念），争先恐后和 Supreme 联名的各种老牌奢侈品（想要强化自己是潮流的概念）。

（2）和用户理想中的自己绑定的工具。最可能让用户在脑海中对一个产品忘不掉的方法，就是你先让用户看到他理想中的自己（例如，帅气的、时尚的、健康的），然后把你的产品与用户理想中的自己紧密地关联起来，这样就能够创造非常强烈的用户认知——我想成为他，所以我想拥有它，因为它就是理想中的我应该拥有的。常见的手段如明星代言、KOL 代言，甚至虚拟形象代言。正因为代言模式被滥用，这个工具最原始的作用原理也被慢慢忽略了，很多时候代言模式被当作一种引流和明星背书的手段来使用也有效果。你要能够回归本质思考，当你拥有一个明星或者 KOL 合作资源的时候，怎么样最有效地利用这个资源达到打造用户心智的目的？你可以创造一个场景，让 KOL 进入其中，模拟用户，尽量让他们看到自己的理想状态和生活，这样你就能把产品认知深深地打入用户头脑中。

（3）放大产品特性的工具。最好的一些创意营销往往都是在放大产品特性这一类模式的基础上创造出来的，核心运作原理就是提炼出你的产品最核心的竞争力和想要打造的用户心智，利用夸张和放大的手段，用连续性的营销让用户记住这个概念。原理很简单，但是创造创意营销又是另外一件事情。你要多看优秀的案例，慢慢结合你的知识领域的拓展，通过前文介绍的创意策划方法论，慢慢地尝试做类似的营销创意。例如，想要强调手机质量的手机品牌商把产品送入太空后，让手机自由落体，然后顺利开机；士力架的林黛玉系列广告；想要强调商品便宜的电商平台不断地做 1 元抢宝马的活动。

4. 传播工具

能够造成用户传播的营销工具主要分为三类：①通过利益刺激驱动用户传播的工具。②通过内容共鸣引起用户传播的工具。③通过利用炫耀心理让用户传播的工具。

同样的，这里更多的是做本质原理的拆解。

（1）利用利益刺激驱动用户传播的工具相较于另外两种类型的工具是最可控的，也是可以通过套用模型实现的。所有常见的砍价、瓜分红包、领现金、拼团等社交营销玩法都属于这个类型。如何创造和真的有效地运营一个利益刺激的玩法？你只要理解一个基本概念：所有利益刺激的玩法本质上都是解决成本和用户分享动力之间的冲突。

怎么理解呢？一个人邀请十个人点赞就可以得到一部苹果手机的活动能不能火？当然能火，对于这么低的门槛、这么高的利益，谁都愿意付诸一些分享成本，但是没有任何一个企业能够承担如此大的投入成本。那么就只能减少奖品，不断地减少奖品，但是用户的驱动力也会随之减弱，当奖品只能够发给一两个用户的时候，你怎么保证大多数的用户愿意分享？这个时候最经典的小成本撬动大流量的模型出现了——抽奖。

大多数的社交裂变模型都是把传统抽奖点击按钮的过程转换成了社交传播的过程，通过分享给十个好友点赞来揭示中奖结果（砍价就是最经典的案例，你在进入页面的那一刻其实砍价的结果已经确定了，实际上完成了一个抽奖的过程，邀请好友砍价只是揭示结果）。

同理，任何成本控制或者成本转移的手段，都有转化成为社交裂变模型的机会。例如，美妆品类发小样——邀请好友领小样，满减——邀请好友凑满减金额或者获取优惠券领取权利。

（2）通过内容共鸣引起用户传播的工具的本质与用户触达工具一致，你要帮助用户说出他们的“心里话”，用户的心里话说得越清晰、越坚决，越能够帮助用户建立自己的朋友圈人设（例如，我分享了一个小众艺术家的消息，显得我是一个有独特品位的人），也越能获得目标客群的认同和主动分享。

但共鸣这种手段容易小火却难大火，因为态度越独特和越坚决，越能够增强目标群体的传播动力，但是同时受众群体越窄，所以在小圈子里小火很容易，但是你偶尔在朋友圈中看到的引起全民刷屏的内容是极难把握和创造出来的，而且火的过程也需要很多天时、地利、人和的因素存在。在很多时候，你所在圈子的认可会使你产生朋友圈刷屏的感觉，但其实在圈子外很安静，玩共鸣传播的人要时刻意识到这一点。

（3）通过利用炫耀心理让用户传播的工具的本质是给用户一个炫耀的借口。我长得好看、聪明、品味好、人缘好就会有想要炫耀的原始动力。但是我不可能在朋友圈中每天发自拍照然后配文“我真漂亮”，这样会显得我很傻。这个时候你如果给我一个炫耀的中间工具，我就愿意分享，使我看上去炫耀的不经意且合理。

对于传播类的玩法，除了工具的运用之外，如果你想要打造真正爆炸性的传播，那么我建议你学习一些传播学的基本理论，了解传播发生的过程，也许由此可以在现有工具之上创造出属于你自己的传播工具。下面是一些基本的传播原理知识：

（1）一个事件的引爆遵循了三个法则：个别人物法则、附着力法则和环境威力法则。

（2）一个传播事件由几个个别人物发起，他们通过自己的社交能力、热情、意见领袖身份把一个新的事物定义为“酷的”（有传染力的）事物，这个事物本身具备令人印象深刻、难以忘记的强大附着力（有一些特别的方式能够使一条具有传染性的信息被人记住，只要在信息的措辞和表达上做一些简单的修改，就能在其影响力上收到显著的效果），同时在一定环境中发酵（人们对自己周围环境的敏感程度比他们所想象的更为强烈），引爆点就来了。

（3）个别人物分为三种类型：联系员（社交的中心，把我们与外部世界联系起来的人）、内行（某一领域的专家，意见领袖，乐于用自己的专业知识帮助他人获取满足感的人）、推销员（善于说服他人、感染和影响他人的情绪发送者）。这三类人是一个流行潮发起的关键，所以我们要做一个传播事件，首先需要找到这三类人。比如，专业论坛里的某个论坛楼主、某个爱好分享便宜东西的广场舞联谊群群主。

（4）微弱关系的力量更大，因为与我们有微弱关系的人与熟识朋友（他们的生活环境和了解的信息很可能与我们一致）不同，与我们泛泛之交的人与我们生活的重合性极小，所以更容易为我们提供需要的缺乏的信息。

（5）附着力是事物具备传播力的基本要素：附着力意味着一件事情是否令人难忘，它本身能否促成变化，激发人们采取行动。很多营销理论（例如冲突理论）都是用各种方法创造洗脑的附着力强的概念形成高附着力内容。

（6）人与人之间对一条信息的排斥和接受之间的差异、一个事物能够风行起来和不能风行的差异，有时比表面看上去更小，往往只是信息组织的方式和包装的方法不同就带来了完全不同的结果。活动运营应该思考的是营销策划需要有意识地引导人们接受并记住信息，而不只是强加于人。

（7）环境威力法则：通过清理地铁涂鸦减少了整体犯罪率，我们受环境的影响比我们想象的要大，环境决定了我们想做什么样的人，会怎么规范自己的行为，甚至会影响我们的原则和品德。所以，在准备开始努力之前收拾房间确实有帮助。下面是一个典型的基本归因错误：人们总是习惯把一个人产生的行为归因为性格因素，而低估情形和环境因素。

（8）正态传播曲线是比较常见的传播理论中的概念，掌握好一个流行趋势的发展阶段能够有效地帮助你借力流行趋势。你不要在一个流行趋势过时了之后才切入，也不要在一个流行趋势还没有被大众所接受之前就介入，用户会难以接受。如果你发现有革新者正在传播新的时尚、观念或者想法，那么你可以在广告或者营销中传播同样的理念，与自己的产品关联起来（影响力的喜好关联）。

（9）如果你想要发起流行潮，就必须把有限资源集中到关键方面，个别人物法则认为联系员、内行和推销员应该充当口号信息传播潮的发起者，其他人无关紧要，这对市场和推广有很好的意义。市场费用往往被花费到不重要的跟风者或者专门“薅羊毛”的利益敏感者身上，这样的宣传效果是微乎其微的，对传播的帮助也不大。你应该把资源集中到个别人物身上。

3.4.2 常用的促销工具

相对复杂的营销讲完了，下面我们介绍对于简单、直接的促销，有哪些工具可以用。

促销顾名思义就是促进销售（转化），利用用户的心理学原理创造的各种促进销售的工具就是我们要掌握的促销工具。每种促销手段都一定会对应一种基本的用户心理，在学习促销工具的过程中同步理解这种用户心理能够更有助于你真正有效地使用这个促销工具。下面介绍几种常见的、最关键的心理学原理。

（1）社会认同原理。社会认同是人类从原始社会群居生活开始就有的心理倾向，这是一种生存技能，跟随大多数人的选择有很大概率是不会错的。所以，让用户感知到一个产品是大众的选择，就是一种最有效的促销手段。强化产品的销量、实时的拉取销售动态、通过 KOL 影响粉丝都是基于这个原理而来的。但是对于常见的形态（例如，常规商品详情页中的销量数据），用户往往会产生视觉麻木从而减少社会认同带来的驱动效果，如果你尝试创造一些新的呈现形态就会得到不一样的效果（例如，从 500 人购买到 1000 人购买的阶梯价工具）。

（2）稀缺原理。付诸成本得到的更珍贵、稀缺的更珍贵、失去的更珍贵，你要记住这三大定律。例如，与免费发放相比，通过连续打卡得来的优惠券的使用率会更高，饥饿营销往往效果非常好，免费试用期结束的失落感往往会驱动我们充值。

（3）对比原理。你如果直接搬一个箱子就会对这个箱子的重量有感知，虽然无法量化但是可以得出“不太重”的结论，如果你先搬一个较轻的箱子，然后再来搬这个箱子，你就会得出“有点重”的结论，这就是对比原理。这个原理常常被用于让用户产生一个东西很便宜的感受的促销手段中：对于两个品质近似的产品，一个贵，另一个便宜，贵的产品有一些无关紧要的优点，用户在体验贵的产品后，对买后一个产品划算的认知就会更强烈（所以你要考虑如何在一个专题页面中陈列真正要主打的产品，在它的旁边放置一个对比的商品更有助于主打款的销售）。另外，预约享受特惠价、早鸟价、拼团价甚至最基本的折扣，或多或少也都是在用另外一个价格概念突出主要引导的价格的实惠性质。

（4）互惠原理。礼尚往来并不只是中国人独有的习惯，其实是一种人类的本性。如果别人给了我们好处，那么我们会尽量回报；如果别人对我们让步，那么我们会觉得也有义务退让一步。我们可以把这个原理运用到促销中，试吃、试用、免费体验不仅可以让你感知产品的特性，更重要的是让你产生想要回报的愧疚感。

同样，“十种促销工具”这样的文章其实并不难找，你要想用好这些工具，还是要回归到本质的用户心理去理解。以上举例并不完整，但是用户的基础心理基本上就是大多数促销手段的来源。

第4章 产品能力

互联网行业本来是没有运营这个角色的，以视觉设计师、产品经理、研发工程师为核心结构的组织形态主导了互联网行业很长一段时间。从最简单的可用产品和功能实现来看，这三个角色确实能够闭环进行生产。但是由于国内互联网行业的快速发展，互联网业务的边界越来越广泛。一个业务的成功不再单纯取决于产品的体验和价值，产品承载内容的丰富性，营销触达用户的效果、广度和精准度，资源的整合和有效利用等对业务的影响开始越来越重要，已经等于甚至超过了产品的体验和价值。

在传统的三角结构中，产品经理作为唯一的非技术岗位，承担了主导用户产品体验和连接另外两个技术岗位的义务。而新出现的非技术领域的工作成为空白，于是运营的角色从产品经理中剥离出来，承载了所有这些非技术工作。所以，由于其价值的重要性，我们用更酷的方式来描述运营工作的本质就是解决问题。这是我国互联网行业职位发展的第一个阶段。

同时，由于运营岗位承载义务的复杂性，部分工作开始逐步有了更明确的定义和边界，于是运营岗位又细分为数据运营、产品运营、用户运营、活动运营等。每一个细分领域都逐步形成了自己的方法论体系。这是我国互联网职位发展的第二个阶段。

2019 年，互联网行业正在默默地进行着新的演变：行业大中台、大数据、巨头产业互联网格局崛起，传统的技术和非技术解决方案开始形成服务包和标准化解决方案。与互联网业务相关的组织形态也开始了演变：在基于人口红利期带来的业务快速拓展模式下，极细分的工作种类（背后是每个工种的工作螺钉化）可以帮助我们快速抄袭现成的模式。当人口红利消失、市场业务同质化严重、巨头基于品牌流量优势可以快速切入任何现成的市场时，创新和创造成了唯一的出路。这个时候，筒仓结构（市场人员-用研人员-产品/数据/活动运营-产品经理-视觉设计师-研发工程师）之间的割裂体现出了在创新环境下的劣势，因为没有一个角色可以通盘考虑一个用户从始至终的体验（市场打造的产品认知和引入的新用户往往不会被业务完整的承接），而在这之前有大量现成的模式可以抄袭。

至今没有运营岗位的美国互联网界开始兴起了一种新的组织形态浪潮，强调打破筒仓结构，聚合各专业岗位角色形成综合团队，由一个综合能力强的非技术岗位角色带头，进行快速的创新验证和增长探索。这就是增长黑客的基础概念。其实这个趋势在国内互联网中也有产生的迹象，全栈运营的概念替代了前几年同样火热的专业产品运营、用户运营的概念也来源于这个趋势的变迁。

非技术岗位的综合性能力提升是下一个阶段所有产品经理、运营、营销岗位都需要面对的转变，这是第三个阶段，所以我更倾向于以解决问题来解读运营工作。

上面介绍了这么多，主要是为了让你理解，趋势要求我们回归互联网最开始的本质，我们应该是互联网行业中唯一的非技术角色，即一开始的产品经理角色（但是工作范畴极大地拓展了），我们也是最有机会转型的角色。你如果做好了这个准备就能够更好地跨越到下一个互联网时代，这也是本书从始至终想要强调和引导你做的。

本书的其他章节介绍了非技术岗位从用户洞察、需求分析、策划到项目管理等各部分的能力模型，那么在本章，我们探讨一下产品经理工作的本质，把缺失的一环补上：如何从一个业务运作的本质思考业务实现，以实现策划的效率及可靠性的提升，同时也帮助你拓展策划的思维。

（1）如何把业务描述语言转化为需求描述语言，做好与另外两个关键技术岗位的对接准备。

（2）在一定程度上掌握从需求描述语言到研发语言的转换原理，能够用可实现性和有效性的意识进行项目策划。

当然，也许会有专业的产品经理与你配合完成这个部分的工作，而你并不需要替代他，产品经理领域也有大量的不局限于产品需求规划的更深入的方法论，但是我们这里只实现两个最基本的目的：

（1）理解业务描述语言先转化为需求描述语言，再转化为研发语言的基本原理，让你能够基本把握一个需求描述实现的过程，这是成为增长团队负责人的必要条件。

（2）给出引子，对产品经理感兴趣的人可以进一步深入研究，专业的产品力是新时代互联网生产力的基本要求。

4.1　从业务描述语言到需求描述语言

把业务描述语言转化为需求描述语言是围绕着一个核心的工具 PRD（产品需求文档）进行的，所以接下来的内容是对一个基本完整的 PRD 模块原理的拆解。你如果能够撰写一个靠谱的 PRD 就意味着你掌握了把业务描述转化为产品需求的基本能力。以下是一个完整 PRD 的核心结构，你在理解后就能初步掌握产品经理的一些基本技能。

4.1.1　需求描述

业务描述语言的一个典型句式是“通过××达成××”，更强调策略和目标。需求描述语言和业务描述语言的最大差别在于，需求描述语言是有逻辑性拆解和推导的，目的和需求之间有更严谨的对应，需求与“事情”的关联性更大，而不是“目标”，保证包含了“事情”的方方面面。

业务描述的对象是活动运营、领导、合作业务方，目的是约定一致的目标和策略。

需求描述的对象是研发工程师、交互视觉设计师、实现方，目的是说清楚要实际落地的事情是什么。

要完成业务描述到需求描述的转化，一个最有效的工具就是从“业务”到“用户”再到“功能”进行严格对应的逻辑需求拆解。

4.1.2 业务需求描述

业务需求描述的本质是需求背景的描述，即为什么要做这个需求。在第 1 章中，我们已经完成了把从领导处得到的模糊的“实现 1000 万元销售额”拆解为一个各团队分工协作的业务策略列表，把其中需要产品落地的部分剥离出来就是你需要进行需求描述转化的部分。经过方案策划之后，这部分业务需求转换为：

（1）通过×××形态的页面实现×××的转化率。

（2）通过×××功能实现×××的用户点击率。

（3）通过×××模块实现×××的用户参与率。

这些业务需求清单构成了最基本的业务需求描述，但是业务需求描述的目的是让需求处理方理解要做什么。我们还需要进行一些完善，主要是为了解决以下两个问题：

（1）让需求处理方感知需求的目标效果。

（2）让需求处理方明确需求的边界。

因为很多产品经理脱离了 KPI，所以很多产品需求文档在这个部分只讲清楚了业务的需求背景（即为什么要做这个需求），并没有从业务目标的本质拆解明确这个部分要达到的效果到底是什么，而这是活动运营作为业务一线的主导方具备的优势。

为什么要让需求处理方感知需求的目标效果？因为需求处理方一般是与前端业务场景脱离的，他们并不清楚什么样的处理手段能够带来什么样的业务效果，只能够基于有限的需求材料进行处理，对于模糊地带只能无目标地自由发挥。

如果只描述业务背景，那么需求处理方只能知道这个需求确实必须做，但是没有得到更多有效的信息。对需求目标效果的描述能够让需求处理方更明确地感知到，这个需求不仅必须做，而且需要达到必要的业务目标和效果，这样对需求落地的规范会更加有效。我们可以用下面的方法进行需求目标效果的描述：

（1）完整地描述需求的目标指标，对比现状，提升预期。

（2）尽量罗列一些可参考的案例，了解以前的落地手段达成的实际效果如何。

经过以上步骤形成的完整的需求的目标效果描述可以帮助需求处理方真正理解业务策略、背景和为什么要这样做。

4.1.3 需求边界描述

在明确了需求的目标效果之后，我们还需要对需求边界进行一定程度的约定。进行这个约定的背景是，对于需求处理方来说，有很多种办法可以实现你的业务诉求（例如，一个互动游戏的概率计算放在前端或者后端均可），但是有些手段可能并不符合业务的一些基本要求（例如，一个活动里互动发奖环节是有奖品成本的，如果将抽奖环节放在前端运算，那么中奖概率极大可能被技术性的手段绕过从而被刷奖）。当然，你不能保证知悉所有研发细节，对于不懂的研发逻辑不应当过度干预，以下是一个基本模板，可以帮助你从业务角度进行基本完整的需求边界描述。当然，业务形态不同可能会有更多元素，你可以求助与你配合的资深研发工程师或者产品经理帮助你完善常用的需求边界描述清单：

（1）用户状态描述。描述主要用户群体的属性。例如，新用户、老用户、网络性能不佳的用户、“薅羊毛”用户。

（2）产品状态描述。这里说的产品是你要销售和转化的对象，你需要描述产品的状态是什么。例如，实物产品、虚拟产品、限量产品、高价值产品。

（3）页面状态描述。描述你的活动页面是否长期在线、是否阶段上线、流量状态如何（流量是会持续进入还是会爆发式增长以及可能的流量量级是多少）、是否需要定时下线（精确地控制用户操作时间）。

以上步骤可以帮助你实现真正完整的业务需求描述，需求处理方只有基于以上信息才能够完整、准确地了解你的需求背景。同时，提前明确这些必要的信息也可以减少很多不必要的沟通成本甚至 BUG。

4.1.4 用户需求描述

用户需求描述是从用户角度进行的业务需求对应，帮助需求处理方更深刻地理解为什么这个需求能够达到目的，更重要的是，用户需求描述的对应也有助于检验业务需求的有效性（真的符合用户需求吗）和必要性（真的需要做这个需求吗）。

完整的用户需求描述主要分为三个部分。

1. 用户场景描述

用户场景描述是对用户在什么场景（从一个广告进入）和什么状态（从一个异常状态进入）下使用这个产品的描述，传递了需求处理方需要考虑的兼容性、适配性和状态处理等要求。

用户场景描述是用户需求描述的核心部分，说清楚这个需求解决用户的什么问题。你需要完整地梳理所有的用户问题和需求，与业务描述一一对应，阐述清楚你要解决的用户问题是不是能够带来对应的业务目标达成，你所提供的需求清单是不是来自既定的业务方案。这个过程并不只是一个描述转化的过程，更重要的是在这个过程中进行需求的二次验证和整合。你先按照优先级描述把用户需求罗列下来，就能清楚地看到核心的用户问题是否有可靠的需求去解决，在不重要的用户问题上是否投入了成本过高的一个需求。

需要强调的是，在我们经常要参加的需求评审会上，活动运营、研发工程师和产品经理三方主要探讨的就是以上的这个优先级清单，通过这个优先级清单进行需求的提炼、整合并使投入产出最大化。第 1 章中提到了三方各自明确角色和立场是有效 PK 的保证，活动运营要明确活动运营诉求的立场，研发工程师要对投入效率进行把控，产品经理要从用户角度挑战任何不合理的解决方案。如果脱离了以上原则，需求评审会往往会陷入无效和混乱的大讨论。

2. 用户任务描述

在用户场景描述明确后，我们需要进一步把用户的需求推进到前端，描述用户进行哪些操作可以解决以上罗列出来的问题，这些用户任务（动作）描述构成了以下业务流程的基本元素。

（1）用户需要通过一个分享动作完成传播。

（2）用户需要通过一步领券操作完成优惠券领取。

（3）用户需要通过一步注册操作成为会员用户。

3. 用户功能需求描述

用户功能需求描述为用户任务描述的进一步推导，即为了保证达成用户的需求，我们需要对应提供哪些核心功能（或者页面）满足以上用户的任务。这是业务流程的骨架。

（1）需要一个分享引导模块和关联状态页面让用户进行分享。

（2）需要一个领券模块和关联状态页面让用户进行领券。

（3）需要一个注册界面和会员引导页面让用户完成注册。

至此，通过业务需求描述—需求边界描述—用户需求描述的逻辑推进，我们就完成了一个完整的需求描述，但这仅是需求，还无法保证落地。接下来我们就要进入实现部分的工作。

4.1.5 业务流程（产品功能逻辑）

业务流程是一个产品最核心的逻辑，完整地描述了一个产品和用户之间的运作机制，其主要构成元素就是以上需求描述中的用户任务描述和用户功能需求描述。用户的操作（流向）和关键功能（页面）的结合就构成了这个产品最基础的模型。

一个最简单的被广泛运用的逻辑图原则如下：

（1）线条代表了用户操作和流向。

（2）方块或者圆形代表了功能/页面/模块。

（3）菱形代表了判断状态。

以此搭建出来的完整的产品逻辑图（实际上这个工具可以被运用于任何有复杂运行机制的系统梳理）如图 4-1 所示。

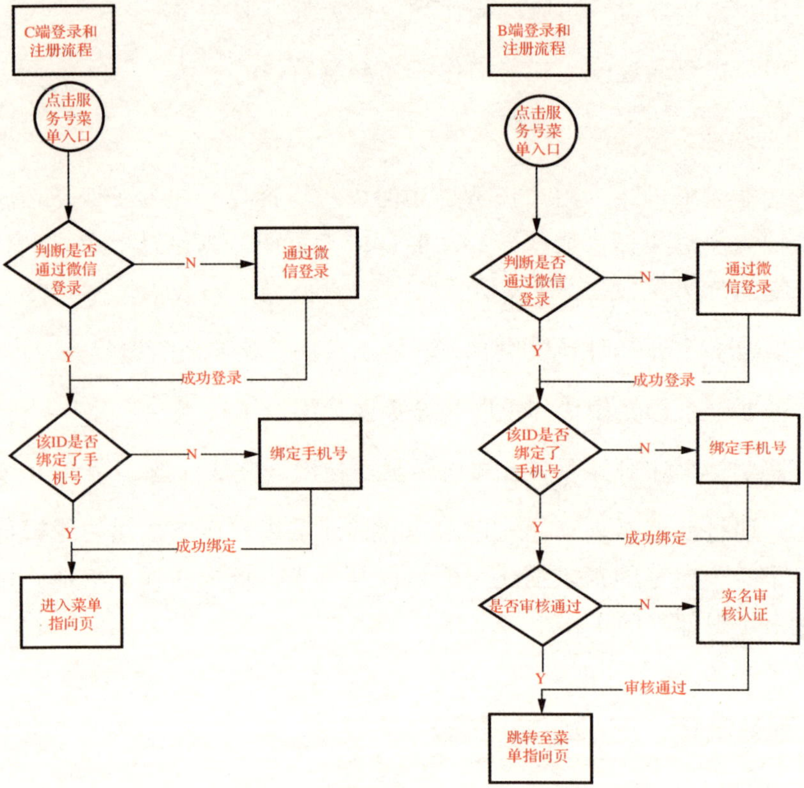

图 4-1

同样，业务流程梳理的价值不仅在于把需求可视化，更重要的在于构建逻辑图的过程实际上也是业务整体逻辑检验和优化的过程。你能够通过这个图判断出哪些用户流程是不必要的、哪些用户流程没有合理的功能承载、哪些用户流程过于复杂会有很大的跳失风险。

4.1.6 原型图

在产品功能逻辑清楚之后，通过和专业交互岗位的合作（在2.2节中我们介绍了基本的交互原则，但在熟练使用之前还要更多地借鉴现有案例和借助专业交互设计师完成），我们要把产品逻辑转化为用户视角的真正的产品原型图（如图4-2所示）。原型图主要有以下几个元素和作用：

（1）页面交互样式。传递给视觉设计师必要的页面结构、主要信息和次要信息，同时也可以标注视觉效果的一些需求（例如，颜色、风格、动态效果等）。

（2）页面前端逻辑（逻辑图的用户操作流程对应）。传递给前端工程师点击哪里跳转到哪里、出现什么、产生什么变化的逻辑。

（3）页面备注信息。由于原型图太复杂且干扰信息较多，我们还需要对每一个页面进行背景、功能、逻辑的描述，以便前、后端工程师在需求处理过程中完成与逻辑图和需求项目的对应。

如果你想完成产品原型图或者交互图，那么要记住下面几个关键点：

（1）在2.2节中提到的核心理念：尽量利用大众熟知的交互形态，减少无目的地创造。

（2）在很多产品需求文档中，所有信息都放在原型图中用一份原型文件表达所有的需求，包括产品逻辑图和功能需求描述等。虽然原型图是逻辑图一一对应的延展，但是把太多大量的信息放在一起反而会相互干扰，影响对一些核心逻辑的评估和优化。从实操经验来看，我们没有预计到的很多BUG都是由此产生的（在原型图中异常流表达成本很高，往往会被遗漏）。所以，我们最好同时完善逻辑图和原型图，让它们扮演好各自的角色。

（3）逻辑图：保证所有用户流向的顺畅，保证所有用户流向有对应的功能承载，保证功能核心机制描述的完整（用户的什么操作带来什么结果）。

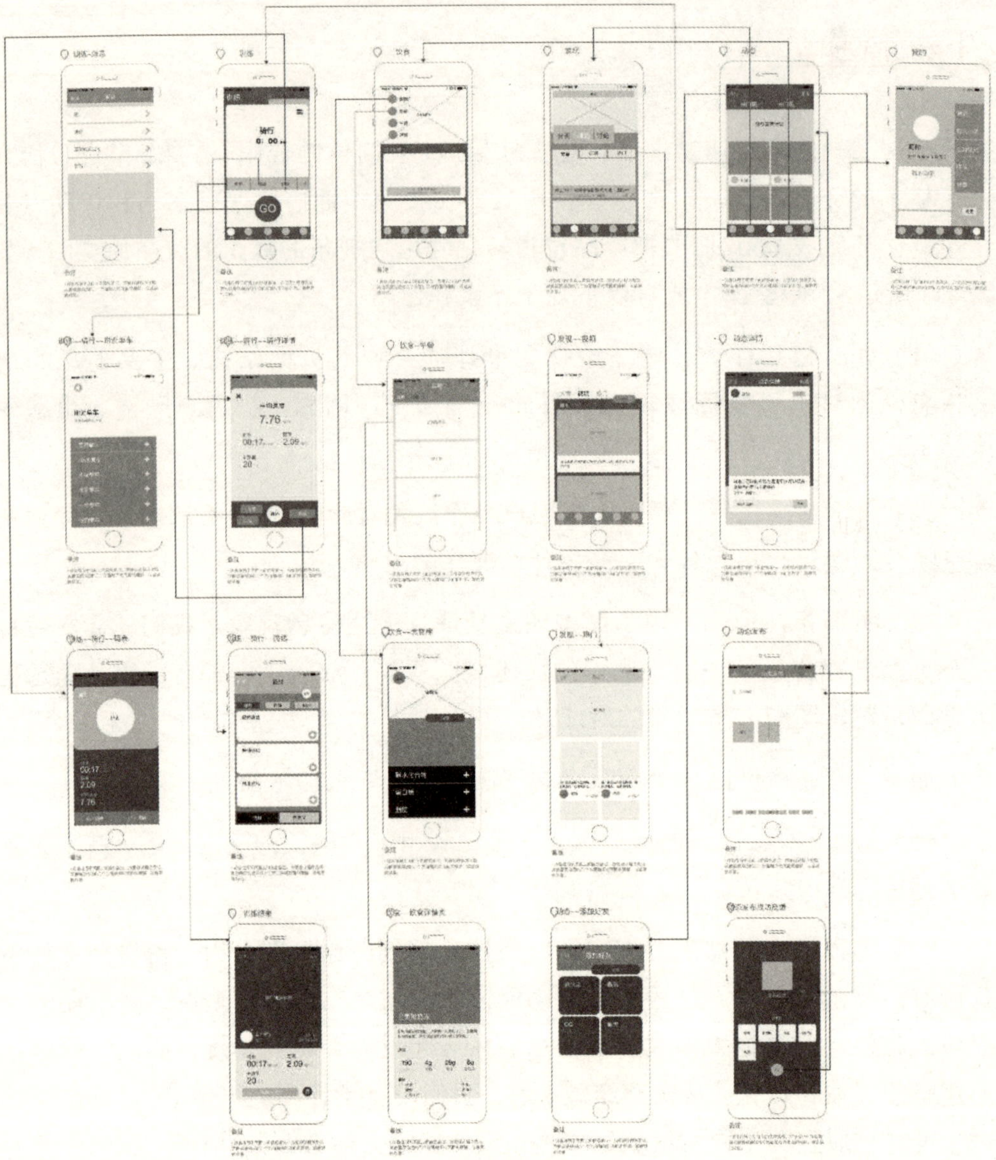

图 4-2

（4）交互图：保证必要的交互效果要求，与逻辑图一一对应，同时需要表达清楚前端逻辑描述（点击哪里会跳转到哪里等）。

（5）学习一些专业的交互工具，其实这些工具非常简单，你要能熟练使用 Windows 操作系统、Axure 和 Sketch。这样一方面能够极大地提高你的工作效率，帮助你准确描述你的想法；另一方面也可以减少你和专业的交互设计师或者产品经理进行工作交接的成本。你不应该觉得画交互图不是自己的义务，只用 Excel 或者 Photoshop 表达自己的想法非常低效。

4.1.7 边界规则和异常流规则

在完成原型图后，一个产品/页面/功能的主体需求描述就基本完成了，但是对于一个能够经受大量流量和各种特殊用户（例如，“黑产”和“刷子”等）检验的需求，我们还需要从以下两个角度再进行梳理和检查，把内容整合到逻辑图和原型图后才算完整。

1. 边界规则

我们要描述产品和功能的一些临界状态，保证一个普通用户的体验完整，同时避免出现极端的情况（例如，在一个互动活动中普通用户可能会邀请 100 个以内的好友参加，但是“黑产”和“刷子”可能会刷到 1000 个好友，这就是需要避免的极端情况）。很多人都感受过互联网“黑产”和“刷子”用户的力量，这些并不是我们想要服务的用户，所以我们需要约定好我们的产品中所有涉及用户操作的边界到底有哪些。当然，在成熟的业务中研发团队一般都会有一套标准的边界规则，但是作为业务方的负责人，如果我们不希望我们定义的正常用户被太严苛的边界规则限制或者新的业务形态可能存在漏洞，我们就必须要思考以下问题：

（1）用户操作次数。即用户操作次数的上限和频次是多少，如果超出就需要用操作频繁提示承接。

（2）奖品的领取上限。即每小时、每天、每个账号领取的优惠券上限。

（3）风险控制边界。即是否要阻拦大量注册的僵尸号，是否要阻拦并不是平台目标用户的“薅羊毛党”。

（4）其他专业边界规则。例如，用户注册的密码位数限制等，这涉及更具体的业务场景。

2. 异常流规则

考虑得再完善的产品、再强大的服务器，都会有用户的异常流。虽然用户对在互联网上操作时遇到的 BUG 和操作“死路”已经司空见惯了，但是你总会希望尽量减少因为异常操作而流失的用户，所以你需要考虑用户的每一步正常操作对应的异常操作是什么，应该怎么引导用户。产品团队和研发团队一般会有一套标准处理异常流，但是这些标准只能让用户感知他进入了异常的状态（比如，提示系统繁忙），而并不能合理地引导他走向更有效的步骤（比如，在系统繁忙的提示下我们能否加个按钮引导他进入目前正在热卖的能够最有效转化的一个卖场）。如果活动运营能够介入任何异常流的梳理和制定，那么其实可以挽回很多有价值的待流失流量。

你要记住，每一个用户都可能产生异常操作（原因有服务器稳定性问题、网络问题、用户操作速度问题等），这都是你挽回流量的机会。

上面从一个活动运营的角度和一个产品经理工作的层面解读了一个完整 PRD 的元素与核心，你要理解这些原理并找机会尝试自己撰写一个完整的 PRD 模板，这能够给你的业务策划带来非常大的帮助。

大多数 PRD 方法论都在介绍模板，但模板并不重要。不过，这些方法论有价值的地方在于，添加一些变更日志确实会让你的需求文档看上去更专业。

在了解了如何把业务描述语言转化为需求描述语言之后，我们下面了解一下需求描述语言转化为研发语言的过程，附带了解一些最入门的研发知识。在完整掌握之后你就有了和研发同事直接对话的能力，就能够从一开始带着可实现性、成本最低的意识策划一个业务，同时极大地拓展可使用的业务手段。

4.2 从需求描述语言到研发语言

在业务描述语言转化为需求描述语言之后，我们接下来要了解如何把需求描述语言转化为研发语言，进一步提升业务策划的有效性。理解研发基本逻辑，能够给你提供更多解决问题的手段。

本节的目的是帮助活动运营认识研发的基本逻辑，以便与研发工程师对接和合作。

对于同一个需求，需求描述语言和研发语言的核心差别在哪里？

（1）需求描述语言是对用户价值、使用场景、业务模式的描述。

（2）研发语言是对实现方式、技术架构、研发成本的描述。

需求、设计和功能是两种语言之间转换的中介，而这部分内容就是 4.1 节中提到的需求文档。

基于以上这个定义，我们知道了研发同事平常的工作就是将需求文档的需求描述转化为研发语言的描述，以指导相关需求的生产。

所以，我们如果要了解研发同事的工作内容，更加合理地提前策划可实现性的方案，就需要懂一些最基本的概念。其中技术架构是在研发环节中闭环考虑的因素，与策划一般没有关联。所以我们主要介绍一下实现方式和研发成本的基本概念。

研发和代码虽然涉及大量的专业知识，但是不管代码多么复杂都是被发明出来让人用的，你可能经常听到 C++、Java、HTML 等各种代码体系，它们从只有 0 和 1 的机器语言不断进化的本质都是为了易用性和易读性更强，所以任何代码都会具备“讲人话”的特征，并尽量模仿在现实生活中人们既有的认知和概念。所以，代码的运行原理都是显而易见的，只是规则和使用技巧不同。

4.2.1 研发的基础概念

对需求实现方式最简单的理解就是研发同事在得到一个明确的需求清单以后，需要考虑通过一个什么样的算法将哪些数据或者组件进行组合运算，以便实现对应的效果和功能。

我们以最简单的抽奖功能实现为例：

（1）用户进入页面，系统调用用户的身份数据，根据身份判断算法（例如，新用户可以抽奖 2 次，老用户可以抽奖 1 次，超出限制不能再抽奖）确定用户的资格和抽奖次数。

（2）用户点击抽奖按钮，系统调用抽奖组件完成抽奖概率的运算，得出结果。

（3）根据抽奖结果调用对应的奖品信息数据，同时展现给用户抽中的奖品结果。

下面我们用更简单的语言解读一下涉及的关键概念。

1. 数据

存储在服务器中的各种各样的内容（包含用户信息、产品信息、一段文案、一张图片）都是数据。我们经常听到的数据库的作用就是合理、有效地存储这些数据，减少服务器的压力，提升数据的调用效率。数据又分为静态数据（固定不变的数据）和动态数据（会变化的数据，例如，根据用户操作行为不断变化的用户信息或者由运营不断维护、更新的一个数据）。如果你的页面中某个模块的内容是不断变化的（例如，活动参与人数），你就需要在这个模块中用动态接口调用一个动态的数据。

2. 接口

接口是帮助两个模块完成对接的工具。接口最重要的是匹配性，如尼康相机的镜头是无法用在索尼相机上的。当然，接口的匹配性设计在很多情况下在研发架构里会考虑，我们不用去操心，我们只需要理解以下三点：

（1）数据是通过接口调用的，一个数据可能包含了很多字段（例如，用户头像、昵称、信用状态），数据方提供的接口会定义可以调用的字段有哪些以及可以怎么调用。

（2）与动态数据和静态数据相对应，接口也分为动态接口和静态接口两个类型，只有动态接口才会实时地、不断地获取数据的当前状态，静态接口只会调用一次数据，是没有办法实现变化效果的。

（3）一个新的接口的使用是需要联调成本的，尤其对于不在一个技术架构下搭建的产品，联调成本并不低。

3. 字段

字段是数据的最小访问单位，例如一个用户的信息就是一个完整的数据，而定义这个用户的每一个信息元就是一个字段，一一对应构成了这个用户的全貌。字段是代码中所有“内容”的统称，例如一个页面的标题在代码中就会呈现为“title=‘家电周年庆’”这样的形态。

4. 算法

算法是实现一些业务逻辑的核心，就像数学公式一样，是一个逻辑实现的公式化表达，利用现有的数据通过运算输出对应的结果。活动运营经常面对的算法模型主要有互动模型算法和 BI 排序算法两种。

（1）互动模型算法。以砍价活动（业务需求描述——邀请好友砍价，可能会出现价格减少和价格增加的结果，如果砍到 0 元就免费获得这个产品，否则就只能领取普通优惠券）为例，研发语言描述——最简单的砍价活动模型本质上是一个抽奖活动，用户在进入页面后通过一个抽奖算法抽取砍价序列，砍价序列包括中奖序列（可以砍价到 0 元的序列）和非中奖序列（无论如何都不会砍到 0 元的序列，即不会中奖）。中奖序列和非中奖序列再各自用一个带有条件的（在经过一定砍价次数后到 0 或者永远不到 0）随机数列生成算法就能够实现一个砍价活动的基本逻辑。

（2）BI 排序算法。现在特别流行的 BI 排序算法有非常多的复杂的衍生算法，但其本质都是探讨怎么给更合适的人推荐更准确的内容。BI 排序算法的基本逻辑就是针对一个具体的用户，将内容评分和排序，把分数更高的内容优先呈现给该用户。分数（内容类型 A）=系数 1×行为 1（对应用户类型 A 的购买行为）+系数 2×行为 2（对应用户类型 B 的购买行为）+……。一些资讯类的产品为了保证用户看到的内容的实时性和有效性，往往还会加入一个随时间逐步衰减的算法系数，保证最新的内容有更高的评分。哪些操作行为能真正代表用户的喜好、应该用什么系数体现这些操作行为的重要性和代表性、应该用什么计算模型组织这些元素，这些就是 BI 排序算法要研究的问题，每个公司研究出来的算法都作为一种核心资产被重点保密。

算法的研究往往闭环在产品和研发团队中，和业务更近的运营一般都没有机会参与其中，时常出现资源投放等日常运营工作与排序算法策划工作断档的情况。在这个背景下，运营要多理解自己平台的核心算法逻辑，同时研发团队也要更多地让运营参与算法工作。

5. 组件

当一个同样的功能被反复使用时，我们可以在同一个研发架构下将这些功能写成固定的组件，这样可以每次快速地调用这些组件而不用重新写。例如，前文提到的抽奖组件，因为抽奖是一种特别固定的模型，无非是给不同的奖品匹配不同的中奖概率，所以大的平台一般都会把自己的抽奖功能写为一个组件，每次只需要重新定义奖品的种类、数量、概率等基本规则就可以快速调用。运营理解组件概念的价值在于，对于很多尝试出来有效的、可以反复使用的运营手段（例如，一个点击率很高的抢购商品模块），运营都可以与产品经理和研发工程师探讨从代码层面和产品层面进行组件化沉淀，能够快速地把有效的手段复用到更多场景。

你要了解你的平台能够使用的数据源是什么（有很多开放的数据源，比如国家气象局开放的全国所有城市的天气预报）、每一个数据源的接口开放了哪些字段可以供调用、有哪些组件可以使用。任何功能都可以通过算法实现。在理解了以上最基本的理念后，你就可以用可实现性的意识策划一个项目了。

4.2.2　研发成本如何评估

1. 前端和后端的概念

要想理解研发成本评估的基本逻辑，我们需要先知道两个概念。

（1）前端实现客户端的体验逻辑。

（2）后端实现服务器端的数据运算。

1）前端

简单来说，前端需要处理前端页面应该如何响应用户的操作，例如点击页面的哪个位置会跳转到哪里、展开哪里、关闭哪里、页面会产生什么变化。因为前端研发往往还需要涉及页面的一些动态效果，一些创意类的页面需要通过动态效果和视觉的呼应形成创意动态，所以以腾讯为代表的一些“大厂”把处理前端效果的工作剥离出来，形成叫“构建”的团队，与视觉团队绑定以实现更多创意效果。

前端除了要实现业务方希望实现的效果，还有一个与业务关联紧密的工作就是页面性能的优化。为了取得用户等待时长、流量消耗、用户体验（例如，页面清晰度等）等综合的平衡，前端工程师需要考虑每一次在页面加载时需要在哪些部分设置提前加载、分布加载，如何最大限度地压缩素材又保证清晰度（之所以“构建”团队需要和视觉团队绑定，是因为视觉团队生产的素材与这点非常相关，例如，如果视觉团队全部用矢量图生产页面元素，就能够极大地减少素材尺寸，相同时又能够保证清晰度）。因为用户等待时长、流量消耗、用户体验的平衡非常影响页面的用户体验和跳失情况，所以对于这个部分所有前端的实现，业务方都应该尽量参与。

因为无线端设备的多样性，前端工作除了实现前端效果，还要实现前端页面对不同设备、屏幕尺寸的适配，这是一项需要逐个调试，非常耗时、耗力、成本巨大的工作。所以，每当一个大的设备厂商推出一个全新尺寸的设备时，行业里都一片哀号，因为又有新的调试工作会附加到每一个页面的前端开发工作中。

2）后端

后端研发理解起来很简单，需要做的工作就是通过接口与各种数据进行对接，调用数据，在服务器端完成各种复杂的运算，仅传递最简单的字段到前端（比如，运算出来的中奖结果、内容排序的结果），由前端定义的展示效果形成最终的用户界面。当然，后端研发还涉及很多架构、算法、兼容等概念，这些与业务的关联性没有那么大，所以我就不介绍了。

2. 优化研发成本需要考虑的问题

在理解了以上两个基础概念以后，我们需要考虑如何在方案策划阶段有效地考虑成本，下面举一些经典的场景，你可以与平台的相关产品经理和研发同事再去学习：

1）接口联调的成本

前文提到过，调用一个新的接口是需要联调成本的，而且联调成本往往不低（不管是静态数据还是动态数据），甚至预期中的一些现有数据也会因为接口的问题无法调用。所以你在做方案策划的时候，需要考虑与成本相关的问题，例如，你的产品或者页面需要调用的数据到底有哪些、哪些是现有的静态/动态数据、哪些是新存在的联调成本和无法调用的数据。一些天马星空的想法往往最后无法实现或者实现效果大打折扣多半都是因为数据调用成本的问题。所以，当你有一个全新的想法，需要使用全新数据的时候，你要在第一时间向配合的研发同事咨询，他会实际地研究这个数据的接口，然后给你调用可能性和成本的判断，这个信息能够帮助你提前带着可实现性和成本意识去完成基本的策划。

2）非主要用户的体验

在 4.1 节中介绍了异常流。为每一个异常的用户安排合理的引导和体验，虽然只是活动运营的次要性工作，并不会占用太多时间和精力，但是实际上，这批非主流用户体验的实现，在研发阶段的成本占比会远远高于业务策划阶段的占比。因为每一种异常的用户体验，在代码里面都意味着一个独立的条件判断代码和随之而来的实现对应体验的代码。实际上活动运营并不太在意这部分用户的体验，比如对于一个抽奖活动，仅有的获得 iPhone 奖品的 3 个用户的体验真的重要吗？是否需要为他们单独写一个填写收货地址的功能？研发工程师对非主要用户的体验的判断是难以独立完成的，需要活动运营同步介入，因为只有活动运营才明白这个活动会投放多少流量、会得到什么量级的用户、哪类用户是活动运营想要的或者不在意的。所以，这个部分实现成本的投入需要活动运营明确地告诉研发工程师：我们只需要给这 3 个抽中 iPhone 的用户一个提示框，让他们把收货地址发邮件给×××就行。

3）前端计算和后端计算的决策

在理解了前端和后端的基本概念后，其实前端和后端还有一些工作是交叉且可以灵活安排以实现成本优化的。例如，对于一个展示出来体现活动热度的数字，我们可以从后端调取商品售卖数量、加购物车人数等数字，再通过每种行为附加参数的算法计算出热度数字呈现到前端；也可以预估大概有多少用户在进入页面后会有对应的操作，根据页面访问流量简单计算直接展示在前端。

而这个热度数值需要体现的严谨性和精确度需要活动运营来把控（曾经某个“大厂”的热度数据造假造成了很大的公关危机），活动运营在懂得这个逻辑后就能够告诉研发同事，这只是一个营造氛围用的数字，不需要精确，前端处理即可。

另外一种典型的场景：工程师一般都会把一个页面上固定不变的一个元素（例如，文字、图片、数据源、链接地址）在前端“写死”。“写死”的意思是如果你要更换这个内容，研发工程师就需要更改代码，把整个页面代码重新发布，这时更改的内容才能够生效。如果你预判到某个内容有很大可能要频繁调整和更改或者你还没有完全想清楚某个内容最终是什么，那么你可以让后端工程师把这个字段写成一个可编辑的动态接口，这样你就可以随时单独编辑这个字段，动态接口代表着你随时编辑、发布都可以即时生效。这样就不用在每一次更改后都让研发工程师再发布。

所以，我们并不能说是前端处理成本更低还是后端处理成本更低，何况前端还需要考虑页面加载性能等问题，但是在理解了以上逻辑后，活动运营可以带着业务背景与研发工程师主动沟通成本优化，可以发现更多的可优化空间。

4）同样体验的不同的实现手段

同样一个用户体验可以通过不同的代码逻辑实现。所以，活动运营如果能够带着业务背景参与到研发实现方式的制定中（你绝对不要认为这是产品经理的事情与自己没有关系），就能够发现很多成本优化的机会。例如，活动运营使用一个成本极高的动态效果只是想吸引用户注意，用 Flash 图片也可以达到这个效果；对于一个复杂的排序算法需求，实际上活动运营只是希望定期让更热门的内容获得更多流量，所以不需要有算法支持，只需要规划一个字段，运营定期根据数据手工调整顺序也可以达到效果；一个砍价的玩法要通过算法控制用户每次砍价的结果，随机性和保证成本控制的算法很复杂，其实人工手动写好固定的序列（记得多写几条）能够让用户感知是随机的也能够达成效果。

5）提升联调的效率

页面测试联调的过程往往涉及前端和后端的各种调整分工，而每一次调整都会对页面做新的发布。如果前端和后端对调整优先级、功能模块归属没有很明确的分工，往往就会出现越改越乱，新的发布不断地覆盖另外一个发布的情况。唯一有效的办法就是活动运营在这个过程中组织前端、后端和所有涉及联调的同事，明确统一的优先级和优化动作归属，这样才能够在BUG和优化需求成堆的情况下，有序、高效地完成联调。千万不要梳理一堆需求，给研发同事就不再去管了。

关于在研发环节如何实现成本优化还有很多可以聊的，除了在研发闭环考虑的优化（这些是活动运营无法参与的），活动运营能够结合自己对业务的理解和明确的诉求，再加上对研发基础逻辑不断的深刻理解，在这个过程中就能够发挥很大的作用。我建议每一个非技术岗位的人都能够用研发的可实现性和成本意识进行策划，这样可以拓展思路，减少很多额外的沟通成本，避免实现和策划之间的极大落差。

你如果能以项目管理、策划、运营和产品（涉及研发基础）的框架完善自己的能力模型，就能够真正成为一个综合能力强的互联网非技术岗位专家，在目前流行的增长黑客体系下，你就能够胜任最核心的那个能够带领一个综合团队（包括视觉设计师、产品经理、运营、营销人员、研发工程师等）不断创造更多增长手段的增长团队负责人。在下一个阶段的互联网时代，你会更加值钱。

第2部分

活动运营必备的软技能

在掌握了活动运营必备的硬技能后，我们基本上能够解决各种各样的问题（做事情）了。但是在解决问题的基础上，我们还要进一步追求“把事情做好”，更有效、更高效、脱离常规思路站在更高的层面上思考一件事情的价值，这就需要提升软技能。

由于国内互联网行业阶段性发展的种种原因，软技能在行业内还没有被普遍当作重要的技能项对待，国内企业更注重一个人的硬技能，因为它是可以标准化考核和评估的。有过在外企从业经历的人都知道，在外企非技术岗位软技能的重要性是远远高于硬技能的，外企会把大量成本投入各种沟通技巧、会议组织、快速学习等培训。对于发展成熟的行业和企业来说，任何硬技能都可以通过标准化流程进行标准化管理，在完善的规范下在街上找来的任何一个路人都可以快速地具备合格的硬技能条件，而软技能才是拉开人与人之间差距和评估人才价值的客观因素。

这个趋势一定会成为整个互联网行业人才体系的发展趋势，现在国内的一些头部企业已经开始有了这样的意识（华为和腾讯比较明显），所以，你只有从今天开始真正重视看似难以量化评估的软技能提升，才能在下一个阶段领先。

对于活动运营来说，我认为以下几个方面的软技能是首先需要具备的：

（1）产品思维和商业化思维。你只有从创造体验和创造价值两个角度思考，才能够打造出“既叫好又叫座”的作品。

（2）解决问题的能力。在掌握了跨界思维和批判性思维后，你在面对一个问题的时候才会有突破性的思路，创造前所未有的解决方案。

（3）与人协作的能力。能不能与人协作意味着你能不能借用更多人的力量帮助自己更好地搞定事，而不让人的因素成为阻碍。有效的预期管理是建立于有效的沟通和表达之上的。

（4）关于效率的能力。①快速学习能力。活动运营常常扮演着探险者的角色，先于其他业务踏入全新的领域进行探索，能否快速地熟悉一个全新的领域决定了活动运营能否真正承担创新类的工作。②高效工作能力。活动运营的工作太多、太杂，活动运营如果不懂得高效工作往往就会被细枝末节的事情牵扯精力而没有时间思考最重要的问题，学会提升效率的技巧能够极大提升生产能力。

（5）业务敏感性。业务敏感性是一个人业务专业度的真正体现。不需要依赖工具就能够快速从一个用户场景或者一个数据中洞察业务的关键点是最终级的活动运营软技能。

软技能与硬技能的差异在于，软技能是一种能力而不是工具，无法通过具体的工具掌握数量或者运用熟练度衡量，只能在具体的工作场景中自己体会能力成长带来的效果。所以，学习软技能不能像学习硬技能一样了解工具的运作原理并且在对应场合套用，软技能知识在被你内化成为能力之前是毫无意义的，而知识成为能力的必经路径就是练习。所以，本部分内容学习的重点是理解每一个软技能的原理分析和常见的使用场景，并通过大量的练习进行内化，形成能力项。

第 5 章

产品思维和商业化思维

对于活动运营，甚至所有的互联网运营和产品体系从业者来说，我认为首先需要具备的核心软技能是兼具产品思维和商业化思维。为什么那么多成功的产品、用户量级极佳的产品都难以找到变现模式？为什么那么多闷声发大财的线下生意一搬到线上就快速地夭折？为什么国内几大巨头只能在自己的领域中耀武扬威，而从电商到社交的渗透或者从 to C 到 to B 的转型往往失败？人们常说的企业基因确实是本质的原因，除了模糊的企业氛围、创始人个人风格这些因素，我认为企业基因的差异实际上就是产品思维和商业化思维的区别。

当然，企业和业务的成败除了企业基因之外还有很多种原因，我们不过多介绍。下面我们从具体的业务场景层面来看。

在互联网圈中有一句话是“叫好和叫座往往难以兼得”，这也是产品思维和商业化思维冲突的一种体现。产品思维考虑的是体验，赚的是用户的喜欢和吆喝。商业化思维思考的是价值产出，以赢利为唯一目的。一个最简单的冲突案例为在一个用户体验极佳的产品中要不要插入广告？

当然，有很多伟大的产品/作品找到了两者的平衡点，名利兼收，我相信这是每一个从业者都想追求的目标。追求两者平衡的话题贯穿了整个互联网甚至泛服务行业（互联网也归属于其中）发展的各个阶段，我没有办法用一篇文章教会你怎么追求两者的平衡，当然用一本书也不能，你可以去看别人走过的成功的路，但是这条路并不一定属于你。本章的内容只想达到最基本的目的：对于任何一个互联网的非技术从业者来说，你只要理解了产品思维和商业化思维到底是什么、为什么思维的差异在产品中体现出了截然不同的效果，就可以做出真正具备价值，而不是一个看似热闹但毫无价值或者虽然有良好的变现模式但是不被用户接受的产品。你要先从这一步开始，逐渐深刻地理解产品思维和商业化思维。

基于以上的基本概念，我们先对产品思维和商业化思维做一个基础定义：

（1）产品思维：创造体验的意识。

（2）商业化思维：创造价值的意识。

通俗来说，产品思维倾向于时刻考虑如何让用户的体验达到最佳，期望用户通过觉得舒适、便捷或有用而留下来，通常会关注点击率、转化率等体现用户体验的指标。产品思维主导的典型案例大多数是通过体验获得爆发式增长的产品模式：基于一个明确的用户需求点，通过不断打磨、优化用户使用产品的路径，使用户能够最快速、最直接地通过产品解决需求（例如，啊哈时刻）。我们可以利用以上过程让用户留下，通过推广或者用户的自发传播实现用户量级的增长，不断融资，准备上市，然后面对投资人的问题：你们的变现模式是什么？现在市面上大多数内容、社交、工具类业务都用这个套路，在行业流量变现模式越来越成熟的今天，做好用户体验，能让用户留下来的产品，变现一般不是大问题，不过这不是我们关注的重点，我们要理解产品思维是什么。

商业化思维倾向于时刻考虑如何创造价值，为客户、平台、用户、社会创造价值，期望通过优化业务策略和成本分摊模式提升创造价值的效率，通常会关注投入产出比、单位成本等体现价值的指标。商业化思维主导的典型案例就是 to C 电商类的业务模式：以为用户提供商品购买服务价值换取用户的流量价值，为平台商家和品牌商提供流量价值让他们能够赚钱；引入更多的商家带来更多的商品丰富度价值，从而把用户购买的需求转化为更多的流量价值，驱动更多商家和商品入驻。另外，以上的上升循环过程还能够通过卷入更多社会力量（例如，物流、仓储、代运营服务等）创造更多就业机会的价值。在以上整个商业化体系中，创造价值的效率（例如，投入产出比、单位成本）是整个循环运作的核心。商业化思维关键要思考的是商家获取流量的成本是否能够让他们赢利，用户获取商品付出的成本是否超出他们在传统渠道的成本。当然，电商只是成千上万种商业模型中互联网人经常接触的一种，但是无论商业模型如何复杂多变，核心都是创造价值的意识，你要理解这个原理。

5.1　产品思维

我们先从产品思维开始做进一步的拆解，让你理解产品思维是如何运作和主导我们的业务方向的，目的有两点：

（1）知道产品思维的运作原理，应该如何提升自己的产品思维。

（2）理解产品思维是如何发挥作用的，应该在什么时候正确地使用产品思维。

什么样的人会被认为是一个产品思维极佳的人？被广泛认可的一个定义是能够时刻保持以产品视角（例如，体验如何、为什么体验不顺畅、如何能更好）看待任何与人产生交互的事物（例如，一个活动页面、一个家电、现在正在困扰我的上下晃动的小桌板）的人。这看上去并不是一个很复杂的过程，我们常听到“人人都是产品经理”这样的说法，这意味着：一个人可以在不具备任何专业领域知识（比如，互联网产品经理并不需要懂得写代码）的基础上，只要能作为最基本的用户思考就可以完成必要的产品经理工作，即创造精彩的产品体验。

但是既然具备产品思维的过程这么简单，为什么产品经理之间还是分出了高下？既有乔布斯、张小龙这样的产品神话人物，又有创造出很多莫名其妙体验的“水货”产品经理。

除了产品经理必备的一些硬技能（例如，最重要的需求文档组织、研发入门），将产品思维优秀的人与其他人拉开差距的核心其实就是用户洞察的能力和逻辑性思考的能力，再附加一些艺术家、理想主义者情怀。

关于用户洞察能力的定义，下面会有完整的讲解，这里简单做一下介绍：用户洞察是对用户价值、喜好和倾向的深刻理解。

基于用户三个维度的洞察，我们需要逻辑性的思考（例如，正向推演、逆向拆解）以得出有效的产品体验推演。

基于有效的产品体验推演，我们能够得出基本有效的产品模型。

其实这三个步骤（用户洞察、逻辑性思考、情怀加成）就是产品思维的基本运作模式，你只要理解了每一个步骤的运作原理就会知道如何提升自己的产品思维能力。

5.1.1 用户洞察

产品要围绕用户是谁、需要什么、喜欢什么进行策划，脱离了这个本质就没有任何意义。用户洞察能力可以帮助我们从用户价值、喜好和倾向三个角度提炼出什么样的体验会被用户认为是有价值的、什么样的内容是能够被用户认可的、什么样的用户操作倾向是我们需要考虑和借力的。

5.1.2 逻辑性思考

产品思维过程和一般的胡思乱想之间最主要的区别是具备逻辑性思考与否，你可以体会下面这两个过程：这个产品体验真糟糕—让我心情不好—我要跟别人吐槽—但是还是需要它的功能—再试试—又失败了—再见；这个产品体验真糟糕—具体是哪个操作让我感知到了糟糕—有没有可能的替代方案—替代方案有效/无效—继续/放弃使用产品—如果我是这个产品的策划人那么我会怎么设计以改善用户体验。

如何通过逻辑性思考让产品思维过程有效？我们一般会套用逻辑性思考的两种基本模型：

（1）演绎。“因为—所以—因为—所以”这样的逻辑结构可以逐步推导从原因到结果的基本逻辑模型；或者逆向通过连续的提问（Why）以及回答构建从表象到原因的逻辑模型。推演是一种线性逻辑模型。

（2）归纳。通过对一组元素的分析，提炼其共同点，完成这一组元素的归纳；或者逆向通过一个具体的标签去搜集归纳其中包含的元素。归纳是一种发散性逻辑模型。

以上两种逻辑模型的组合使用可以形成更多复杂的逻辑模型（例如，逻辑树等），但是任何复杂的逻辑模型的基本组成元素都只有这两种。

然后，我们把这两种模型套用到产品思考的常见过程中做正向推演或逆向拆解。

（1）正向推演。基于具体的用户洞察结果，分析和推导出什么样的体验能够满足这样的需求，从而延伸出产品形态等思考。

（2）逆向拆解。基于具体的产品形态，通过分析用户体验流程，找到核心的体验点（好或者坏），从而延伸出产品优化等思考。

这样就组成了几种典型的产品思维过程：

（1）基于有效的用户洞察，从用户价值起点线性推导什么样的体验能够满足这样的用户价值，思考体验形态的核心是什么。例如，人们在看电影过程中看到了令人震惊的情节，这时可能需要一个公共的区域供在同一时间看到这个情节的人交流和表达情绪，及时性和开放性可能是核心。

从用户的场景（用户目前处于哪个页面）和倾向洞察（用户倾向于做什么操作）推导什么样的交互形态能够最大可能地提升用户的操作效率，思考有效的交互形态是什么。例如，一个中老年用户在面对一个拼团玩法的时候可能会被复杂的玩法彻底弄晕，所以可能需要简单易懂的操作引导。

（2）基于多种用户场景的共性提炼和归纳，找到群体的共性价值，思考共性价值的通用解决方案是什么。例如，中老年人聚在一起跳广场舞，年轻人聚在一起蹦迪，摄影爱好者聚在一起参加拍摄活动，所以人们需要共同爱好的聚集场景。

（3）基于一种既有的体验标签，穷举现有的解决方案，寻找、提炼其共通点，思考有效的解决方案的本质是什么。例如，迪厅有舞池和营造氛围的 DJ，网吧有互动竞技活动。所以，娱乐场景的解决方案本质上是营造独乐乐不如众乐乐的契机。

（4）基于既有的产品体验，逆向线性推导用户体验核心点（好的和坏的）是什么，思考关键的解决方案是什么。例如，这个吹风机为什么让我感觉难受，原来是因为太重导致我长时间持握很累，如果它能够采用更轻的材料设计但是保持其黑科技的部分那么应该是很棒的。

（5）基于一个同样场景穷举现有的有效解决方案，进行共性归纳，思考解决对应用户需求点的核心。例如，从陌生人社交的各种解决方案（例如，滑动匹配、真心话大冒险游戏、兴趣匹配、性格测试匹配）中归纳出共性都是为了提供打破尴尬的契机，也就是开启话题的契机，所以陌生人社交需求的核心在于打破尴尬。

（6）基于一个产品特征的穷举，找到共通点，思考这个产品的核心竞争力是什么。例如，奔驰 C200 高科技的车载系统和氛围灯、时尚的内饰、未来感的车身设计、相对亲民的价格都是为了紧紧抓住新中产人群想要更酷生活的核心诉求。

你要从现在开始尝试用逻辑性思考进行产品思维的锻炼。你身边任何与你产生交互行为的事物都可以作为思考的对象，如你正坐着的椅子、正在阅读的文章、正在穿着的鞋。你能从产品视角得出有效的结论吗？你如果能够保持这样时时刻刻的练习，再结合用户洞察能力的持续提升，就会渐渐成为产品思维能力极佳的人。

5.1.3 情怀加成

情怀有用吗？以用户洞察为基本食材，用逻辑性思考做出来的一桌子菜是一桌子好菜吗？可能是。会是一桌子驰名千里、流传千古的名菜吗？也许还需要一点点独家的神奇点缀（跷脚牛肉为什么能够驰名中外而普通的牛杂锅不能？正是因为它加了几味药材）——情怀。情怀这个东西很模糊，难以具体描述出在一个产品思维过程中产生作用的原理，但是伟大的产品经理往往自称为艺术家。他们总是能够在基本完整的产品基础上再加上那么一点点东西，就让这个产品“酷”了起来。比如，iPod 的无限滑动操作盘、马斯克在发射到太空的 Roadster 上放的 Space Oddity、微信的登录界面、锤子手机每次的发布文案。

酷的力量真的很强大，它超越了常规的体验、价值和价格，能让人们对一个东西痴迷。你永远要有让这个东西真的“酷”一点的意识，让你的思维达到一个新的高度。当然，要实现这个过程并不容易，需要你本身是一个懂得“酷”、极具情怀和深刻洞悉生活的人。你要先从每天埋头的工作中稍微剥离出来，追寻你发自内心热爱的事物，理解让你热爱的核心点是什么，这样你就能慢慢地懂得“酷”是什么。

在理解了以上对产品思维的定义和如何提升产品思维后，我们拆解一下产品思维在具体的业务策划过程中起到的作用，以明白在什么场景和什么时候需要合理地使用产品思维。

5.1.4 产品思维如何主导一个业务方向

我之前在腾讯做项目的时候，有幸向总裁办领导面对面汇报业务。非常出乎意料的是，总裁办领导并没有对业务模式等战略层面的问题进行太多指导，而是相信业务团队的判断，把更多时间用于思考具体的产品体验。例如，返回按钮为什么放在并不方便用户点击的地方，商品详情页的结构不够清晰使得用户检索有难度，搜索排序算法应该考虑哪些因子以使搜索结果更符合用户的需求。

这就是长期在产品思维的主导下进行业务规划的一种表现。

由此可以得出，产品思维在所有业务策划的初期（我们要用什么体验满足什么需求）、优化期（数据不好是因为什么体验不足）、转型期（新的业务方向需要的新的体验是什么）都绝对要以体验为最初的思考起点，所有的现象和问题都要被归结为体验的问题去思考。

5.1.5 正确地使用产品思维

以上的产品思维过程在仅有产品和用户这种简单关系的场景下，一般是有效的。但是以上的产品思维可能解答不了“商家为什么不愿意来我们平台做生意”这样的问题，因为商家是需要赢利的，体验可能并不是最重要的。那么，时刻考虑创造价值的商业化思维就应该在这个模块中发挥作用，我们将会在下面重点解读商业化思维是什么。

所以，并不是所有的产品和策划工作，都能够用产品思维通盘解决，我们要明确区分不同思维模式的运用场景：

当我们面对的用户追求便利、愉悦、某种有替代方案的刚需这类需求的时候，我们可以采用产品思维。

当我们面对的用户追求的东西变成了赚钱、曝光、利润的时候，我们就需要切换到商业化思维。

一个成功的、被广泛喜爱的、能够赢利的、创造价值的产品，一定是同时具备以上两种用户场景的，所以非技术岗位的互联网人一定要先掌握这两种思维模式，这样才能打造出真正有效的、体验极佳的产品。

5.2 商业化思维

商业化思维看上去很高大上，往大了说确实可以应用到各种宏观和微观的商业环境中。但是我们的目的是让商业化思维能够成为一个活动运营日常可用的能力项，所以我们对这个部分要解读的商业化思维的定义稍微做一些边界设定：

商业化思维的本质是创造价值，我们要探讨如何通过创造价值驱动一个产品/业务。

通过创造价值驱动产品/业务运转是一种完全不同于体验驱动（也就是产品思维）的模式，也是绝大多数互联网从业者很少接触的（电商和广告类的业务接触可能较多一些）。综合使用价值驱动和体验驱动策划一个业务形态会极大地拓展我们的思路（比如，我们能够策划出以趣头条为代表的，当下比较热门的以广告费交换用户点击操作的业务模式，这类业务的核心思维就是价值的交换），同时也能够朝着我们的核心目的（即让一个业务既叫座又叫好）演进。

下面再回顾一下两种思维模式的概念：

（1）体验驱动（产品思维）：如何让用户使用便捷、有趣，解决用户的某种问题和需求。

（2）价值驱动（商业化思维）：如何为用户/客户创造价值和交换价值。

如何为用户创造价值和交换价值？价值属性是随着用户属性变化的，要探讨如何创造和交换价值，我们需要先对用户/客户做如下分类：

（1）C 端用户：个人用户，分为素人用户和达人用户。

素人用户：就是最普通的个体用户，包括看新闻的、买东西的、刷视频的普通大众。

达人用户：依赖一些内容平台生存的，往往以创造内容换取价值的内容生产者角色。

（2）B 端用户：机构/商家/团体等任何非个人用户，主要分为职业经理人 B 端用户和生意人 B 端用户。

职业经理人 B 端用户：一般是大企业/机构里的业务负责人/对接人，他们可能更在意领导的认可。

生意人 B 端用户：一般是小企业/个人店铺的直接负责人或者老板本人，他们可能更想赚钱。

互联网的各种业务形态面对的用户基本上就是以上四种，他们代表了完全不同的四种价值诉求。我们对这四种角色分别进行价值创造以及交换的理解和研究，就能够在业务规划中真正有效地运用到商业化思维。当然，这只是商业化思维最基础的入门，感兴趣的读者可以基于这个原理再深入研究。

5.2.1　素人用户的价值

在面对素人用户的时候，商业化思维主导的用户价值和产品思维主导的用户价值有一些交叉和模糊的地带，为了便于理解和明确另外一种思维模式，我们相对粗暴地定义商业化思维的价值更多在于“创造”，而区别于产品思维的“满足”。

怎么理解呢？用户有购物的需求，打造一个电商购物产品属于“满足”需求。而在购物需求被满足后，我们让用户分享商品，给予用户一定的分佣。这就“创造”了额外的赚钱的价值，可以交换用户社交关系链曝光的价值。

当然，实际上并没有这么明确的区分，用户购物本身也是一种商业行为，商品的品牌溢价、促销手段（例如，买三减一）等也都可以归为价值创造的范畴，不过这不重要，我们需要理解的是创造价值的思维模式。

一些常见的可以额外创造出的素人用户价值有赚钱、省钱、炫耀、情感共鸣等这类不属于用户刚性需求（如购物、变美、解决问题）的价值。

常见的可以交换的用户价值有额外的成本付出、用户的个人关系链（自主推广）、用户的时间、用户的内容创造等。

对于素人用户，商业化思维提供了一种截然不同的业务策划模式：并不是先考虑用户的需求是什么，然后有针对性地策划一个产品，而是先思考你想要交换的用户价值是什么，然后思考如何创造额外的价值可以有效地交换到用户的价值。在这个思维模式下，我们并不以体验和操作为优先去考虑业务形态，用户付诸成本是核心考虑因素，如果成本小于价值，这个业务模式就有效，反之则无效。

这个思维模式也解释了为什么很多体验好的产品就是没有用户愿意使用[目前，新兴的一些社交产品拥有比微信更好的体验，但是产品在社交上创造的额外价值并没有大过用户的关系链迁移成本（想要交换的价值）]，而用户愿意一遍又一遍地尝试使用一些价值巨大但体验糟糕的产品（例如，一个分佣为50%的商品，即使操作再复杂，用户也愿意钻研怎么使用）。

当然，通过成本-价值的模式思考和规划业务模型，并不妨碍我们同步完善产品体验，以便减少用户在操作上付诸的成本。

商业化思维在业务中的一种典型运用场景为基于一个明确的用户价值交换业务目的，我们进行价值交换过程的建立，以找到合适的业务模式。

例如，我们希望用户能够主动分享（这个过程往往基于已经满足了用户的基本需求，比如，在一个电商网站中，用户已经完成了购物，但是我们还想额外获得用户的价值），贡献他们的社交关系链价值。首先，我们需要思考用户在分享时付诸的成本是什么，如分享到朋友圈后造成的个人形象影响、思考和搜集适合的分享对象的成本、分享动作的操作成本（可以通过体验优化极大降低）。

基于业务特性，我们能够提供给用户合适的交换价值是什么？是通过和商家分摊成本创造的额外现金激励、基于稀缺或者高价产品的炫耀内容，还是商品本身附带的情感属性？我们需要清楚具体的价值是什么。

然后，我们需要进行完整的对比，看看创造的额外价值是否大于综合成本。当然，这种对比不是数字的对比，还掺杂了很多主观因素，所以我们需要做一定程度的用户调研或者简单一些的自我洞察。如果额外价值不能大于综合成本，那么这个业务就是不成立的。其实这个思维模式的逻辑是显而易见的，但又往往被忽略，所以很多分享得 10 元满减优惠券的策划被创造出来，根本没有人思考过 10 元满减优惠券的价值其实远远低于我分享到朋友圈的成本。

以上的过程是不是为你提供了一种全新的思路？你不能简单地思考你想让用户做什么，然后理所当然地策划一个产品去引导用户，而应该真正考虑清楚业务是否成立，然后再从容不迫地优化体验。

时刻保持成本-价值交换的思维模式，不仅能够帮助你打造有效的价值交换业务形态，还有一个非常有用的场景。

基于一个明确的用户诉求，我们进行价值交换过程的分析，找到业务的关键点。我们还以电商业务场景为例，在电商场景中，用户付诸的最大成本是金钱，而购物操作的成本实际上优先级并不靠前。用户在价值交换过程中最优先的价值是花合适的钱买到想要的东西。

所以，电商业务的重点一定是提供更丰富的商品库和更优惠的价格，极大提升价值的含金量。而优化购物操作体验、页面动线逻辑等是其次的，虽然可以在一定程度上减少用户成本但是解决不了价值不足的问题。

这也解释了为什么一个创造了诸多优秀产品（常规产品面对的主要用户成本确实是操作成本，而价值是比较单一的、明确的，如邮箱）的“大厂”投入了诸多心血打磨产品体验但最终还是在电商战场中失败了。而一个擅长做价值交换的电商“大厂”在一个社交产品（用户的主要价值是社交，成本是难以独立完成的关系链迁移）中投入了大量的推广资源和利益诱导却留不住用户。当然，“大厂”的成败并不只取决于思路的差异，还有长期以来积累的资源类型和用户心智，这些也都是基因的构成部分。我们不需要操心这么多，只要学会运用这个新的思路就足以在业务策划中抓住真正的重点。

5.2.2 达人用户的价值

我们所讨论的达人用户并不是普通用户中乐于分享和创造低质量内容的那群人（当然，也有高质量的但并不普遍），而是以内容生产为职业，创造真正专业和有价值的内容，构成平台核心竞争力的那群人。

与普通用户不同的是，我们希望交换的达人用户价值的成本是比较高的，平台依赖这些达人用户不断供给符合平台导向的优质内容，而内容生产的成本极大，这就需要用更大的价值进行交换。

达人用户需要付诸的成本为内容生产成本。

基于创造价值大于成本的逻辑，我们可以从几个方面着手打造优秀的面向达人用户的业务。

1. 提供足够的变现能力

专业的达人往往以此为生，和普通用户一样的分佣价值只能作为额外的补充价值，并不能达到达人的标准，所以如果你的业务希望依靠变现价值来让达人自发留下，那么你需要考虑的核心问题就是有没有达人可以在你的平台赚钱养活自己。当然，如果没有内容独家协议的限制，达人可以依靠多平台存活，对你的要求就不会那么高，但变现的价值也一定是生存级别的（几千元）而不是福利级别的（几百元甚至以下）。达不到这个标准，你的业务逻辑确实就不成立。

2. 提供足够多的曝光量级

这和你的用户规模以及流量分配机制有关，你需要考虑的问题是你提供的曝光是不是有效的曝光、你的达人用户能否有效地把曝光转化为强关系的粉丝或者个人品牌认知用户。如果达不到这个目的只是粗暴地提供曝光，那么并没有用（例如，很多内容平台会找我提供稿件，一些平台只会曝光作者的名字而不愿意曝光作者的公众号，所以我就不愿意为这些平台提供稿件）。很多冷启动的业务面对的是达人内容量级和用户量级循环驱动增长的问题，在这个逻辑下一定程度的内容补贴激励是常用的手段。但不能偏离的是，你的激励要有助于有效的内容产出，你激励达人生产的内容一定要对用户有价值而不只是凑数（会有很多人想方设法钻空子赚你的奖励金），对达人的补贴也要达到能够让达人生存的程度。

提供独有的内容生产能力（生产素材），或者提供独特的有效的粉丝运营能力等产品层面的价值也是一种提供价值的办法。因为国内互联网 KOL 行业发展多年，大的 MCN 机构已经垄断了大的流量和真正专业的内容生产者，平台迁移成本极高。所以，除非你能培养素人成为达人，否则这类手段只能作为补充，要真的撬动达人价值还是要回归变现和曝光两点。

3. 降低创作的成本

当你的产品不足以让一个达人在这里养活自己时，你就很难得到独家的内容。但是如果你想让达人愿意在你这里搬迁内容或者做一定程度的定制创作（但并不是独家原创内容），那么你可走的路就只有尽量减少内容生产的成本。例如，快速搬迁、极低门槛的排版能力、与行业通用规则一致的产品形态和内容格式等。

接下来，我们看一下另外一个截然不同地面对 B 端客户的领域，B 端客户与 C 端客户相比，目的更加明确，愿意投入更大的成本交换更大的价值。在 B 端领域中，商业化思维的主导更加明确，价值的创造和交换成了唯一的话题，产品体验起到的作用微乎其微，除非你提供的价值本身就是产品的体验（比如，一些企业服务工具）。

5.2.3 职业经理人 B 端用户的价值

当你合作的对象从一个想要赚钱的生意人变成一个大公司内部的职业经理人时，你面对的价值将从单纯的赚钱变成更复杂的职业经理人价值。

一个职业经理人更在意的价值可能是他在向领导汇报这次合作价值的时候能够得到领导的认可。

所以，当面对职业经理人这样的 B 端用户时，你并不能只考虑实现业务目标，还需要从他的角度考虑能否让这次合作有更多的标杆价值，需要挖掘和包装项目意义，以帮助他完成一个漂亮的汇报文件。

所以，在和 B 端用户做生意时，你需要更多讲故事的能力，除了业务目标的承诺，还要在销售合作谈判的时候能够完整地描述出未来他用什么样的完美报告做汇报，以此去考虑你应该如何设计销售方案、应该增加哪些业务模块、应该提供哪些合作支持，这样才能够更好地说服一个职业经理人 B 端用户。

以上是活动运营应该掌握的最基本的一些商业化思维运用，互联网非技术岗位人员都应该具备创造体验和创造价值两种思维模式，这样才能做出既叫好又叫座的策划。

5.2.4 生意人 B 端用户的价值

要理解生意人 B 端用户的价值诉求，我们可以先从以下一个个人经历的故事开始：

我曾经负责过一个面向 B 端商家服务的工具平台，商家支付费用使用工具和流量等整合的服务。在工具平台搭建的早期，我们以产品导向的思维做规划，重点考虑工具的各种功能、平台的使用体验、对平台的流量等价值贡献问题，设定了工具平台的点击率、跳转率、转化率等关键考核指标，在这些导向下不断地优化工具平台。然后，我们召开了第一次商家推广大会，准备了精美的 PPT，详尽地介绍了工具平台的各种先进的能力、复杂的逻辑和优秀的体验。但是现场反应平平，几乎所有商家全程都在玩手机，似乎对我们精彩的演讲丝毫不感兴趣。

会后我们找到几个资深的商家咨询了原因，其中一句关键的点拨对我们产生了至关重要的影响：我们更想知道在你这里能不能赚钱，投入多少和回报多少，流量成本如何，比其他平台有没有优势。

这句话真正引起了我们关于什么是商业化、怎么样才叫做生意的思考。对于真正要和你做生意的商家来说，他们可能更关注能不能赚钱（当然，不同的业务模式会有不同的核心价值，如获客等，但逻辑都是一样的）。

随后，我们快速调整了整个业务的导向，弱化了所有关于体验的考核指标（如点击率、转化率等，之所以还要保留这些指标的原因是这个产品还涉及 C 端的用户体验），而把一切涉及投入产出、能不能挣钱的指标（如流量成本、拉新成本、费用的投入产出比）作为主要的考核导向来指导所有的工作。从此这个产品开始真正在市场上迎来了爆发，每次宣讲会后（在新的宣讲会中我们只强调投入产出效果）开放的购买名额都被一抢而空。

以上的故事就是我对与生意人 B 端用户合作的商业化思维理解：你要剥离生意场中各种复杂的规则和概念，要让生意人 B 端用户投入，实际上也是在和他们做生意，你要考虑能不能帮他们赚钱。任何经过包装的、浮夸的、虚无的内容在真实的投入产出效果下都没有任何意义。

第6章 解决问题的能力

在掌握了初步的问题解决理念和工具之后，你就能够用一些具体的工具解决一些具体的问题。但是，当解决问题这个话题上升到一个更高的层面，面对的不再只是一些具体、明确的问题场景（例如，明确的任务、明确的 KPI、明确的问题状态），而是更模糊和更复杂的问题场景（诸如攻克一个业务难点、寻找一个业务模式、创造一个全新的想法）的时候，仅仅使用具体的工具去解决问题只能把你局限在既有的方法下得出一些常规的解决方案。

如果你要打破常规，突破既有方法的限制，找到革命性的手段解决更复杂的问题，就需要更高阶的思维模式。掌握以下两种思维模式将极大提升你的独立思考能力、突破常规的能力，扩展解决问题的思维广度。

（1）跨界思维模式。

（2）批判性思维模式。

当然，这两种思维模式同样是由大量的专业理论构成的，我仅给出一些引子让你认识到两种思维模式的基本原理，以便你在实操过程中找到一些新的解决问题的思路。

6.1 跨界思维

我相信你对跨界思维并不陌生，如今科技、商业甚至社会学领域都在提跨界思维。人类文明经历了几百年的爆发式发展，从最开始的基础学科衍生出了越来越细化和专业的知识体系，在每个领域的知识发展得越来越专业的同时，领域与领域之间的距离也就越来越远。人类面对的问题非常复杂，很难单独依靠一个具体的专业知识达到解决问题的目的，很多专业领域的发展也都遇到了既定思路下的一些瓶颈。所以，回归知识的本质，探讨跨领域融合，借鉴完全不同领域的研究成果和思路解决问题的跨界思维开始逐渐流行，尤其在对综合技能要求较高的科技和商业领域特别明显。在绪论中提到的跨界思维代表作《穷查理宝典：查理·芒格智慧箴言录》虽然并不是专门讲述跨界思维的，而是讲述商业和投资的，但是全书不断出现的跨界思维实际上就是主人公查理·芒格驰骋商场，能够作为巴菲特导师的核心能力。

由此可知，跨界思维的诞生就是为了解决问题。跨界思维为各种专业领域的问题解决提供了一种全新的思维模式：突破既有方法，广泛的借鉴，回归本质找到规则和趋势之下的原理，找到另辟蹊径的有效解决方案。

最广为人知的跨界思维案例（不一定是真的但是便于你理解跨界思维）：在生产肥皂的时候会存在空肥皂盒的问题，肥皂厂商常规的解决思路是研发自动检测空盒的机器人，而具有跨界思维的人能够借鉴农民晒麦子（把麦子扬到空中用风把空麦壳吹走）的方法找到用吹风机剔除空盒的办法。

在活动运营的实际工作场景中跨界思维也有普遍的运用。例如，借鉴传统民间娱乐项目形成的互动游戏，借鉴传统分销模式形成的分销模式，借鉴传统超市收银台陈列形成的页面动线等。

如何将跨界思维带入日常的业务思考中，真正地掌握跨界思维？下面我们先回归跨界思维的本质做一些分析。

跨界思维的本质是什么？人们对不同领域的跨界思维有不同的解读，通过大量的跨界思维理论研究，跨界思维基本上分为三个层次：

第一个层次的跨界思维融合了不同领域的既有方法解决问题。这个层次的跨界思维提供的是一种从问题的表象中寻找跨行业的近似解决方案，并从跨行业的近似解决方案中提取有效的方法整合成新的解决方案的办法。这个层次的跨界思维常用于一些创造性的工作，例如在2.3节中介绍的换境创意方法。你可以思考一个完全不同领域的从业者（例如，从互联网领域到传统商业领域）在表象层面如何解决一个类似的问题（例如，借鉴两元店的统一定价和洗脑口号营造划算的营销氛围）。简单来说，第一个层次的跨界思维可以帮助我们打开寻找解决问题工具的思路。

第二个层次的跨界思维强调让知识回归本质，学习各个领域的底层通用知识，从本质层面解决问题。这个层次的跨界思维将解决问题的思考过程从表面（方法和工具）带入知识本质和原理的层面。如上所阐述，人类文明产生的各种知识就像一棵不断生长的大树，不断地有新的知识从现有的知识体系中长出枝干，再冒出更多分支的叶子（就像从产品经理的各种方法论中衍生出了运营岗位的各种方法论）。当你真的研究一个领域知识的本质时，你往往会发现很多道理都是通的。就像做生意和做产品，最终要面对的都是那几个基础的用户心理学原理。当你能够从底层和本质中思考一个问题时，你就会不再受到既定方法和模式的限制。例如，在你思考一个促销活动为何效果不好时，表象的思考让你优化页面动线和资源投放，而本质的思考让你真正理解用户的心理（心理学本质知识的跨界）到底是什么，如何才能真正激发他们的购物欲望，这也许能帮助你大胆地创造出限时 2 小时抢购的促销模式。

第三个层次的跨界思维倡导将人类文明的两大分支进行融合创造，这两个分支有很多名称，常见的是感性与理性、艺术与科技、直觉与逻辑。一直以来，这两个分支都在主导着完全不相干的领域，艺术家和程序员永远无法在酒后畅聊，因为感性和理性在人类大脑中是两套截然不同的运作模式，故其各自主导的知识体系在一开始就分成了两个分支。而就结果而言，两个分支的融合创造出的无数伟大作品（如 iPod）已经在冥冥之中暗示，人类文明的两个分支也许最终会回归统一。当科技和方法论发展到一定阶段时，我们不需要再创造更多的工具，所有的工作都可以由机器完成，这个时候人类的价值和未来的增长点也许就是艺术。活动运营应该怎么理解这个层次的跨界思维？不管你是文科出身还是理科出身，你都要学习另外一个领域的知识，这样你的作品才能够既严谨、有效（第 1 章中介绍了如何严谨地拆解项目目标以保证达成的有效性），又能感动用户（你的文案和设计能够真正地让用户感到有趣、感动、冲动）。这些内容我们会在后续再专项介绍，在这里先理解第三个层次的跨界思维逻辑即可。

基于以上概念，我们要能够掌握不同层次的跨界思维，并且应用到实际的工作场景中。

6.1.1　掌握第一个层次的跨界思维

方法显而易见，接触、观察和思考更多行业的案例，不要为自己设定太多的限制，任何行业和任何场景的问题解决方案都有可能在未来成为你解决问题、思考的素材。接触和观察容易理解，思考部分需要形成一定的分析一个行业解决方案的习惯，在产品思维中介绍的演绎/推演和正/逆向的思维模式可以在这里帮助到你。你要观察房地产行业是如何引导客户完成成交的、观察娱乐行业是如何让用户欲罢不能的、观察粉丝经济行业是如何运作管理庞大的粉丝群体的。在掌握了大量的跨界案例之后，运用到实际工作中只需要一些诸如 2.3 节中介绍的换境工具就可以。

6.1.2　掌握第二个层次的跨界思维

首先，你需要具备回归本质思考的能力，在面对任何复杂的问题场景和任何复杂的知识时，你都不要被表象的因素所限制，要思考引起这个问题的本质原理到底是什么（也许一个执行混乱、团队各自为战的项目本质上缺乏统一的考核体系拆解），要理解一个知识体系的背后核心逻辑是什么（研发知识虽然极其复杂，但是通过前文我们知道其实就是数据的调用和运算两个基本过程）。

然后，基于这个能力，你要开始广泛地学习跨学科的底层知识（在有些理论体系中叫通用知识），不需要去学习过多后人创造的各种复杂的分支理论。你真正需要学会的是经济学背后的运作原理是什么、统计学最基本的几个模型是如何运作的、各种复杂的市场和营销手段其实是为了满足用户的哪几个基本心理。

在掌握了这些底层知识之后，你需要构建自己的基础知识库，这些基础知识库能够基本覆盖你会面对的所有问题场景（例如，怎么影响一个人、怎么从数据中挖掘信息、怎么通过成本分摊实现赢利）。当面对任何问题的时候，你只需要基于对应的通用知识（并不会限制你解决问题的方法）附加即刻检索的工具或者专家的力量就可以得出极具突破性的解决方案。

例如，当你面对一个效果不佳的促销活动时，你如果掌握了基础的消费者心理学原理，你就会知道原来是你的促销呈现模式没有让用户感知到价格的优惠力度。所以，你能够得出的解决方案就不再是无目的地更换页面模板，而能够基于最基本的让用户感知优惠力度的问题创造更多有效的手段（比如，在基础的消费心理学里面介绍过的，通过性能接近但是价格大幅拉高的商品营造主打商品的实惠）。

这里补充一个题外的案例：为什么总会有一些学生花很少的时间学习但是考试成绩很好，智商是一个方面的原因，但是现在有一个正在被越来越多的教育专家认可的理论能够更恰当地解释这个问题。从这些学生的学习习惯中找到的共同点是，这些学生都擅于将知识回归本质，构建自己的底层知识体系，他们会思考微积分到底为什么被发明出来、为什么会产生作用。在掌握了这些基础知识之后，剩下的就只是一些解题技巧（解决方案）的沉淀而已（而恰巧这些学生也擅于将解题技巧归类总结，形成简单、有效的解题技巧类型库以便随时调用）。

6.1.3 掌握第三个层次的跨界思维

这个层次的跨界思维关系到活动运营的一个终极问题：如何做出既有效又感人的作品，这个话题我们在后续部分再展开详述。

6.1.4 如何构建有效的底层知识体系

我以个人的活动运营能力模型为例提供一个参考模板：

（1）基本的心理学原理：你需要理解人类的生物本性的共通心理规则，以便回归本质思考如何影响一个人，甚至将其运用到职场中。

（2）基本的数学原理：你需要理解数据统计的原理是如何产生作用的，理解一些基本的数据分析原理（如回归分析、概率分析），以便回归本质思考如何从数据中挖掘有效的信息。

（3）基本的经济学原理：你需要理解经济学中资源和信息是如何交换、如何产生落差、如何产生价值的，以便回归本质思考如何进行资源的整合并创造能够产生价值的业务模式。

（4）基本的消费学和传播学原理：你需要理解消费和传播这两个过程产生的原理是什么，以便更合理、有效地运用纷繁复杂的营销手段。

（5）基本的美学原理：你需要理解基本的美学规则、黄金比例、一个设计师是基于哪些基本准则让视觉呈现协调性的，以便创造具备基本美感的作品。

（6）基本的研发原理：你需要理解代码是如何运行的（见第 4 章），以便策划可实现和成本更低的方案。

（7）拓展了解更多历史、生物、化学、物理的基本逻辑：你需要理解这个世界是如何运行的，虽然这些并不能直接对你的工作起作用但是这些通识的知识往往会在关键时候产生作用。

从个人经验来看，你只需要快速阅读每个领域的 2～3 本书（建议以读书笔记的形式整理和强化关键点），就能够在日常工作中产生实际效果。

当然，对通用知识库不断深入学习能够使你的基础知识体系不断地提升到更高层次。

6.2　批判性思维

批判性思维常见于抨击教育体制的文章中，在各国教育体系论证中都在频繁地讨论这个概念。究其原因，以传授知识为基本模式的全球通用教育体系更强调学习和使用既定的知识。当然，这个模式肯定是没有问题的，要不然不会有那么多人讨论这么多年的批判性思维却始终无法撼动传统教育的地位。

为什么传授知识的模式会带来批判性思维的缺失，这就涉及批判性思维的定义。首先，批判性思维并不是要教你做一个“杠精”，让你带着批判的眼光批判任何事物。一种广为认可的批判性思维是指在理解一个知识点、得出一个结论的时候并不是第一时间接受和认可，而是思考背后支撑这个知识点、结论的本质是什么，是否逻辑严密且可靠，从这样的思考中得出更有效的、属于自己的方法论。

这样的一种思维模式带来的一个显著的好处是，能够帮助人们在既有的知识中再次论证和演化出更加正确或者有效的理论，在既定的结论中以更加理性、客观的视角论证以得出更加可靠的结论。具备批判性思维的人往往能够不随错误的大流（你是否还记得我们说过的群体决策往往会有无意识），客观、理性、严谨、审慎地对待事物。当然，在很多创造出非凡作品、逆势博利、力排众议最终成功的故事中一定都有批判性思维的作用。

6.2.1 批判性思维如何帮助解决问题

基于以上的概念，批判性思维和之前介绍的跨界思维结合在一起就构成了完整的更高阶解决问题的思维模式和能力。批判性思维可以帮助我们独立思考，论证既定结论，挑战既有方法，找到真正有效和最正确的答案。在批判性思维搭建出的框架之下，跨界思维可以帮助我们突破常规，找到更具突破性的解决方案。这就是真正的解决问题的能力。

在活动运营具体的工作场景下，批判性思维可以有以下用途：为什么一个促销活动的品牌模块一定是一个大图加一句促销文案？图片和文案各自起到了什么作用？是否有更符合我的目标用户的更加有效的模块组织形式？为什么一个传播活动一定要用发红包的模式做？之前是否验证过发红包模式的传播效率是最高的？这个专题活动的目标用户是否能够接受这个模式？为什么达成季度销售指标的任务只能通过“砸资源”做卖场来实现？“砸资源”的形式是否能够最大效率地引入流量？是否有比卖场更有效的承接形式？你甚至可以思考为什么领导要在这个时间点做一次促销活动，背后的业务诉求是什么，在这个时间点是更适合做用户积累还是做用户变现。

显而易见，批判性思维可以帮助活动运营在常规的工作中找到新的可突破空间（例如，是否能够探索出更加有效的一套卖场交互形式），对既定的方法进行有效的论证找到更接近最佳答案的方案，站在更高的层面思考一个业务的投入有效性。因为活动运营很容易陷入在有限的时间内套用既定的方法论，仓促而形式化地完成一个形式化的指令，所以批判性思维是帮助活动运营与其他人拉开差距的一种非常关键的思维模式。

6.2.2　批判性思维的本质是什么

我们理解批判性思维的概念不难，但是掌握它并不容易。因为批判性思维不仅是一种思维习惯，还是一种严谨、有逻辑框架的工具。这就是为什么批判性思维总被放入教育体系的层面探讨。在此，我们对批判性思维的本质做一些拆解，然后从中得出一些基本的可着手的批判性思维工具模型。

如前文所述，批判性思维并不是简单的“批判”，而是有一套严密的逻辑框架，批判性思维的主要构成元素如下：

（1）本质探求。批判性思维首先强调挖掘“本质”的过程，要在表象之下挖掘事物的本质，要从一个知识中挖掘出底层知识（例如，教你用大图匹配文案做素材图的知识背后的底层知识是人们更倾向于阅读图片从中得出信息和情感感知），要从一个成型的系统中挖掘出系统运作的原理（例如，一个短视频的排序算法原理是通过加大好友视频的分值让我看到更多好友的视频，以提升互动的可能性），要从一个事物的各种表面现象中高度总结和提炼出本质概念（例如，一个不尊重他人、喜欢抢话、说话总是让人不舒服的人其实就是同理心差和情商低），要从一个结论中倒推出原因（例如，领导安排做季度专题活动的目的是让用户感知到平台的商品种类丰富度）。挖掘本质的过程可以让我们从事物的本质思考，剥离掉表象信息的干扰，得出真正有效的近似正确答案的方案，做有效、正确的事情。例如，对于素材图的案例，如果你理解了使用图片的本质意义是什么，你就会知道应该使用能够传递信息的图片（例如，是传递风格和态度的广告图还是传递产品特性的细节图）而不会无目的地找一张看着很好看的图片。

（2）逻辑性构建。批判性思维其次强调追求事物的逻辑性构建，不得出没有来源的结论，不做没有原因的事情，不相信没有逻辑的道理。对于任何既定的结论、方案、信息，我们都要尝试构建其中的逻辑性。如何逻辑性思考我们在第 4 章中介绍过，我们可以使用演绎或者归纳去构建逻辑性，可以让结论、方案、信息更有逻辑性。两种典型的案例：【演绎】因为某季度竞争对手推广很用力—所以他们让用户感知到了更实惠的商品价格—所以我们被抢走了很多用户—所以我们需要向用户证明我们具有更丰富的商品库和更实惠的价格—所以我们需要一个综合的专题活动以合适的促销力度有针对性地覆盖用户，让他们感知到以上两点。【归纳】因为我们在这个领域中优势明显，有可行的规避方案可以规避我们的劣势，市场空白意味着机会众多，竞争对手不具备我们所有的资源和规模优势，对我们的威胁不大，所以我们在这个时间点以这样的方法切入这个市场是合理的。

（3）可靠性验证。你将你的结论、方案、信息进行逻辑性构建后，并不意味着逻辑性是可靠的（也许其中有错误的推论或者信息）。所以，批判性思维再次强调的是对任何逻辑结构的可靠性验证：针对是非的问题（例如，A 工具的转化率比 B 工具的转化率高）要追求答案的确定性（例如，以往大量的案例证明了这个结论）；针对模糊性的问题（例如，这次的专题活动是否能够达成指标）要追求对答案概率的评估（例如，根据资源量级、转化率的拆解知道这次活动达标的概率为 60%，所以你需要为另外 40%的失败可能性准备备选方案）。对于评估演绎类的逻辑，你要考虑“因为—所以”之间的可靠性，如果并不是一个确切的结论，也要掌握每个“因为—所以”之间的大概概率，这样你才能够评估出整个逻辑的可靠性。对于评估归纳类的逻辑，你需要考虑每一个归纳元素与共性结论（例如，以上案例的每一个元素都得出你切入这个市场是可行的）之间的逻辑可靠性，是是非还是概率评估？由此而成的整体可靠性是什么？我们在 3.1 节中介绍了 SWOT 分析方法，你不要把它只当作 PPT 模板用，而要让它实际产生效用。SWOT 分析方法提供了一个有效的穷举模板帮助你不遗漏和关注到应该关注的信息，而只有批判性思维在其中起到作用才能真正让这个分析方法产生作用，否则 SWOT 分析方法或者任何一种分析工具确实只是一种让你的 PPT 看上去更专业的模板。

以上三个部分构成了批判性思维的基本结构。接下来，我们还需要从两个方面对这个基本结构进行完善：

（1）穷举思考。你要不断地问自己“还有吗”，通过连续性的自问或者问他，将那些并不显而易见的因素挖掘干净，掌握事物的真正全貌，避免遗漏。3.1 节中介绍的各种问题分析工具都是给我们提供一个穷举的路径，我们应该考虑关键的因素有哪些。我们在粗的工具框架下要真正有效地不断穷举，更需要具备穷举思考的意识。

（2）逆向思考。你要不断地问自己“真的吗”，通过连续的逆向思考问题，从整体和细节再次验证整个批判性思维结构的可靠性。我们在 1.4 节中提到的“十问十答”工具（在项目方案成型后问自己连续的十个或者更多逆向思考问题，直到这十个问题都能有可靠的答案并且你再也问不出更多的问题）即是一种逼迫自己逆向思考的工具。

6.2.3　如何掌握并有效地提升批判性思维

虽然批判性思维确实是一种需要到教育体系层面培养的习惯，但是其实掌握和练习批判性思维并不难，你可以采用以下方法。

（1）掌握批判性思维模板（以上介绍）。

（2）尝试在你认为需要使用批判性思维思考的场景下，用写下来的形式做一次批判性思维的记录。

（3）本质思考：写下事物的表象，一一对应罗列表象之下的本质是什么，如果有无法对应的表象就说明还没有挖掘到其本质或者对表象的解读本身有误，用这个模板逼迫自己进行本质思考。

本质思考的常见类型（案例如上部分）如下：

① 一个知识背后的更底层知识。思考创造这个新知识的人是基于什么更底层的知识创造出来新知识的。

② 一个系统的运作原理。思考是哪些元素组合在一起，由什么样的运作逻辑生产出系统的。

③ 一个现象产生的原因。思考产生一个现象背后的真实原因是什么。

（4）逻辑构建：使用演绎、归纳或者逻辑树（以上两种逻辑的综合使用）将所有原理和表象进行串联，通过一个完整的逻辑图掌握一个事物的全貌。

（5）可靠性验证：验证逻辑图中每一个原理和表象之间作用的可靠性，标注可靠性的概率评估（例如，是 100%还是 50%），通过细节的概率评估得出整个逻辑的整体概率评估。

（6）穷举思考和逆向思考：使用“十问十答”的工具逼迫自己再次从两个角度完善整个逻辑图。

以上的方法可以帮助你完成一次完整的批判性思考，用思考的结论指导日常工作更有效的落地。你需要不断地使用和感知批判性思维的作用，然后再通过日常练习让批判性思维形成你的习惯。

前文反复介绍过，将知识内化为能力或者习惯的唯一路径就是练习，而最好的练习方式就是写日记/周记（时间再长就记不住了），你可以每天基于自己的实际工作在日记里问自己四个问题来引导自己形成批判性思维的习惯。

（1）我今天接触的关键信息、结论或者知识的本质是什么？

（2）从本质来看，我今天接触的信息、结论或者知识是不是有可以挑战的点？

（3）我有没有刻意地使用批判性思维进行思考？

（4）经过批判性思考，我今天真正学到的知识、得出的结论、了解到的信息实际上是什么样的？

每天的记录不用太复杂、太详尽，你只需要基本回顾就可以，关键要感知批判性思维帮助你在既有知识的基础上独立思考并形成自己的知识后能够认知到两者之间的差异。如果配合以上的方法，你就能逐渐成为一个具备批判性思维的人，我相信你能够在工作和生活中慢慢感受到批判性思维带来的利好。

这就是批判性思维的全貌，其实并不复杂，关键在于使用和练习。

第 7 章

与人协作的能力

在与多个角色关联的项目（实际上极少有与其他人无关的项目）推进中，为什么有些人总是能够很顺畅地推进，似乎所有关联人都与他保持着高度的共识和一致的努力方向，而自己的项目往往在推进过程中反复遇到无谓的沟通和解释，甚至阻拦？

当然，第 1 章中介绍的分工和目标定义工具是达成顺畅推进项目的基本方法，但实际项目的执行会更加复杂。目标不一致的利益方、预期过高或过低的上级和合作伙伴、突然加入的利益方等都会让整个项目在推进中与人相关的部分极不可控，进而造成大量的不必要沟通成本，最终导致项目推进的崩溃。

这个时候你需要硬技能之上的软技能来灵活地解决一个又一个“人”的阻碍，实现真正有效、顺畅的项目推进。

很多人会说你需要情商，情商高手固然在遇到任何与沟通相关的状况时都能够高效和灵活地化解，但是这是与生俱来的，难以练习和掌握。

我想为你介绍一个必备的软技能，它不仅能够帮助你像一个情商大师一样化解与人相关的各种状况，而且能够让你提前准备，最大可能地避免不必要的沟通成本。

这就是与人协作的能力。与人协作的能力包括预期管理能力、沟通和表达能力。

7.1 预期管理能力

预期管理能力指的是能够通过完整地掌握项目关联人物的心理预期全视图，在合适的时间对必要的人进行预期管理，最大化避免不必要沟通成本的一种能力。这种能力可以通过方法论学会，通过练习逐步掌握并形成能力项，使用得越熟练，使用成本就越低。

为什么预期管理能力是可以学会的？我们先来分析一下项目在推进过程中产生冲突的本质原因。

在职场中，任何基于事情的冲突（个人恩怨不算）的本质都是预期不一致的冲突。合作方对项目效果的预期和实际不一致，产品经理对上线时间的预期和研发工程师发布测试的预期不一致，上级对投入产出的预期和项目实际投入的资源量级预期不一致，这些预期不一致就带来了资源分配的撕扯、项目方案缩减的撕扯、项目利益分配的撕扯。

所以，从理论上来说，你要提前清楚所有人的预期，并和实际情况做实时的比对，当任何一个部分出现预期差距时实时调整对方的理解和预期就可以避免所有的与人相关的冲突。

其实每个人都在做预期管理，项目在上线前的目标汇报、研发评估会的时间约定都是预期管理，但是出现沟通状况的问题是，绝大多数活动运营、项目经理或者牵头任何一个项目的产品经理并没有把预期管理当成一件事情或者一件必要的事情。

如果你没有刻意进行过预期管理梳理的工作往往就会产生预期管理遗漏。如果你的运气好那么项目进展顺利，指标超出预期，所有人会皆大欢喜，但是一旦出现一些异常情况，不管与欠缺预期管理的利益方是否直接相关，沟通成本一定会出现。所以，你要有意识地进行刻意的预期管理，这一定会给项目推进带来极大的帮助。

以下是一套预期管理工具，套用即可保证基本的预期管理工作落实到位，但初期成本会比较大。紧接着我会分析如何结合这套工具，通过练习将预期管理逐步转化为你自己的能力项，极大地提升效率。

回归本质思考，预期管理可以让你准确地掌握与项目相关的各个角色的实时预期状态，根据项目进展实时评估各个角色的预期，提前预估项目的可能走向，做提前的预期管理准备。所以，我们需要先从预期管理因素和角色梳理开始搭建一个项目的管理工具。

7.1.1　预期管理因素梳理

你要清楚与这个项目相关的哪些因素是会影响他人预期的，所有相关方关注的这个项目的元素有哪些。常见因素如下：

（1）项目的目标。项目的目标是指这个项目会朝着哪个方向前进、什么样的数据表现会被定义为项目成功。你的上级和相关利益方一般会关注项目的目标，因为项目是否做“对了”是他们为你投入资源和支持的基本要求。

（2）项目产出的价值。这个项目达成目标与否或许是不可控的，但是即使项目无法达成数字层面的目标，其也能够产生其他的一些实际价值。你的上级和相关利益方一般会关注这个价值。这两个角色在项目成败不可控的情况下也会提前思考项目即使无法完成数字的指标，最终能够产出的额外保底价值是什么，这同样也是他们评估投入和支持需要考虑的。你要注意价值和目标达成与否是两件事情，对后续资源的撬动、摸索出的经验、给个人带来的影响都是价值。具体可以参考 1.3 节。

（3）项目的策略。项目的策略是指你会如何实际落地项目的策略，涉及你将会动用/挤占的资源、牵扯或影响的团队。你动用的所有资源和需要卷入的关联角色都会关注项目的策略。另外，你的项目策略的可控性也会是你上级的关注点。

（4）项目的风险性、不可控性以及对应的策略。这个项目在既定的策略之下，会有哪些人为不可控的因素？它们可能会对项目产生哪些影响？预计的影响会有多大？如果发生了你会怎么应对？你对于项目的不可控性、风险性评估，以及有没有思考风险发生后的应对策略（包含项目可能失败的准备），会是委托这个项目给你的角色关注的点。

（5）项目的关键时间节点。项目的关键时间节点包括启动时间、预发布时间、上线和下线时间、报告输出时间。上级和相关执行团队都会关注项目的关键时间节点。

（6）项目的前后关联性和扮演角色。这是经常被忽略的两个点，你的项目是否是一个连续性项目的其中一环，对前后项目的影响是什么，这些前后环节的关联方都会关注。另外，你的项目在一个团队、一个部门甚至一个公司内部扮演着一个什么样的角色？是全新模式的拓荒者，还是去打造行业口碑的标杆项目？与之相关的团队也都会关注。

7.1.2 预期管理角色梳理

你要清楚与这个项目相关的角色到底在想些什么，以及哪些角色会影响项目执行和长期价值评估（做完这一次还有没有下一次）。常见的角色如下：

（1）上级。上级当然是最重要的角色，是给你提供必要的资源和支持的核心人物。上级往往在给你安排一个项目的时候自己就会有基本的预期：我为什么要做这个项目？为什么要交给这个人做？我希望达成什么样的目的？我会为之投入多少资源？我希望这个项目实现什么样的价值？我心里预期的最低底线是什么？你要利用一个较为全面的预期管理元素表与上级依次、反复确认他的预期，对于困难和不确定性一定要提前提出，把上级预期一开始就锁定在合理的范围内。一个项目即使失败了只要你对上级的预期管理恰当，上级也会得出这个策略是不行的，我们需要尝试其他策略的结论，而不是得出你不行的结论。一个从来不管理上级预期只会埋头干活的人会逐渐地失去上级的信任。同时，上级也要保持实时进展的同步（本质就是预期的管理），我们常常听到的事事时时有反馈就是一种预期管理的简化描述。当然，对于自我发起的自下而上的项目，同样也要进行初始预期的设定。

（2）上级的上级。虽然说服这个角色是你的上级的任务，但是你不要指望你的上级在他自己面对更复杂的信息时能够实时、有效地帮助你再向上传递必要的信息。更高层级的领导往往更关注价值（这个事情还要不要做）而不是目标达成（要不要表扬你），这也许和你的直接上级会有一定的差异，也就意味着他们的预期是有差异的（取决于你的上级所做的预期管理工作）。所以，你需要把上级的上级的预期管理也纳入进来，在必要的时候主动进行可以影响预期的信息传递，当然需要通过你的领导来做这件事情。

（3）团队成员。你所带领的团队成员是怎么理解你对项目走向和最终价值的定义的？你能够给他们带来什么？他们是被动地执行工作还是真的被你激起了业务激情跟你一起拼？人的主观能动性力量是无穷的，如果你能够有效地管理好项目团队成员的预期，激活他们的动力，那么你会得到巨大的帮助。

（4）合作团队。除了分工要求之外，合作团队是否真的认可你的项目目标和价值？项目本身是否也能够给他们带来额外价值？在项目成功后项目牵头方在接受各方表扬的时候他们的功劳是否被提及？你的项目占用的资源是否会影响合作团队本身在开展的重要工作（甚至造成冲突）？如果没有合作团队的支持那么你的项目会举步维艰。

（5）客户。客户往往只考虑最简单的问题，即我的投入产出是多少、这个预期会不会过高。在约定的投入产出之外，你能不能让客户感知到额外的价值？如果项目的实际效果偏离目标太远，你是否会永远失去这个客户？有可行的补偿手段吗？

（6）其他利益方。被你的项目使用资源挤占的各个利益方、项目业绩和价值会影响的各个利益方（在有些情况下，你甚至要考虑你做得太好会不会让某些团队感受到威胁）都是你需要考虑的对象，但是你要抓住关键点，只考虑那些会直接影响项目执行的利益方。

7.1.3　描绘预期管理全视图

在用以上两个清单检查清楚你要考虑的因素和关键角色之后，在还没有熟练掌握预期管理工具之前，我建议你画出一张预期管理全视图，以便实时检查和管理所有人的预期走向。

这个全视图呈现形式不一，也可以做成表格形式（见表 7-1），只要能明确地把项目关键因素、可能的走向和关键角色的关系表达清楚，在项目开始前明确和管理清楚每个角色的初始预期（你对可能走向的分析在任何时候都是预期管理的一部分），然后在关键因素产生变动的时候快速检索关联的角色，及时去做预期管理即可。当然，有些时候效果可能实在太差无法管理了，你就只能默默地接受失败的结果，但是你可以通过价值预期管理来挽回上级的信任感，关键要"及时"。

表 7-1

关键角色	关键因素	关键因素状态	可能走向	可能性分析
上级，合作方，××团队	目标	达成×××（需要管理）	根据目前的资源分析，达成率可能为 80%	大概率发生
上级，××利益方	上线时间	×××时间	从目前的进展来看，按时上线的可能性较大	大概率发生

7.1.4 可能走向分析

对项目的连续性思考是保证一个项目更加可控的必要性要求，不管是之前强调过的价值管理还是现在我们在探讨的预期管理。及时让关键角色意识到事情的现有状态和未来可能的走向以及对应走向的可能性才能让他对项目的预期有完整的理解。在预期管理中，一个项目的当前预期状态和可能走向的分析构成了完整的预期信息。事情有很多种可能性，把所有情况全部考虑清楚不现实，而且也没有人愿意理解得这么复杂。所以，对项目的走向分析要掌握以下两个方法：

（1）根据关键角色的关注点确定走向分析的颗粒度。如果领导只在意具体的指标能否达成，那么你只需要给他最大可能性的成败结果分析和分析思路。如果利益方关注的是项目数据的具体值或者量级，你就需要进一步细化。但是即使细化，也只需要分析细化后的关键阈值（即哪几个关键阈值会带来影响）。

（2）走向分析的准确度与你个人的经验积累和敏感度相关，对于一项初接手的工作，你要做出准确、有效的分析是不现实的，这个时候你可以灵活地卷入关键角色一起进行走向分析，一方面借用他们的专业经验，另一方面分析的过程也是预期管理的过程。

7.1.5　巧用走向分析

为了避免走向分析过于乐观或者不准确带来二次预期管理失效，你可以在走向分析的时候先降低对方的预期，这样你就有足够的空间应对二次预期管理失效。这个技巧往往被用在对上的预期管理中，很多预期管理指的是调低领导的预期以保证最终效果能够得到更好的项目完成率评价和价值评价。对于这个技巧，我只推荐适当地巧用于提高可控性，而不提倡滥用于博取高绩效评估，长期滥用会使上级对你的信任渐渐丧失，上级会认为你的业绩都是通过降低预期来达成的。

在更高级一些的走向分析技巧运用过程中，高层级的预期管理往往涉及团队存亡、量级差异的资源，所以会有刻意提高领导预期造成完成率不高的情况，表达出目前的难点以降低未来更长期的一些预期。但你只要了解这个技巧就行，未来某一天你在遇到这个情况的时候会理解。

7.1.6　如何处理利益冲突

在关键角色中总是存在预期和利益相互冲突的不同角色，一个状态的变化可能同时造成一个预期方超出预期但另外一个预期方产生了极大的不满，这种情况如何解决？

你可以参考以下的优先级进行预期管理，优先管理和满足重要角色的预期。

（1）受损方>受益方。

（2）有具体投入的（如上级、客户）>享受成果的（如利益方）。

（3）投入资源对对方自己相对价值大的>投入资源对对方自己相对价值小的（如投入全部家当 100 万元经费的客户对你造成的麻烦肯定高过投入 1000 万元

不是自己经费的上级）。

（4）有后续长期合作的（如固定合作伙伴、团队成员）>阶段合作的（如阶段需求支持方）。

（5）上级>上上级。

你需要注意的是，这些优先级仅供参考，可以帮助你判断优先管理谁的预期，具体情况需要具体判断，不要违背明显的逻辑和道德。

在走向分析过程中，在一些情况下需要带入利益冲突可能性的分析，典型的场景就是在一个项目过程中几个利益方的诉求是冲突的，而项目的理想状况是保持一种平衡或者在一开始就约定好预期目标。如果是项目过程中发生的异常状态导致了可能已经形成利益平衡的初始预期被打破（比如，订单量大幅增加超出了客户和利益方的预期，但是对物流成本团队造成了低于预期的影响），那么我建议你求助上级，以判断是要恢复平衡还是要损失一方的利益去追求另一方的额外价值。

7.1.7 召开预期管理会议集中解决预期

以上说了这么多需要管理预期的角色和因素，当异常情况出现的时候你一定会焦头烂额，根本无法应对每一个关键角色的单独预期管理。所以，你要用好会议和及时通信工具，通过召开定期会议或者每天用文字日报将现状、走向分析集中传递给关键角色，这其实是很多项目要求写日报的本质来源。在理解了以上这些复杂的概念后，你应该知道一个项目的例行会议应该讲什么内容或者日报应该怎么写。

你需要在会议上整理这些内容并以纪要的形式详细同步给相关人员，内容包括关键因素（如订单量、目标指标）现状（是否有异常），接下来可能的预期走向（预估达标率），关于预期走向分析的补充说明。你要逐条简单、清晰地罗列，数字要准确，逻辑要清晰，要简明扼要。

7.1.8　预期管理工具

项目管理本身的事情非常多，这么复杂的一个预期管理工具一定是大家工作的巨大负担，所以接下来我再介绍一下在掌握了核心思路后，怎么把预期管理内化为自己的能力。

（1）不是所有的项目都要做预期管理，小型的并不复杂的项目或者可控性极强的项目用好项目管理的工具即可，预期管理更多使用在大型的、有大量相关方、特别重要、必须要极强控制的项目中。新手在遇到这些项目的时候一定要完整地运用以上介绍的预期管理工具，只有运用工具才能不断地增加练习预期管理的能力。

（2）在关键角色的预期管理过程中，你要刻意地记录和总结不同角色的关注点到底是什么、关注的颗粒度是什么。你要通过不断的预期管理实践积累各种角色预期状态的敏感度，逐步从预期管理表中剔除你已经有信心把握预期走向的角色，尝试拖稿管理。

（3）在走向分析和实际走向验证的过程中，你要刻意记录和总结走向分析的有效性、在不同情况下发生会带来的变化大概是什么样的，逐步提升自己的敏感性。这里与 3.2 节提到的数据敏感度的培养是一致的。

（4）创造自己在不同场景中使用的常用预期管理模板，例如，会议-会议组织规范、及时通信工具-预期管理文案模板、邮件-进展及预期管理模板、当面沟通-预期管理话术。你自己沉淀的模板才是你可以游刃有余使用的工具。

预期管理工具在内化成为你的能力之后，就能够作为你推进业务、在职场中生存的一个最有力的武器。

这一切与情商无关，都是可以学会并内化为能力的。情商的本质就是能够实时站在对方角度思考，理解对方在沟通的过程中的预期，以上的方法就是把这个过程整理成具体可执行的工具帮助任何人做好预期管理，甚至与单纯依靠情商混迹职场的人相比，你的预期管理能够更前置、更全面和更有效。

7.2 沟通和表达能力

在 7.1 节中我们知道了与相关人达成一致性预期对项目推进的重要性，有效的预期管理可以为项目提升效率、扫清障碍，反之，缺失预期管理导致的由“人”的因素带来的项目阻力往往大于“事”本身的阻力。

接下来，我们探讨一下在预期管理过程中必要的沟通和表达能力，以帮助预期管理有效地执行。

沟通和表达往往作为评估一个人软技能水平的核心要素出现在各种非技术岗位的面试必备项中，国内一些开始逐步意识到软技能重要性的“大厂”有针对性地开设了很多沟通和表达的培训课程，当然大多数的入职培训也会包含这些课程。对于活动运营来说，为什么沟通和表达能力那么重要？

非技术岗位之所以可以不依赖硬技能（例如，设计、写代码、做创意等）而具备明确的价值和存在的必要性，本质就在于在各种技术岗位之上，有大量的整合组织类的工作需要人承担，即将各技术岗位的人力、输出物和资源进行整合，负责一个整体的目标。由此可见，与人打交道占了非技术岗位至少一半的工作。既然要与人打交道，显而易见，沟通和表达能力就一定是非技术岗位的核心软技能。

大多数刚从学校毕业进入工作岗位的职场新人基本上没有沟通技巧。当然，大多数企业的入职培训都会有沟通和表达方面的培训课程，网上也有大量的沟通和表达方法论（例如，如何写邮件、如何打电话）供大家学习，但是这些培训课程和方法论大多数在教授生硬的技巧和方法，很少回归本质分析和思考，而与人沟通的环境非常复杂，不同的人在不同的语境中有不同的目的，并不是技巧和方法能够完全解决的。这就是为什么你学了那么多关于沟通和表达的技巧，但是没办法讲清楚一句话，我认为就是没有真正回归本质理解沟通和表达的意义。

基于对主流的沟通和表达方法论的研究，并结合实操的案例，我认为沟通和表达的本质是将逻辑思考表达出来。

我们可以先看看身边的案例，哪些人是被认为沟通和表达能力较强的，这些人会有一个共同的标志：沟通和表达能力强（沟通和表达高效、明确、有理有据）的人总喜欢在表达一件事情的时候，使用“因为，所以”“首先，其次”“第一，第二，第三”这样的句式。这样的句式能够让人感觉沟通高效，正是因为这些句式就是逻辑思考的表达呈现句式。在非技术岗位的面试中考核一个人的表达能力通常用一些复杂的问题（例如，你如何快速地统计一个城市的啤酒销售量），其实这类问题的答案正确与否并不重要，面试官真正要考察的是你是否有逻辑性的思考（我会从啤酒的供应链中依次着手，生产、分销、消费、回收都是关键节点，可以进行有效的统计），并且能够用逻辑性的陈述方式简单、清晰、有效地传递出你的思考结果。

由此可以看到，有效的沟通是基于有效的逻辑思考的，一个混乱的思考过程无法支撑有效的沟通（例如，你要邀请一个人开会，有效的逻辑思考前提是这个人为什么需要参加会议，与他相关和需要他决策的内容有哪些，只有这样的思考才能够让对方理解你为什么邀请他参会），这是大多数人只学习沟通工具而不掌握本质从而还是无法有效沟通的原因。

下面我们针对日常沟通和表达的三大场景（语言表达、文书表达、演示表达）介绍一些方法。当然，大多数的培训课程和方法论应该已经教过你这三个场景的各种沟通工具，但我认为工具其实并不重要，重要的是你要理解逻辑性表达如何在这三个场景中运用，以便真正理解、掌握和提升。

7.2.1　日常沟通和表达的三大场景

1. 语言表达

当面的口头沟通、电话沟通、聊天软件沟通（不管是语音还是文字）等通过片段的语言传递信息的表达方式都归属为语言表达类型。这个类型主要运用的场景为快速和有效的信息传递（例如，汇报一个项目的进展）、明确的观点表达（例如，表达一个倡导观点的因果）、高效的决策请示（例如，请领导决策一个项目推进方案）。

从这类沟通场景中可见，语言表达的核心要素是高效（沟通对象通常没有太多时间或者沟通场景不需要花太多时间）和明确（沟通的结果是明确、有效的，包括对方理解一致、抛出有效的观点、领导做出有效决策）。对于一次成功的沟通，我们需要经历以下步骤。

（1）思考必要的内容有哪些。有效沟通的第一核心原则是让对方愿意听和能听懂，不是话越多越好、越难理解越好，你要能够理解和严格执行这点就会比大多数人沟通、表达更有效。很多人喜欢用大量修饰性的语言、专业的术语、翔实的细节让自己的表达显得专业和高级，尤其在互联网行业中。这样的沟通方式完全颠倒了沟通的本质，沟通的作用方是对方而不是自己，如果对方无法听懂，也不愿意听，那么一切都是没有意义的。

思考内容必要性的有效方法是，在每次沟通之前，你要从沟通目的开始（例如，让领导快速决策、让对方知道项目进展、表达你的立场），思考哪些内容是必要的，一定要省略掉与沟通目的无关的信息。这个过程听起来很简单，但是在实际执行过程中真的很少有人能做到。例如，在典型的向领导汇报等待领导决策的场景中，你的目的是让领导有效地做出决定而不是了解所有项目细节信息，所以应该只说领导在决策时需要考虑的优势和劣势因素。

（2）用平铺直叙的叙事方式。平铺直叙就是流水账，只需要简单、直白地传递信息，任何修饰都是多余的。你要习惯这样的沟通过程，找机会观摩一些高层领导的汇报（因为时间有限，汇报目的较多所以不会有任何多余的内容）。

（3）用逻辑性表达。沟通的有效性一方面来自必要的信息，另一方面来自逻辑性的表达。因为逻辑性的表达能够代替听众完成逻辑推演，让他们在直接了解最终结论的同时理解结论的由来（知道了和知道为什么了）。逻辑性表达和无组织表达的差异主要是表达的过程是否传递了现成的逻辑。在逻辑性表达的过程中为了提高效率，第一时间传递最核心的结论，我们一般倒叙阐述逻辑，即结果—原因。下面感知一下这两种表达的差异：①专题活动的流量引入效果很差，商品销售表现不佳，我们准备减少这个专题活动的流量投入（听众需要自行组织逻辑，对于更复杂的场景组织成本还会更高）；②我们准备减少这个专题活动的流量投入，因为为这个活动投入的流量引入效果很差，导致商品销售不好（听众知道了结论和原因，他们知道自己应该如何介入，是阻止这个决定还是提供流量优化支持）。

我建议在一开始时对重要的沟通场景都提前执行以上步骤，准备好沟通的内容和逻辑，感知有效的逻辑性表达带来的效果提升，通过以上步骤逐步让逻辑性表达形成习惯。

如何评估和感知自己的语言表达能力？你可以参考沟通和表达中最经典的麦肯锡的电梯 30 秒理论，看看能否从电梯关门到领导走出电梯的 30 秒内完成有效的语言表达并且达到预期的效果。你可以多尝试几次，如果还做不到就多套用模板练习，直到 30 秒内能够表达任何复杂的概念。

2. 文书表达

与语言表达相比，文书表达需要承载更多的信息，文书表达的作用一般是备查和同步复杂的文档，同时可以更加正式的通知。因为文书表达需要具有更完整的信息、严谨的逻辑和明确的诉求，所以文书表达需要在逻辑呈现上再进一步解决由于内容量增加带来的阅读和检索成本问题。邮件是我们最常接触的文书表达场景，下面是一种最基础的邮件沟通方法。

1）整体遵循逻辑倒叙表达

虽然文书表达的内容扩充了，但是其逻辑体现的模式还是与语言表达一致，都是要用倒叙将完整的逻辑呈现出来，而不是用一堆无序的内容堆叠。包含接收者第一时间看到的邮件标题在内，邮件全文需要使用循序渐进的标题组织各层级的内容。由两种基本逻辑演进出来的邮件模板如下：

（1）演绎。邮件标题是结论和诉求（例如，本季度指标完成或请××领导决策）。因为标题空间的局限性，所以第一个模块一般放置提炼的邮件内容，作用和标题一致，但是相对完整地把演绎的结论、核心的诉求传递出来。接下来，每个模块都是循序渐进的逻辑体现，其实与语言表达是一致的，每次的推演都是每个模块的标题，标题之下就是支撑推演的更多信息。

（2）归纳。归纳和演绎不同的地方是标题和头部提炼的内容要体现归纳的结论。更重要的是，使用归纳逻辑的邮件需要考虑提炼之后的各个模块内容是不是都具备归纳的共性，如果不具备就需要检查这个内容是不是应该出现在这里或者是不是归纳出现了问题。

邮件沟通形式的一种特殊情况是在固定周期输出邮件内容（比如周报），因为收件人对邮件内容和格式已经有了既定的认知，所以标题一般用来标记期数，内容可以适当弱化逻辑而强化信息传递。

2）满足检索信息的需求

一封逻辑严谨的邮件不一定是一封好的邮件，为什么？因为不管是领导、同事还是客户他们基本上都不会看完你的邮件，除了核心内容以外，他们只想了解自己需要的内容（例如，领导只想知道结果而不在意细节，同事只关心执行的方案和需要配合的动作，客户只关注报价）。所以，你的邮件（或者任何文书）还需要具备良好的检索性和易读性，进一步提升有效沟通的效果。以下的方法可以提升检索性：

（1）在提炼内容后第一时间罗列出全文的检索清单（目录）。

（2）清单和目录最好也能够体现逻辑性。

（3）逻辑性依靠小节标题对小节内容的提炼实现。

（4）标注必要的关注人。

以上就是撰写一封有效的邮件（文书）的基本模式，当然专业和复杂的场景会有更多的要求，但清晰传递的本质就是以上的内容，再复杂的沟通场景都不会脱离这些基本模式，你可以利用更多模板实现更复杂的文书撰写，但是要注意在使用模板时要带着原理思考，只思考有没有有效地完成沟通。

3. 演示表达

撰写 PPT 和演讲是演示表达的主要场景，基本上也是我们会接触的唯一场景。之所以有演示表达场景存在，是因为当我们传递庞大、复杂概念的时候，文书表达需要听众理解复杂的逻辑，这本身是一种不可控的过程（即使你做了标注，你也不能确定对方是否真的理解或者关注到重点）。所以演示表达形式就产生了，结合了语言表达的灵活性和文书表达的全面性，形成了一种沟通和表达的终极形态：语言辅助提炼的逻辑展示。

1）演示表达需要具备的核心点

既然要综合语言表达和文书表达的优势，演示表达（也就是写 PPT 的过程）

就需要具备以下几个核心点。

（1）逻辑性呈现。逻辑性呈现是沟通和表达的基础，是 PPT 从头到尾都需要遵循的规则，不呈现逻辑性的 PPT 一定是无效的。与文书表达类似：

① PPT 的主题和标题就是逻辑的结论。

② PPT 的开头要先做高度的提炼。

③ 每个章节都是逻辑的构成（演绎的步骤或者归纳的元素）。

④ 每页的组织也是逻辑的体现，标题就是结论（内容演绎出来的结论或者内容归纳出来的共性）——一个常常困扰写 PPT 人的问题（不会写标题）在这里得到了解答。

（2）易读性。我们使用演示表达而不使用文书表达的意义主要是文书表达需要传递的内容太多，无法实现有效沟通，所以撰写 PPT 的一个原则就是不写任何不必要的内容，只写必要的推导内容和必要的备注。同时，尽量使呈现的内容可视化（例如，表格、逻辑图等），尽量降低阅读和理解成本。

（3）呈现与讲述的配合。在基本逻辑由内容最简化呈现以后，我们需要结合语言做两件事情：①串联内容，构成完整逻辑；②强化重点，保证有效传递。

脱离了语言的演示表达内容是不完整的，虽然在很多场景中我们会把 PPT 直接发出来当作文书表达材料，但是这其实并不是一种严谨的表达方法（除非你的 PPT 毫无精简，只是完整粘贴了文本的内容），只是为了节省时间（既然已经写了 PPT）。如果脱离了演讲，那么我建议你尽量用邮件和文档，在文件里面也可以用可视化的呈现形式。

2）PPT 撰写和演示技巧

（1）你在写 PPT 时可以先按照文书表达写内容，在逻辑性和内容写清楚后，剩下的就是美化和排版。这是最高效地写 PPT 的方式（很多人教你在写 PPT 时先写大纲，但是效率不高，因为他们只讲了一半，你要构建逻辑而不只是写大纲）。

（2）基于已有的文本框架，把在 PPT 呈现里省略的内容或者可以用语言陈述的内容放到备注里，一方面可以在演讲时备用，另一方面 PPT 也可以作为完整的参考材料用于分享。

（3）PPT 演示的关键是预测观众可能的反应，时时努力让他们集中注意力，激起他们接受你的信息的热情。这需要内容和演讲的良好配合。

（4）PPT 呈现的是经过深思熟虑后的故事梗概和剧本，而不是“无脑”的文书搬迁。

（5）在 PPT 中图表应该占 90%，文字占 10%；在说明 PPT 的框架结构，强调重要的思想、观点、结论、论点、建议或采取措施时使用文字；在需要大幅文字说明数据关系时使用图表。

（6）PPT 只是视觉辅助，主要作用是让演示更加生动，所说的和演示的应该有明显区别。

（7）文字一定不要用在可以口头传递的转折性或者介绍性语言上。

（8）一张 PPT（一组或者一个思想）只说明一个论点。

（9）论点要使用完整陈述句，而不要用标题性语言。

（10）文字要尽量简短。

（11）术语专业、堆砌行话、晦涩难懂不是好的 PPT。

7.2.2 沟通的原则

在介绍完基本的沟通和表达能力之后，在能够有效沟通的基础上，下面适当地给出一些来源于心理学和谈判学的高级沟通的引子。活动运营不需要真的成为一个谈判专家，但是要能够适当地理解一些核心原则，这些原则在日常工作中会对沟通过程起到很大的作用。

基于可实操运用和简单易懂的原则，以下介绍五个你可以理解和直接使用的高级沟通原则：

（1）登门槛谈判原则。先提出高于自己目的的一个条件，提高对方预期，再表现出很为难的妥协，最终达成心理预期目的，双方都会很满意这个谈判结果。

（2）关联喜好原则。人们在喜欢一个人后就会很容易喜欢他的任何观点，反之亦然，如果你要与一个难缠的人谈判，那么尽量想办法让他接受和喜欢你（让他觉得你和他是一类人是一种有效的方式）。

（3）一致性原则。人们喜欢保持一致，如果一个人之前得出了一个结论，那么他在接下来会坚持这个结论，哪怕欺骗自己。所以，如果你希望一个人接受和支持你的观点，那么最好的办法是让他自己说出来。同样，你如果要改变一个固执的人的观点，那么本质上要让他意识到他原来的观点是错误的。

（4）好坏原则。你如果把好消息分开说，就能给别人带来更大的喜悦感。你如果把坏消息集中说，就能尽量减少别人不好的感受。

（5）相对感知原则。理解这个汇报考试成绩的段子你就能懂——如何让你爸不会因为你挂科而生气？“爸，我出车祸了，躺在医院，我这个学期有一门考试挂科了……其实除了挂科都是骗你的”。

很多人喜欢把沟通与表达能力和情商挂钩，但这是两件事，情商的主要作用是让对方感觉好受，而沟通、表达是为了清晰、有效地传递信息。情商高固然能够让沟通过程更顺畅，但是要想成为有效沟通的人，就需要基于以上的各种原理和方法进行练习，这个过程一定是后天努力形成的，而不是天生的，所以你也一定可以做到。

第8章

关于效率的能力

作为在业务中冲在最前方的角色，活动运营往往要在短期内切入一个全新的领域，熟练掌握一个领域的核心方法论，带领业务探索和突破。不管是基于业务的新市场切入，还是基于个人的新运营手段运用，快速切入一个领域掌握核心模型都是活动运营非常必要的一个能力，即快速学习能力。

快速学习能力应该作为一个非技术岗位的核心能力对待，因为快速学习不仅可以帮助你在业务上快速切入全新领域（例如，帮助一个手机的品牌商做一场专业的被用户认可的专题营销活动），而且对于个人职业生涯来说，在快速转型等关键节点也会非常有用（例如，可以让你快速着手一项全新的工作，在不懂快速学习的同事中脱颖而出），甚至在你的日常生活中也会起作用（例如，快速了解相机行业可以帮助你合理决策购买款式）。

关于快速学习能力有非常多的现成方法论，但大多数方法论都脱离本质、浮于表面，纠结于具体的公式和模板，用各种专业的概念形成庞大的理论体系（甚至有几十万字的相关书籍）。其实快速学习能力并不难掌握，你只需要理解一些简单的方法，持续练习。在此提供给你的是关于快速学习的核心本质、方法，我并不推荐浪费时间拓展学习。

效率，一直是我非常在意和关注的一个话题。效率是一个人的生产力、价值、能力的直接体现。在探讨一切工作方法论专业知识之前，如果你希望自己的职业生涯能够阶跃式的发展，那么你要首先让自己的效率同步阶跃式的提升。

对我来说，比别人用更少的工作获得更多收获是一件很酷的事情，这将是我毕生的追求。

效率提升会伴随你的职业生涯的各个阶段，基本上分为三个阶段，代表着从职场新人开始不断阶跃式突破的三个阶段：

（1）用一些方法先从执行和计件工作中脱离出来。

（2）培养一些习惯让自己能够承担和操盘更多更复杂的事情。

（3）转变核心思维、找到一些为人的基本原则，让越来越多的人和趋势助你前行。

本章将会从快速学习和高效工作两个角度为你分析如何成为一个效率高的活动运营。

8.1 快速学习能力

首先理解快速学习的本质，快速学习的目的是有效而不是完美。

快速学习可以帮助你快速理解一个领域的本质和核心模型，以解决最主要的问题（追求有效，点到即止，解决问题），掌握在这个领域中起到 80%作用的那 20%的知识，而不是去纠结只起到 20%作用的那 80%的旁枝末节的内容（追求完美，精益求精，行业顶尖）。对于活动运营来说，基于一开始的定义（综合技能的非技术岗位），需要的所有技能都应该是追求有效的（例如，交互的基本原则、代码运作的基本原理、营销的基本方法），要把更专业的工作（例如，复杂的交互工作）交给各个领域的专家。

在以上定义的基础上，快速学习有两个层面的含义：

（1）在最短的时间内掌握一个领域的核心方法论。

（2）进行知识体系构建。

8.1.1 如何在最短的时间内掌握一个领域的核心方法论

在时间和效率要求下，我们需要快速地研究透彻一个领域或者一个庞大的知识体系，学习效率是需要考虑的核心因素，如何最快速地抓住核心而不受多余信息干扰？

你可以思考一下日常生活中的案例，在什么时候人的学习效率是最高的？

如果让你学习一个具体领域的知识，这时你会面对这样一些问题：我应该从哪里着手？无法记住大量的内容怎么办？我是否正确理解了所学的知识点？这些问题会导致你的学习效率非常低下，我相信你应该感同身受。

当你家的 Wi-Fi 断网时，你为了尽快恢复有网络的生活，会想尽办法基于“Wi-Fi 断网怎么办”这样一个问题去网上搜索各种解决方案，打电话咨询朋友，不断地尝试各种办法，直到解决这个问题。在这个过程结束后，你可能会知道什么叫调制解调器、什么叫路由器、它们的作用是什么、带宽和下载速度的关系如何，就成了半个通信入门专家了（实际上这些就是通信领域实用层面最重要和基础的知识）。其实这就是我定义的有效的学习过程。

人在面对具体的问题，带着问题搜集信息并尝试解决问题的时候学习效率是最高的，因为在这个过程中你不会纠结如何着手（解决问题的信息来源显而易见）、无法记住（需要记住的只是与解决问题相关的内容）或者是否正确（即刻的尝试和验证可以保证你正确地掌握知识）。你要带着明确的目的搜集信息，抓住解决问题的本质（知识最重要的内核就是能够解决问题的部分），实际尝试和验证。

所以，在最短的时间内掌握一个领域的核心方法论要基于实际的具体问题进行学习。

当然，我们还要面对比修复 Wi-Fi 更复杂的学习任务，所以还需要再对这个过程进行详细一些的拆解，掌握一个快速学习的标准方法论。

1. 基于实操得出问题

你如果想了解一个领域，就尽快实践，即使从 0 基础开始也完全没问题，这反倒能够逼迫你更快速、更有效地学习。你如果没有实践的机会就要自己创造，比如你如果想研究股票就尽快找模拟投资软件操作，如果想研究产品策划就直接参考一份 PRD 模板尝试撰写，如果想学习 PS 操作就立刻找几张照片开始修图。

当你实践后，具体的问题就会开始出现。比如，股价的 K 线图要怎么读？产品逻辑图要怎么画？如何磨皮可以让女朋友看上去肤质好一些，基于这些具体的问题，学习的过程就真正开始了。你需要开始搜集可能解决这些问题的相关信息，也就涉及几个快速学习的关键方法和能力。

2. 基于问题的信息搜集

随着互联网行业的发展，人们具备了基于全人类知识库搜集信息、解决问题的能力，打开百度输入问题的过程替代了以往成本极高的翻找书籍、咨询专家的过程，你可以咨询和查找的信息量级接近无限大。但也正因为无限大，海量的噪声信息充满了你的电脑屏幕，有价值的正确的知识被埋得越来越深。在这样的背景下，有人定义了“搜商”这种全新的、并行于智商和情商之外的能力（虽然还没有被广泛认可）。搜商代表了人们基于具体的问题搜集有效信息的能力，有三个层次的含义：

（1）搜商代表了人们运用搜索引擎的能力。人们能够把自己面对的模糊的问题有效地转化为搜索关键词，找到有效的信息，例如，你在学习 PS 的过程中，遇到了想要把女朋友腿拉长的问题，你应该怎么设置你的搜索关键词？是“如何把腿 P 长”“PS 如何把腿 P 长”，还是“P 腿工具”？你应该知道哪个搜索关键词能够帮助你找到有效的信息，并判断搜索引擎中哪些是有效信息。

（2）搜商是指综合运用信息搜集工具的能力。除了百度以外，在面对具体的问题时你要知道哪些专业论坛可以解答你的问题、哪些专家可能知道答案、哪些书籍可能存在有效的知识。当从哪里获取有效知识这个问题的答案本身不明确的时候，你应该先有效地解决这个问题（例如，你要知道哪些朋友可能知道哪些渠道有必要的信息），并判断对应搜索工具中哪些是有效的。

（3）搜商是指更广义的搜集信息、整合资源、解决问题的能力。

如何提升自己的搜商？首先，搜商确实是一种习惯和能力，而不是一个方法，需要日常的练习。

你可以观察身边的人，搜商高的人其实往往是一些内向、不擅于交际的人。当遇到问题时他们一般不好意思开口求助或者咨询他人，所以只能依靠自己搜集信息解决，大量这样的过程培养了他们以上三个层次的搜商能力。搜商最差的一些人是在遇到任何问题时都习惯开口求助和咨询他人的人，他们喜欢得到现成的答案，虽然在某些场景下你确实应该这样更直接地解决问题，但是你如果习惯了这样的过程就会丧失很多自我搜集信息、判断有效性和验证的机会，久而久之你的搜商就会低下，你的解决问题能力就会与别人拉开差距。

所以，不管你是什么类型的人，永远都不要问能够用百度检索到的问题。你要先记住这个基本的职场技巧，尽量自己搜集信息解决问题，培养自己的搜商，这将会成为你快速解决问题的核心能力。

3. 速读能力的提升

在基于具体问题的信息搜集之后，你需要进一步结合速读能力从大量的文章、书籍等内容中提炼出最关键、最有效的信息，以达成在最短时间内掌握一个领域核心知识的目的。速读能力的基础来自中学时在语文课上我们做过的大量阅读理解，在那个时候我们也许只是抱着应对考试的目的在锻炼一种正确提炼中心思想的能力。但是基于快速理解核心知识的实际运用目的，阅读理解教会了我们最重要的两个能力。

（1）理解一篇文章的结构模式。序言阐述背景—案例建立基础理解—分析部分进行案例拆解—核心是结论部分。所以，你只要掌握了文章的主要结构就能够快速定位出文章的核心内容大概会出现在什么位置，也就知道了核心结论部分是你真正需要掌握的而其他部分的内容仅是补充。当然，文章的主要结构还有很多种模式，一些专门进行方法论和理论阐述的文章一般也会把核心结论提炼到头部便于阅读，如果你对文章的基本结构不熟悉，那么可以适当回顾一些当年学习的阅读理解方法。

（2）正确理解文章的主要观点。为什么阅读理解的题目能够难住那么多考生？正是因为受到作者的写作能力和写作目的限制，并不是所有文章都能够清晰、准确地把核心结论和观点呈现出来，甚至有一些文章还刻意地进行了艺术加工，用更模糊的手段传递这些信息。所以，有效和正确剥离核心结论以及观点的能力决定了快速学习能力的有效性。对于提升提炼中心思想的能力，没有捷径，中学语文老师也教过了方法，只能多看，然后尝试写一个文章的核心观点。

非艺术作品类的大多数文章的有效信息都是明确的、直观的，掌握快速学习能力并不难，也无须专门学习复杂的方法论，只有一个最简单的方法，以一本书/文章为例，先看与目录/标题匹配的信息范围—略过各种案例、推导和背景—找到核心总结段落。对于任何图形化展示的内容，在阅读核心内容后你要有限浏览以加深对核心内容的理解。如果对核心内容存疑或者理解有偏差，那么你要按下面的次序回顾内容：案例—推导—背景。

只要结合信息搜集和速读能力，你就能够具备基于任何具体问题的快速学习能力，通过即刻的实践并发现问题，就是我们需要掌握的第一种快速学习能力。但这样的快速学习能力一般只能解决实践过程中的单点问题，掌握的是具体领域部分的核心方法论。当我们面对一些更复杂的场景（例如，要快速解决复杂的问题、要快速熟悉一个全新领域的工作）时，我们需要依赖快速学习能力帮助我们掌握一个领域更加完整的核心知识，以应对未来会面对的各种具体问题。能够将领域内的各种知识提炼、归纳形成知识体系的意识和能力是我们所需要的。

8.1.2　如何进行知识体系构建

在 6.1 节中介绍过一个有意思的现象，那些花费很少工夫学习，但是成绩很好的“学霸”的共性是，他们有构建知识体系的习惯，能够不断地把从一个领域中学到的知识提炼成核心内容，构建成完整的知识体系，对这个领域形成全面的理解，并从本质上解决一个领域的具体问题。

这就是为什么构建知识体系是真正的快速学习能力的内核。

构建知识体系是一种习惯，而并不是复杂的方法论或者能力，你只需要在一个连续的学习过程中不断有意识地做以下的事情：

（1）当开始了解一个全新领域的时候，你要在第一时间画出你所理解的这个领域的知识体系框架。例如，你如果想学习投资股票，就应该画出一张罗列出股票市场运作原理、影响股票行情的信息来源、判断一支股票基本情况的框架、通过什么操作工具进入股票市场的逻辑图，这张逻辑图体现了你如何通过信息搜集和股票基本信息的判断做出投资决策，如何通过操作工具进入市场，如何通过运作原理实现赢利的逻辑。当然，你在这个阶段对该领域的知识体系理解得往往并不全面或者是错误的，但是梳理一个框架能够帮助你找到具体的着手点，并从一开始就带着构建框架的意识寻找核心知识。

（2）基于一个初始的知识体系框架，你就可以开始填充体系内的关键信息，把每一个信息的填充当作一个具体的问题处理，利用快速学习能力快速、有效地找到关键知识。在逐步理解这些关键知识的过程中，你的体系也在不断地完善和变化。

（3）知识体系搭建的过程是填空—修正—填空的反复过程。

（4）在经过以上的过程后，你会掌握一个完整和经过填充的具体领域知识体系，但是这个知识体系到目前为止只是简单的填充，你对这个领域的理解还是零散的、表面的。

（5）对这个知识体系进行自我提炼和重构。你要重新审视这个知识体系，思考每个关键知识之间的运作关系，并问自己以下几个问题：驱动这个体系运作的最本质的内核知识是哪些（比如，如果你要学习 PS，那么你应该在这个过程中理解 PS 的核心运作机制是为不同的图层附加不同的效果，在叠加之后形成整体效果）？它们之间的运作关系是什么？这个知识体系里哪些不是核心的知识而是表面的结果（例如，在学习 PS 时你学到了滤镜知识，你应该理解即使滤镜再多也只是给一个图层增加了一种效果）？通过思考这几个问题，你可以将知识体系进行回归本质的提炼和逻辑串联，真正掌握一个领域的核心知识体系。

（6）通过实操的问题验证这个体系的有效性（实际处理一张图，看看对不同图层添加不同的效果能否解决你的问题），并不断完善。

你如果能够坚持在每一个新领域学习的过程中执行以上的过程，就能够逐步形成构建知识体系的习惯，这个习惯将会极大地提升你的快速学习能力。

8.2 高效工作能力

8.2.1 效率提升阶段一：用一些方法脱离执行的苦海

新人在初入职场时，没有经验、没有话语权，执行和交作业充斥着每天的工作时间，整天忙到没有时间吃饭，加班到半夜。基本上这是互联网行业新人的经历。很多人在工作两三年后仍然不能走出这个循环，痛苦无比，最终只能寻找“这份工作不适合我”的心理“出口”，离开，又到下一个同样的环境中继续痛苦。

你要尽快脱离执行和被动工作的循环，拯救自己的职业生涯，以下是一些立竿见影的方法。

1. 对于足够紧急的事情，别人总能找到你

开始改变的第一步就是想办法给自己凑更多的连续时间，你要先从每天的工作时间用于各种“垃圾”沟通，只有晚上才能处理自己的工作这样的节奏中走出来。

“垃圾”沟通有很多，这是真实存在的。不清楚自己目标的产品经理、让你帮他干活的老员工、时间管理混乱的项目经理存在于大大小小的互联网公司。新人们往往承受着这些低效“垃圾”沟通带来的最终影响。

你要明白一个道理：如果一件事情足够紧急，那么对方一定会想办法即刻找到你。

所以，你要每天规划好统一的处理信息的时间，只在这个时间段内收集、整理信息，梳理成待跟进的项目，并记录下来，按照优先级逐步处理。你要尽量形成更多整块的时间，用于处理真正重要的事情。你不需要随时响应所有需求，它们会把你的时间打碎。对于真正紧急的事情，对方不会只给你留言，一定会千方百计地找到你。

时间就像钻石，0.1 克拉以下的统称碎钻，价值很低。

阅读微信信息、阅读邮件、打电话等任何沟通都是获取信息。你要把获取和处理信息当作一件事情，在一天内同样用整块的时间统一处理。你只要形成了这个习惯，“垃圾”沟通就会越来越少，你就能踏出效率提升的第一步。

2. 当面沟通

当面沟通是唯一能够完整、准确传递信息的形式。当然，每种沟通工具都有自己的使用场景和方法，有很多标准课程可以学习。新人在游刃有余地运用

各种沟通工具之前，不要省几分钟走路的力气，尽量当面沟通。

下面是两个典型场景：

（1）一个产品出现了BUG，运营在群里提出问题，过了很久产品经理提出解决方案，又过了很久，后端工程师说要前端工程师先改代码他才能改代码，过了一会儿前端工程师回复现在在处理其他需求没有空，半个小时就过去了。这明明可以是直接把相关人叫到一起，五分钟就可以达成共识的事情。你会觉得以上就是一句正确的废话，但是这样的“垃圾”沟通场景却在不断地出现。

（2）针对一个项目方案的细节，参与项目的各方人员在微信群里沟通了半天也没有达成共识，然后大家就各忙各的，最后达成了共识，要开会讨论。之后大家互相等待，当人员齐备后，开始聊天、争论。

对于任何需要马上达成共识的事情，你一定要第一时间从座位上站起来，找到对方，围绕目标话题快速沟通。

3. 磨刀不误砍柴工

磨刀不误砍柴工这个道理我们都已经懂了，但是重要的不是道理，而是用什么方法保证“磨刀到位”。下面是一个问题清单，你一定要形成在任何事情开始之前都能够花20分钟写下来和想清楚这些问题的习惯，你如果不能回答这些问题就意味着“磨刀不够”。

（1）事情的目标是什么？我与上级和合作伙伴的理解是否一致？

（2）如果事情成功了，那么我接下来要怎么做？

（3）如果事情失败了，那么我接下来要怎么做？

（4）如果出现了一些风险（根据具体情况），那么我将如何应对？

4. 利用好预期管理

不管是上级的预期还是合作伙伴的预期，你都要把管理预期当作一件有成本的事情，纳入你的优先级考虑清单。典型场景是如果一个项目遇到了上线风险的问题或者出现了BUG，那么你不能只考虑如何解决问题和不择手段地让项目按时上线。你要考虑如果项目如期上线，那么需要付出的额外成本是×××，获得的是什么。如果项目要放弃或者延期，那么其中一个成本是说服领导和合作伙伴（有多难），获得的又是什么。你要综合考虑，有些时候延期几天或者放弃项目是更好的选择。

5. 建立自己的底线

你要建立和守住自己的底线（也可以叫个人边界）。新人容易被欺负、被安排很多不应该做和无效的事情，这是客观存在的现象。大多数人会走入两个极端，一直隐忍或者偷奸耍滑、暴力抗拒。如果你选择前者那么你会越来越忙，把很多时间投入在无效的事情上，如果你选择后者那么在职场中会难以生存。

正确的方式是你一定要明确底线是什么，在底线第一次被触碰的时候，你要明确和职业化（不要掺杂情绪）地表达你的底线不可触碰，且尽量让更多人知道和见证这个过程。你只有有意识地暴露自己的底线，别人才会知道你的底线是什么，以后就会刻意地避开。你一定不要做一个老好人，一直逆来顺受，可以尝试一次公开拒绝（虽然可能会造成一些负面影响，但是会得到别人对你的底线的尊重）。

8.2.2　效率提升阶段二：用一些习惯驱动个人效率提升

当你从新人进入下一个阶段，成为具有话语权的团队骨干或者管理者后，你面对的问题就变成了时间不够用，每天都在应对各种工作汇报。效率提升在这个阶段变成了如何让时间管理更可控，能够承接更多的事情。能不能够承接更多的事情产出更多的价值，就意味着你能不能再往下走。

1. 用连续的时间处理重要、不紧急的项目

你一定听说过很多重要、不重要和紧急、不紧急的项目管理方法，但是大多数人还是找不到这个方法真正有用的地方，每天还是陷入各种紧急事情的处理中。

你可以仔细地思考一下每天为什么都有那么多所谓的紧急的小事不断地出现，大多数还是来源于你没有提前处理重要、不紧急的项目，经过时间的流逝它们就变成了重要、紧急的项目。比如，老板上周就要求你提交的报告。为什

么上周不写？因为上周在写一个本来上上周就可以提前写的方案。

这与拖延症并没有太大的关系，归根结底是工作思路和习惯的问题。

你在每天工作效率最高、时间最连续的时候，需要优先处理的并不是重要、紧急的事情，而是重要、不紧急的项目（在高能效人士中叫第二类项目）。如果你现在有 1 小时连续的时间，那么我建议你在条件允许的情况下，先做下周要交的作业，再用一些额外的时间处理今晚要提交的重要作业。听上去不可思议，但是你琢磨一下，重要、紧急的事情（第一类项目）确实是来自重要、不紧急的事情，提前处理第二类项目就意味着第一类项目会逐渐减少，从而形成良性循环。

所以，你要养成用连续时间优先处理第二类项目的习惯，慢慢感受时间越来越充裕和可控的快感。

2. 细化自己的时间管理

大多数人应该都有自己的日程表，即每周做什么事情、每天做什么事情。提前计划是一个很好的习惯。当更多的事情、更多的沟通、更大的压力袭来的时候，你会发现只罗列今天要做什么事情会产生两种情况：①事情其实很快就做完了，出现了很多空闲时间。②某件事情处理起来比想象中复杂得多，占用了很多时间，导致今天堆积和拖延了大量事情。

你要细化自己的时间管理，即使你现在还不是一个公司的领导，也不妨碍你明确明天下午将会用 1 小时 20 分处理一个方案。即使你一天没有那么多事情，也可以开始培养这个习惯，你甚至可以把娱乐的项目纳入时间管理中。

养成细化时间管理的习惯（越细越好）的好处是驱动你自己不断地思考处理一件事情的实际时间成本和如何提高效率，经过一段时间后你对各种类型项目的处理时间预估会逐步精确和更高效，也就意味着你对时间管理的可控性会极大提升。时间管理可控性的提升，就是时间管理需要的唯一的最重要的能力。

从我的实际经验来看，形成细化管理时间这个习惯并坚持下去真的已经完全够用。

3. 追求简单和有效

在第二阶段的所有管理者、骨干员工、优秀员工应该认真消化和思考这样一个理论：事情并不是越复杂越好的，追求简单和追求有效是相辅相成的。这个理论是个人在第二阶段关于效率提升的中心思想。

同样，你要形成一个习惯，定期问自己：在这里要做的最简单、最有效的事情是什么？我是否又陷入了复杂的漩涡？

这样一个习惯会让我们得到以下结果：

（1）持续动脑思考，不陷入表面上看起来很忙（例如，整天加班）但实际上在偷懒（例如，不动脑）。

（2）讲简单、清楚的话，表达具体、明确的观点，不啰嗦，不绕弯，让对象听清楚。

（3）在思考事情简单、有效的过程中，最重要的环节就是要想清楚自己的目的是什么，在开始做一件事情之前，你要先理解最终想要达到的真正目的，还要弄清楚这件事情是否也能达到利益相关者的预期。

（4）去除形式化，不断深挖事情的本质和效果，能够当面用 5 分钟说清楚的事情就不需要开一个正式的、无意义的会议。

你要立志做一个简单和效率专家，讲简单但直击人心的话，做简单、有效的汇报，最有效地管理和做事，要和大多数没有真正思考而在忙碌的人不断地拉开差距。

8.2.3　效率提升阶段三：从更多人和趋势的帮助中受益

效率提升进入下一个阶段，方法论已经不是这个阶段的重点。当进入新的阶段时，个人的线性效率提升已经不再足以支撑事情、义务、责任的质变。你需要借助更多人的帮助和趋势的红利达到个人效能的指数爆发。一些经典理论称之为从个人领域成功到公众领域成功的转换。

这样的转换需要从本质的个人原则和理念转换来驱动。你首先要相信无论世界多么复杂，真善美始终都主导着人类文明史的发展，也主导着所有事物的发展变化。

1. 能够被人影响的人才能影响更多人

你如果希望得到更多人的帮助，那么先要变成一个能够影响更多人的个体。要想影响更多人首先考虑的不是有多少个人魅力或者能够讲出多少大道理，而是你是否愿意被人所影响。

你只有尝试倾听、理解他人，从他人的角度看一个问题，才能够形成有效的沟通，开启双赢的局面。

2. 让双赢思维主导你的决策过程

首先，你要从对方的角度看问题，真正地理解对方的想法、需求和顾虑，有时甚至要比对方理解得更透彻。其次，你要认清主要问题（追求共性目标而非各自的立场），再次确定大家都能接受的结果，最后寻找实现这种结果的各种可能途径。

你对双赢的态度越坚持、越真诚、越积极、越投入，你对他人的影响就越大。

下面介绍一个我经常在团队内强调的理念，PK 不是我一定要把你打倒或者否定你的观点，而是取得共识的过程，真正想要主导项目方向的人会主动 PK 以取得共识。你觉得呢？

3. 经营自己的品牌

“我就做自己，从不在意别人对我的看法”，这个想法很酷，没错，但需要升级为“我就做我自己，但要形成我的个人品牌，刻意地抢占周围人的心智”。

你要把自己当作一个品牌来运作，刻意关注和了解在当下的平台和环境中人们对你的认知，运用定位理论经营你的品牌，抢占你在人们心智中的第一位置：专业的第一品牌、职业经理人的第一品牌、蹦迪的第一品牌、创意的第一品牌。

你的品牌就是你的用户价值，你有用户价值意味着就有话语权，话语权就是影响力，影响力就是效率势能。

4. 个人价值观和职业的绑定

你的个人价值观是什么？你是否思考过这个问题？

你的真诚、正直、诚信是否在职场中产生了动摇？你是否因为怕吃亏、怕背锅、怕掉坑妥协了？

（1）你要坚持自己的个人价值观和基本品质，并与自己的职业生涯绑定，不断地帮助自己积攒人际势能，这样你的效能将会达到更高的阶段。吃一些小亏与积攒势能相比是很小的成本。

（2）你要永远坚持真诚，不怕吃亏，聪明地观察和思考周围的环境，不要用虚假回应虚假。你也要让更多的人知道你用真诚回应虚假的这个过程（即使会吃一些小亏），你会逐步获得势能，而对方会逐步失去势能。

（3）你要永远诚信，让承诺值钱，让每一个时间点的约定生效，不要用不靠谱回应不靠谱。同样，你也要让更多的人知道你用诚信回应不靠谱的这个过程，你会逐步积累信用势能，对方会逐步失去信用势能。

（4）你要永远正直，时时刻刻保持正直，让每一次正直的行为巩固自己坚持正直的信心，不要用偷奸耍滑回应偷奸耍滑。逐步积累正直的人格势能，相信能够帮到你很多。

（5）你永远不要学一些教你暂时避免职场吃亏（比如，怎么巧妙地避免责任）的违背基本原则和价值观的所谓方法论，即使很多人在这么做，即使有些人在表面上取得了成功。

第 9 章

业务敏感性

为什么你的身边有些人被称为活动运营“大神”、专家、老师傅？因为在大家面对一个业务问题一筹莫展的时候，他们能够通过一个小的数据或者用户特征一针见血地指出核心问题所在。

也许你会说这是日积月累的经验带来的，但是工作时间和他们一样的人有很多，为什么只有他们能够做到不依靠复杂的工具或者数据分析过程准确地抓住关键点？因为他们具备非技术岗位的一个终极软技能——业务敏感性。

业务敏感性是一种对与业务相关的用户、数据等深刻理解的能力，通过大量的案例沉淀总结形成的洞察力。业务敏感性可以通过有针对性的锻炼获得，被动地通过时间沉淀重复和无思考的工作经验无法为你带来真正的业务敏感性。

本章介绍了活动运营最常用的两种业务敏感性（用户洞察敏感性和数据敏感性）的练习过程，如果你的工作还需要练习其他必要的敏感性，那么你可以参考这两个过程开始有意识地锻炼，敏感性将会帮助你形成核心业务能力。

9.1 用户洞察敏感性

使用强大的洞察力可以掌握用户的喜好和倾向，创造优秀的产品、优秀的策划案、优秀的体验是易如反掌的。

很多方法论把用户洞察等同于用户研究与分析，倡导通过大数据分析掌握用户动态，以用户画像代替具体的个体指导业务走向，这个解读是不负责任和形式化的。

用户洞察与用户研究与分析是不一样的，用户洞察把人当作人，而不是当作数据或者指标。

用户研究与分析是一种工具和方法，在大多数情境下用于帮助业务解决一些线性增长的问题，例如，挖掘潜在的额外的 20%客群。用户洞察是一种能力，是一种让你不用依靠太多数据和调研就能准确地抓住或者创造那一个关键的打动人的核心点，带来指数级增长或者创造全新模式的能力。用户洞察的典型案例是乔布斯创造 iPod 和张小龙打磨微信的故事。用户洞察能力是否可以具体化为一个能力项，是否是可以掌握和练习的？

下面是对于用户洞察的真正靠谱的解读，在几个非技术岗位的方法论中都经常提及，但是对其定义稍有不同。产品向的方法论一般把用户洞察定义为一种用户价值挖掘和需求创造的能力，而策划向的方法论又往往把用户洞察解读为一种市场动态的捕捉或者热点追踪的能力，交互设计类的方法论更偏向于把用户洞察定义为研究不同种类的在用户面对各种交互体验时最大可能产生的反应和应对方案。

以上几种对用户洞察的解读，基本上都囊括了对应岗位最核心的一些技能点，即如何从用户的视角定义接下来要进行的规划、策划和创造工作。对于和用户打交道的工作来说，用户洞察（对用户价值、当前喜好、倾向的理解）就是这个工作的基础。

那么，活动运营应该从什么角度解读、学习和练习用户洞察能力才能够有助于实际工作的落地和优化？

对于活动运营来说，用户洞察能力代表了以下三个方向的综合运用，即用户洞察是对用户价值、喜好和倾向的深刻理解。

通俗来说，你要先从懂自己开始，慢慢地懂更多类型的用户，从他们真正需要什么、想追求什么和习惯什么三个方向理解一个用户，将此洞察过程运用于用户需求挖掘、内容策划和产品布局设计等综合性的工作中。

这就是一种更全面的，可以灵活运用于活动运营的各种工作场景的用户洞察方法。我们平常接触的大量方法论往往止步于对用户洞察的定义，很少有对这个能力的拆解和如何掌握的介绍，用户洞察像是一种虚无缥缈的天赋。

基于我们的目标，我们要先正确理解用户洞查，学会用户洞察的知识，然后通过练习把它内化为真正的用户洞察能力。下面给你提供一些方法，帮你迈出掌握用户洞察能力的第一步。

9.1.1 用户价值洞察

我渴了是我的用户价值、我想喝可乐是我的用户需求这些最基本的产品理念应该不用再赘述了。用户价值作为真正影响用户决策行为的因素，往往被掩盖在大量似是而非的用户需求之下。所以，用户价值的洞察能力首先要求我们能够对人性有更深层次的理解，能够从行为推导出心理状态，从心理状态再推导出实际的用户价值点。当然，解读人性有点夸张了，我更倾向于把对用户价值的洞察拆解为三个层次的洞察能力——懂自己，懂他人，懂社会趋势。

1. 懂自己

我认为所有的用户洞察都是从自己开始的，你是否真的理解自己的喜怒哀乐，理解自己欲望和诉求产生的过程，理解自己现在和未来真正想要什么？你是否思考过在下意识之间做出的判断和选择是来自你的成长经历，还是你作为一个人生来就有的摆脱不掉的天性？

对于最伟大的心理学原理，我们学到最后都觉得浅显和容易理解，因为心理学原理从本质上说只是换了一个视角帮助你看到自己。

人渴了就想喝水，会讨厌与讨厌的事物有关的其他事物，在两个看上去相似但价格不一样的商品中自然会对低价的那个商品产生购买欲望，很艰难地赢了会想要炫耀，会觉得失去的本来可有可无的东西异常宝贵。

从用户行为到用户价值的推演无非就是分析什么样的基本心理状态和原理驱动了用户做出这个选择，找到这个心理学原理就完成了价值挖掘的过程。其实这个过程真的没有那么高深和复杂。

你要有这样的能力，能够在面对一个用户价值洞察任务的时候，抛弃所有的专业知识、技能和倾向，把自己还原为一个最普通的人（有一种说法叫灵魂出窍，用第三者视角看自己），顺着自己最自然的情绪体验和设想：我在经历这个场景时的真实情绪是什么样的，我会做出什么选择，我做出这个选择的本质欲望是什么。

把以上三个问题的答案抽离出来，就是用户价值洞察的第一个层次：你如果能够懂得在具体场景和体验中一个有血有肉的个体将会有什么样的真实的用户价值，就能懂得怎么样真正满足这样的用户价值，怎么样能够让用户感觉美好、便捷、舒适。

乔布斯和张小龙对于如何快速回归“白痴”状态思考和挖掘用户价值都有同样的理念，这里再补充一个案例。《塞尔达传说：荒野之息》（被称为史上最伟大的游戏之一，一个游戏拯救了一个主机平台，被全媒体满分评为 2017 年度最佳游戏）的主理人青沼英二最喜欢做的事情就是在自己的游戏里面不断地控制游戏人物去爬每一棵树，不断地爬，不用思考地爬（有趣的是，这是我玩过的第一款可以真正爬树的游戏，虽然和游戏主线毫无关系），体会自己当时的情绪，从而找到那些真正打动用户、满足用户美好体验的每一个细节，一步一步打磨出了这个神作。

在利用懂自己的层次洞察出用户的本质价值点和满足方式后，你就打造出了优秀的体验和场景。当大量的用户开始涌入并体验你的产品时，不同背景和经历的人就形成了一个复杂的群体，在这个群体中的每一个个体虽然都有自己确定的属性，用户价值也大同小异，但是当人形成群体以后，这个群体就会拥有自己的群体属性（要理解这个过程可以看一看《失控：全人类的最终命运和结局》）。

所以，第二个层次的用户价值洞察需要在自我（个体）洞察之上，再附加一些群体属性的洞察。

2. 懂他人

人作为一个人，和作为一个群体的一个部分在同样的场景下的行为是完全不一样的。一个人在家里听到愉快的音乐，只会稍稍扭动身体，但是在一个舞池中，DJ 开始播放音乐，身边的人开始挥舞双手，你会发现自己的手也不由自主地举了起来。

当你面对的不是一个又一个孤立的个体，而是一个人群的时候，你除了要做个人用户价值的洞察，还需要有能力理解在一个群体的表象行为之下，是什么心态让每一个个体扮演了群体中的这个角色、做出了群体行为里的个人行为。把这个心态剥离出来，你就能够明白最初始的用户洞察结论，在群体的作用之下，会演变为什么样的完全不同的表现和结论。同时，你就能读懂一个用户群体的行为背后代表的不一定是显而易见的那个结论，而是个体用户价值经过群体心态被转换了。

以上部分有点绕，你可以思考一个问题：在一个奶茶店里排长队的人真的都觉得这个奶茶店的奶茶超级好喝吗？个体用户价值洞察的结论是什么？群体用户价值洞察的结论是什么？答案不言而喻了吧。

如果你还不明白，那么我们找一个排队的小伙子分析一下：小尼古拉斯最近在谈恋爱，特别想对女朋友好，某天看到了深圳新开的××奶茶店前排了长队，以为这家奶茶店的奶茶好喝，于是花两小时排队给女朋友买了一杯，女朋友看到这是现在最火的奶茶，拍照发到朋友圈炫耀，同时也很感动，然后喝了一口，发现其实味道一般就扔掉了。

在排队的群体行为之下，是显而易见的这家奶茶店的奶茶超级好喝的结论（其实，也有店家雇佣人假排队的干扰因素），但是其实小尼古拉斯本质的用户价值是想对女朋友展示爱意。不过这个用户价值被排队这种群体倾向转换成了排队的现象。你要首先理解人们为什么排队，然后把自己当作小尼古拉斯去理解为什么愿意花两小时排队买奶茶，是为了让女朋友开心（虽然奶茶可能并不好喝），这就是从群体用户价值洞察到个体用户价值洞察的过程。

现在我们走到了最高阶——社会趋势的用户价值洞察层次。

3. 懂社会趋势

那些最伟大的产品、营销和事件都诞生自对社会趋势深刻洞察的大师之手。

在日本经济下行、人口老龄化的背景下，7-11 能够快速发展，遍布全国每一个小区，也正是因为操盘者铃木敏文对日本社会当前现状以及演变趋势的深刻洞察，挖掘出了日本国民真正的需求。

通过对人口老龄化的解读和一线用户行为的观察，他理解到不方便出门是一种用户价值趋势，所以打造了领先的外卖服务。通过两口之家成为普遍的社会现状的分析，他推导出了小分量、简单、新鲜的食材将会大受欢迎，所以 7-11 自研出了大量的爆款快餐。他看到当下的年轻人更忙了，经常加班到深夜，在下班路上或在家的楼下需要一站解决生活所需，所以 7-11 提供了大量的生活必备品，甚至自建银行提供了取钱的功能，打造了一站式便捷生活服务中心。

当年马化腾观察到中国大量的年轻人在网吧上网而不像美国一样主要在大学上网，于是独辟蹊径地创造了在线存储聊天记录而不是本地存储聊天记录等一系列接地气的功能，从而干掉了很多“水土不服”的外来竞争对手。像这样从社会现象中抓住社会演进趋势的一些契机，创造了爆发式增长的伟大作品的故事还有很多。

其实对于一本讲实操的活动运营方法论来说，也许不应该聊得那么深，也许阅读到这里的你可能只是一个普通的活动运营，但我希望每一个活动运营都能够逐步开始有这样的意识，也许你就能够抓住下一个时代的契机，创造出改变时代和未来的伟大作品，为什么不可能呢？

懂自己、懂大众、懂社会趋势就是我对用户价值洞察的解读。

你如果要提升这三个层次的用户价值洞察能力，就需要以下两个步骤。

（1）观察和思考。

观察和思考意味着要保持对三个层次（自己、一个群体和社会现象）的观察和思考，不断地通过现象尝试倒推本质，尝试分析背后产生的逻辑和原因，挖掘本质的用户价值，尝试能够在自己的作品中贴近这些用户价值。最厉害的用户价值挖掘案例都是那些他人看似毫无理由但莫名奇妙地获得了用户疯狂追捧的作品，你要以这些为目标追求你的作品效果。

（2）学习基本的、最经典的心理学和社会学理论。

学习基本的、最经典的心理学和社会学理论意味着最大化利用前人总结好的原理，你要尝试把它们与你的观察和思考过程结合在一起，更深地挖掘原理和价值。你要区分开那些看似很有效的方法论（例如，十个裂变理论），你需要的是真正的、基本的、经典的心理学和社会学理论，即关于人类会如何面对欲望、恐惧、孤独等。只有这些基础的通用知识才能够帮助你挖掘出最本质的用户价值。

9.1.2 用户喜好洞察

前文提到过用户喜好洞察一般运用于一些营销和市场策划工作中，强调的是对目前热点的快速捕捉和理解能力，对主要舆论群体或者你的目标用户群体最新的喜好倾向的洞察能力。这个洞察能力的对象是流行趋势和当下的大众喜好倾向，比其他两项（用户价值洞察、用户倾向洞察）洞察目标会更加多变一些。流行稍纵即逝，喜好倾向日新月异，能够实时跟上潮流，策划出被认为紧跟流行的方案甚至一句文案，就是用户喜好洞察需要达成的目标。

“网感”这个词能够很好地代表用户喜好洞察能力。

网感本身很难定义，但是网感好或差的策划案以及网感好或差的策划者很容易被辨别出来。2018 年“延禧攻略”类的宫廷体文案正当红，诸如“恭喜小主喜获 iPhone 一部”，但是现在却被主流舆论群体认为是过时的、跟风的和无趣的。

可惜的是，网感好的人往往不存在于互联网行业的产品经理、运营、营销等直面用户的岗位中，重度加班的属性让从业者往往脱离网络生活、娱乐和社交，圈子也相对封闭，难以接触到真正主导互联网舆论的年轻人们。甚至几个互联网“大厂”也很少能够做出让你觉得网感十足的内容（基本都是尴尬感十足的），但近几年一些公司确实在有意识地组织这样的团队（例如网易哒哒团队、京东品牌设计组），招募对应的人才，不以行业经验和方法论判断，而是真正挖掘网感优秀的年轻人们，剥离 KPI 让他们自由发挥，也确实有精彩的作品不断出现。

网感是深入骨髓的一种能力，体现在一个人的一言一行中，自然就会体现在他创造的每一个作品中。一个潮流人士的朋友圈中每一张照片必定都是精心处理过的，配上的文案也让人似懂非懂，总之很酷的样子；一个幽默感十足的人每天都能拿着最新的“梗”，二次创造一些自己的笑话，博取大家的开心。这些人一定不会允许自己重视的作品中出现哪怕一句普通、过时、无趣的文案。

同样，优秀的、酷的、潮流的作品背后，一定有一个拥有对应网感的策划人在牢牢操盘。

如果你的工作是重策划营销类的，网感就是你需要非常重视和培养的核心能力，这个时代的互联网行业不缺策划的人，而缺能够生产优秀内容的人。

那么我们开始定义一下网感能力：深刻理解当下你的目标用户认同的流行元素是什么，且不断更新，最好能够发自内心地喜欢和认同并驱动自己不断地学习以跟上流行的能力。

如果你的目标用户是现在主流的舆论群体，你就要多看看抖音或者不正常人类研究中心（公众号），对于里面的高赞内容你是否能够深刻地理解点在哪里，为什么评论里面的那一条会获得大量的赞，你发自内心地觉得有趣吗？

如果你的目标用户是一个专业领域的人士，你就要打入他的圈子，看看能不能参与他的聊天并主导一个小小的话题，用该领域的专业术语把自己包装得像个圈内人。

如果你做不到这些，那么你创造的内容怎么可能被你的目标用户接受、喜爱和传播？

网感就像本身的概念一样难以定义，这个能力也难以被当作一种普通的能力去掌握，唯一的办法是成为一个具备网感的人。不一定需要能够创造，但是需要能够判断。

你要加入你的目标用户群体，成为核心圈子的成员，每天看他们聊天，每天与他们聊天。你要不断地研究最新出现的新词，理解它出现的背景，寻找起源的故事，向着成为这个核心圈子里关键意见领袖的目标去努力。你要逐渐尝试在核心圈子里引领一些话题，创造一些小小的流行。突然有一天，当你开始忍受不了你的作品里出现一些无趣的、不专业的、过时的内容的时候，你可能就成了一个具备网感的人。

在接下来的互联网时代里，你会很值钱。

9.1.3 用户倾向洞察

用户倾向洞察是活动策划、交互类或者产品工作中最常使用的洞察能力。这个能力的定义相对简单，即你要能够大概知道一个类型的用户在面对一个具体的操作、界面或者流程的时候，会有什么样的操作倾向。

比如，你要知道一个男性用户倾向于点击一个查看详情的按钮获取更详细的信息。一个女性用户更倾向于阅读一张图片而不是大篇幅的文字。一个中老年用户肯定不愿意阅读大量的、字体很小的规则解释文案。

这个能力有助于你在策划一个具体的方案时，相对正确地组织所有的操作模型、界面和流程。你不需要依赖数据或者用户调研，就可以做出基本准确的判断。所以，这个能力能够使你的项目在初期打造良好的用户体验，获得用户认可，战胜其他“无脑”策划依赖后期数据调整的项目。获取这个能力的方法是日积月累的量变引起质变的方式：不断地观察不同人群操作一个产品的过程和每一个反应。

最好的积累观察经验的机会就是用户深访，在用户深访的过程中，不同背景和身份的用户被聚集到一起，操作一个产品。用研者不做干预和答复，只需要观察每一个人操作的步骤和出现的问题，并记录。这个过程就是积累用户倾向洞察敏感性的最佳机会。你从中可以看到，不同的用户实际上对同样一个界面的反应截然不同。一个粗心的宅男并不会注意到你以为布置得再明显不过的按钮。一个行程匆忙的大叔似乎对你以为用户会非常重视的提醒文案并不感兴趣。

你的产品也许并没有进行用户深访的机会，那也没有问题，以上说的过程并不复杂和高深。你的身边有很多普通的形形色色的用户，你可以经常找不同的人体验你的产品或者其他产品，然后，你在一旁默不作声地观察，不要做任何解释，观察他们在面对每一个界面时有什么反应、提出什么问题，不需要做记录和笔记。你要多经历这个过程，不断地观察不同的人操作一个界面的过程。这就是在积累你头脑里的用户倾向洞察敏感性，当观察量级不断堆积后，你就会形成用户倾向洞察能力。

当某一天大家坐在一起讨论一个专题页面应该如何布置界面的时候，你就可以自信和笃定地提出什么组织形式最符合目标用户的操作倾向，在项目上线后大家都会惊讶和羡慕你不借用任何数据和案例就可以准确地洞察用户倾向。

这是一种能力，而不是方法论。

遗憾的是，在大多数“大厂”里，用户深访的过程、用研团队出具的用户研究报告把真正操盘业务的策划者和用户隔离开了。用户研究报告中只有结果，没有最重要的过程。报告可以帮助你优化一个产品，这是方法论的运用过程，但这个过程不能帮助你积累用户倾向洞察敏感性，所以你还是个普通的活动运营。

以上就是我对活动运营需要掌握的用户洞察能力的完整解读（实际上我认为适用于任何互联网非技术岗位）。

9.2 数据敏感性

顶尖的活动运营或者任何做业务的人都是极具数据敏感性的。他们深刻地理解与自己业务有关的任何数据变化背后的意义；他们能够准确把握任何微小的数据变动或者异常，抓住潜在的机会或者避免即将发生的危机；他们知道在什么目标要求下应该执行什么运营动作，以达成对应的数据拉动（例如，哪些动作能够带来线性变化、哪些动作能够带来指数增长）。

使用数据分析工具和方法论在具体的场景中有效地挖掘数据背后的信息是一种硬技能，而数据敏感性是一种高效的基于数据的决策力和执行力，可以帮助你在复杂的数据和业务场景中快速抓住关键点制定策略，是一种软技能。

用户洞察敏感性是一种偏感性的业务决策能力，通过用户洞察找到基于用户价值、喜好、倾向的业务突破点。数据敏感性是一种偏理性的业务决策能力，通过数据洞察把握业务在真实流量检验下的实际表现，抓住进一步突破或者避免危机的关键点。你要想成为顶尖的活动运营或者业务操盘者，那么这两种敏感性缺一不可。

什么是数据敏感性？在数学领域中，数据敏感性一般被认为是一个人对数值、数字运算过程和运算推导过程的深刻理解，体现了一个人的“数学天赋”。但是在活动运营实际的业务运用中，数据敏感性并不涉及太复杂的运算过程，主要基于既定的数值进行评估和分析。所以，在经过简化和提炼后，活动运营实际上需要掌握的数据敏感性只包含以下两个部分：

（1）静态数据敏感性。你要能够准确把握数据和数据变化结果背后的信息。比如，你要能够知道达到 30%的转化率和流量同步下跌一般是节假日因素导致的；5%的波动属于正常；跳转率突然下跌 20%以上多半因为出现了页面 BUG；连续 3 天流量持续下跌 5%以上说明用户开始流失；销售额突然增长 50%以上一定是新的流量渠道卷入导致的。

以上案例并不一定适用于所有业务场景，主要为了呈现静态数据敏感性的概念——你要能够对任何业务数据的结果值和变动量都有基本准确的判断，以得出有效的结论指导下一阶段策略的制定。

（2）动态数据敏感性。你要能够把握数据的变化过程、运营动作和其他因素之间的关系。通过对一个数据变化过程的观察（例如，一个实时更新的数据报表），你要能够感知数据变化的趋势（例如，增长加快、变慢、加快了多少、变慢了多少）并实时洞察数据变化背后的原因。

与静态数据洞察相比，动态数据洞察能够看到比被综合因素干扰后形成的结果数据更多的信息，能够真正把握业务的趋势以抓住机会或者避免危机。

两种数据敏感性一个看结论定策略，一个看趋势找机会。

相同的是，两种数据敏感性的提升都能够帮助你加深对业务的理解，让你准确把握在什么业务场景下、在什么数据基础下、在什么目标下，应该使用什么业务手段、投入什么资源、做出什么决策。

也许数据敏感性的定义难以理解，接下来我介绍如何提升两种数据敏感性，让你更直观地看到数据敏感性的使用场景和带来的价值。

9.2.1 静态数据敏感性

通过数据得出结论有两种路径——严谨推导和经验论证。观察一个数据分析报告就能够看出这两种数据结论推导过程。

1. 严谨推导

销售额下降了 5%主要是因为流量下降了 7%（而转化率是微涨的），所以我们需要解决流量下降的问题。我们是可以通过数字拆解得出绝对正确的结论的，而这个拆解的过程不在于如何拆解而在于如何评估结论，这些我们在 3.2 节中已有介绍。

2. 经验论证

转化率和流量都大幅下降 30%，从经验来看这是国庆节期间的正常下降，下降幅度与同比一致，所以我们认为是自然波动。这样的分析往往无法从严谨的数字拆解着手（国庆节下降的 30%是哪些用户和哪些渠道带来的，这样的拆解分析成本过高），只能通过同类的经验和案例进行推导，这就是静态数据洞察能力的本质。

由此可见，静态数据洞察能力来自对大量案例的刻意观察和总结，通过案例库形成充分的静态数据论证库。你可以从以下渠道中进行案例的观察：

（1）最好的渠道就是自己所接触业务的日常数据分析和总结，你可以通过连续性的观察（覆盖不同的时间段）掌握基本数据和结论之间的规律。

（2）对于行业内的各种数据分析报告，你需要注意观察其中根据经验进行论证的部分，这些经验论证案例的累积也能够形成论证库，并且能够让你不局限于自己所属的业务范围，更广阔地积累静态数据洞察能力。

（3）你可以设置一些对比实验（例如，对同一个资源入口，用常规素材和 BI 素材会产生多少点击率差异）沉淀一些属于你自己的更详细的数据洞察经验（实践证明不管 BI 算法多么高端，BI 素材提升点击率的比例都为 20%～30%），以掌握运营手段和数据变化结果之间的关系。

（4）对于一些难以通过实验得出结论，又没有其他现成经验参考的场景，你可以通过对表象的合理但不严谨分析得出一个假设（例如，一个页面的转化率下降可能是因为投放资源使用了欺骗性的文案，引入了大量不精准的用户），然后反向挑战这个假设（寻找是否有其他利用欺骗性文案引流但并没有带来转化率明显下降的案例），如果无法证明这个假设是错的就可以认定它是有效的经验结论。

9.2.2 动态数据敏感性

顶级的活动运营或者业务专家在自己负责的业务上线后都喜欢不断刷新业务数字（10 分钟、1 分钟甚至按秒刷新），看数字的变化（例如，参与人数、销售额、预约量等）。这一方面体现了他们对数据的狂热；另一方面，对数据变化过程的观察实际上正是对数据敏感性最好的培养。

在一个项目结束后，我们要对最终的结果数据进行分析，并得出指导下一次项目的结论。当然，我不否认业务的关键结论一般都能在结果数据的分析中呈现出来，但是，数据变化的过程呈现了另外一类极具价值的信息，如果只看最终静态的结果数据就会让这些信息被掩盖在最终的结果数字中。

通过对数据变化过程的观察，你能够感受到最直观的运营动作和数据变化之间的关系。例如，一个社交裂变活动将中奖率放开后，快速消耗的奖品会带来 2～3 倍的参与用户增长速率，在奖品消耗完后增长速率也会维持一个基本的速度，所以对于裂变活动来说，最好在一开始用高的中奖率冲击高的种子用户规模，以带来后期更好的裂变效果。诸如这样的结论和数据洞察经验在静态数据中并无法得出。

在投放了一个新的资源渠道后，数据的增长速度产生了什么变化？在优化了一个页面动线后，销量的增长速度是否随之产生了本质的变化？在一个秒杀活动中商品会在几分几秒的时候被抢购完，你应该为秒杀活动放出多少库存量？随着时间的变化，用户活跃度的峰值和低谷分别出现在什么时候？通过这些观察结论的不断累积，你将会形成极其强大的动态数据洞察能力。基于洞察能力，你就能够在任何数据变化的细节中通过运营动作准确地把握接下来的数据走势，也就能够提前抓住机会（例如，这个活动的起始用户增长速度高于平常，具备投入更多资源放大效果的潜力）和规避风险（例如，新的资源渠道在加入后数据并没有明显增长，应该尽快调整投放策略，避免资源浪费）。

总之，你不要错过数据变化的过程，要对数据狂热。这个习惯最终带来的经验积累会成为你极其强大的业务核心能力项。

数据敏感性之所以叫敏感性而不叫方法论或者工具，是因为数据敏感性并不能通过记住一些既定的方法或者知识学会。因为每个人面对的业务场景都是不同的，使用的业务策略、所处的资源环境、面对的用户群体也都是有差异的，所以不可能整理出一套绝对通用的数据洞察法则供记忆和套用。

对于以上两种数据敏感性，你只能通过大量的数据分析案例观察和持续的数据变化过程观察来积累，沉淀在自己的头脑里。数据敏感性的缺点是你没有办法把你的数据敏感性输出和传承，但优点是这是任何人都抄不走、夺不去的核心业务能力。

第3部分

新互联网时代
活动运营必备的创造力

活动运营的硬技能让你“能做事”，软技能让你“能把事做好”，你只要掌握了这两个部分的能力就意味着你已经是一个优秀的活动运营了，能够灵活运用各种工具解决各种问题，能够用你的软技能让业务效果、效率和价值更上一层楼。但如本书一开始所说的，上一个互联网时代是把事情做好就能够快速依靠用户增长红利获得成功的时代，在下一个互联网时代中方法论和业务模型已经成型，人才能力模型和业务模式趋同，机器将逐步替代人工（人工选品做得再好也比不过机器 BI），创造力成了新时代活动运营必备的能力项，你只有具备创造全新事物的能力，才能在也许不会很快到来，但一定会到来的“人类负责思考，机器负责工作”的时代拥有价值。

创造力比软技能更难以具象化和定义，没有方法论、没有工具甚至没有原理可以分析，只能通过个人的思考理解，同时通过对生活的观察不断地领悟。本部分给出几个创造力核心组成部分的基本拆解和索引，希望能够帮助你踏上创造力提升之路。

（1）审美力。你能不能理解现在的主流审美？能不能创造现在的主流审美？你能够从哪些地方切入了解现在的主流审美？

（2）文理综合思维。你能不能综合使用人类文明的两大分支思维模式，结合科技与艺术创造伟大的作品？

（3）更多创造力。①开脑洞能力：你能不能成为一个充满奇思妙想的人，并有序地使用开脑洞方法形成创意能力，同时用对日常生活的深刻理解让人们感同身受？②探险精神：你是否敢于探索未知，抱着对冒险的极大热情培养创造力？

对于本部分的学习，你需要理解创造力的本质，以文中一些案例索引拓展阅读更多相关的内容，以便初步掌握创造力的练习方法。创造力的练习需要融入生活的细节中。

第 10 章

审　美　力

人被称为视觉动物，这意味着人始终有追求美的倾向。这个倾向深刻地影响了人类社会衍生出的各行各业。

为什么 iPod 一面世就终结了 MP3？为什么人们愿意花很多钱买一台戴森吹风机？为什么高档餐厅从装修到餐具的使用都呈现了最协调的美感？为什么贵的东西大多数都是美的？

当然，iPod 的核心竞争力是突破性的大容量存储，戴森吹风机有质量保证，高档餐厅被追捧也需要依靠口味，美并不是这些行业运作的根本。

但是美是最有力的溢价手段。

随着“中国是一个发展中国家”这样的说法越来越少，我国人民在基本的功能消费需求之上的审美消费需求占比越来越大，中国已经成为苹果和戴森等品牌最重要的市场。社会经济和文化的发展带来的一定是国民素质与审美的同步发展，在不远的将来，任何不美的事物都将渐渐消失。也许在现阶段，很多粗暴的下沉产品还有生存的空间，甚至会有增长的趋势，但当生活于小城市的人们开始淘汰家中毫无美感的地摊拖鞋，换上简单、美观的宜家拖鞋的时候，我知道这个趋势来得之快可能远超我们的想象。

同样的，美在互联网行业中也在发挥作用。

从 QQ 秀到 QQ 空间黄钻贵族再到王者荣耀的皮肤，腾讯抓住用户追求美这个需求从而创造了很多产品。从拟物风到扁平化再到极简风，在每一次的平面视觉流行风潮变动的时候各个“大厂”的 App Logo 风格都随之变化。“小而美”“让美好发生”“好看又能打”等以“美”为主体的互联网产品的广告语近几年越来越常见。

我国互联网行业依靠用户增长红利发展的时代已经切切实实地走到了尽头，只考虑功能性的产品或者专题页面渐渐绝迹。平面设计行业蓬勃发展，抄袭渐渐被唾弃，原创和民族的产品渐渐被尊重。早在 2015 年之前，大红大紫的底色加网红脸模特再配上“点击给足你面子”的广告在 BI 排序算法中获得的点击率比一个精心设计的广告的点击率高 3 倍，而现在点击率最高的广告往往模仿的是苹果官网的极简风格。这些现象都在提醒所有互联网从业者，用户已经不会再接受你们的随意对待，他们需要美来驱动消费、驱动决策、驱动传播。基于社会演进趋势的推断，美将是这个行业下一个阶段核心的产品竞争力。

我们要让审美力回归活动运营工作的范畴。

美的溢价作用不仅体现于消费产品，而且作用于个人。穿着得体、打扮体面的人面试成功的概率会大，邮件和 PPT 排版设计美观的人会被认为是靠谱的和优秀的。基于行业演进趋势的推断，能够做出极具美感作品的产品经理和运营一定会越来越值钱。我没有见过一个每天都认真打扮自己、精心修饰每张发到朋友圈的照片、用心收拾工位的人能够容忍自己发出一个排版混乱的邮件，做出一个设计丑陋的 PPT，容忍一个规划粗糙的页面上线（当然，他们也许会因为时间或者领导审美的压力做出妥协）。一个人对美的追求是从头到尾深入每一个细节的，你难以指望一个随意对待自己穿着的人能够做出美好的作品，也不用担心一个朋友圈充满精美图片的人没有对作品美观的强烈追求倾向。

对于活动运营来说，一个比较尴尬的现实是你们的领导或者导师大多成长于互联网行业粗暴发展的时代。那个时代以抄袭、速度为主要竞争力，“美”并不重要。他们对“美”的随意对待蔓延到了工作的方方面面。他们会说 PPT 美观与否、专题页面好看与否、文案酷不酷都不重要，上线时间、KPI 完成率、能不能讲出故事才重要。

上面的内容从三个角度告诉活动运营，具备审美力很重要：

（1）我国人民审美追求的持续快速发展告诉我们，不美的东西将会被渐渐唾弃。

（2）互联网行业人口红利发展期结束，美是下一个阶段的核心驱动力，随意对待用户审美体验的产品将会被用户渐渐遗忘。

（3）随着行业的持续发展各种运营和营销方法论逐渐成形，不能够创造美的产品的活动运营将会被渐渐淘汰。

活动运营不需要成为一个设计师，但是要具备审美力，要能够判断什么是美的，能够对每一个细节坚持对美的追求，能够尽量影响身边的一切事物，使它们成为美好的事物。你的工作成果和作品会最先接受用户的审美考验，而审美力正是让你在下一个互联网时代不要掉队，且越发值钱的第一个构成元素。

对美的追求这个话题往大了说会进入世界观、艺术、文化的层面，但在本章我们仅基于理解审美力的基本构成和提供一些可实际着手提升审美力的引导这样的层面给一些简单的引子，这里的审美指的是大众层面的可以运用于实际工作的审美，艺术层面的审美不在我们讨论的范围内。

我认为可运用于具体工作场景的审美力可以从以下三个阶段解读。

10.1　审美力的第一个阶段

审美力首先意味着对美和丑的基本判断，这些基本判断不涉及品位高低和是否过时（对豹纹的喜好是符合这个阶段的审美的）。这个阶段的审美力由一些最基本的且前人已经总结好的审美原则组合而成。例如，“红配绿丑如泥，红配黄美中王”这样的顺口溜；排列整齐和对称是美的；一个画面的主要颜色不超过三种是美的；按黄金比例分割是美的。

你要尽量理解这些最基本的审美原则，并用这些最基本的审美原则评判一个事物的美和丑，检验你的作品是否违背了最基本的审美原则。你可以专门、有针对性地搜集和梳理这些基本审美原则，这个过程可能只需要耗费你两小时的时间，在梳理之后不断地回顾就能够构成最基本的审美力。最基本的审美力已经能够帮助你战胜没有培养审美力意识的竞争者们。

10.2 审美力的第二个阶段

第二个阶段的审美力需要附加时代变迁的因素，审美开始有了流行和过时的区分。现在看 10 年前 iPhone 的拟物 Logo 设计会觉得过时。大红大绿的视觉元素结合低像素图片以及 Windows XP 时代提示框元素的蒸汽波风格审美目前正大行其道，这在几年以前你一定会觉得不可思议。“80 后”的非主流发型、火星文、裤链曾经非常酷（有趣的是，非主流发型和裤链这些元素近期又在以新的形态重新开始流行）。可以肯定的是，多年以后你再看现在觉得设计的完美无缺的产品，一定会像现在看 10 年前产品一样觉得过时。

主流审美就是这样随着时代变迁不断变化的，时代变迁甚至会创造出违背基本审美原则的潮流（比如，红绿撞色审美），而主流审美原则由无数大大小小不断演进的审美原则共同构成（极简审美经久不衰，而宫廷风文案流行稍纵即逝），我们难以掌握其中规律或者得出绝对正确的公式。能够保持对大众审美变迁的把握，不断创造出符合当下最流行审美的产品是第二个阶段审美力的要求。这个阶段的审美力不需要掌握，但需要保持。你只需要了解所有主流审美的变迁都会首先体现于各种社交产品中（比如，对于自嘲文化的变迁你可以从对微博热门话题的持续观察中发现这个趋势），因为社交产品的舆论主导权掌握在对流行变迁最敏感的年轻人群体中，他们会第一时间用他们创造的内容传递出这个信息。你如果保持对这些主流社交产品的体验，身处其中、参与其中、融入其中就可以保持对主流审美的敏感，就可以知道什么作品会被认为是流行的、酷的或者过时的。

10.3 审美力的第三个阶段

流行和过时始终要基于大众审美的定义，是已经发生的、存在的审美。正因为审美变迁的不可预测性和多变性，当我们观察审美趋势，在经过漫长的策划和研发推出产品的时候，很多审美趋势往往已经过时了（例如，你现在去做蒸汽波的页面就会被一部分前沿的用户认为是过时、跟风的）。站在时代的前沿，把握审美的演进趋势，做出领先于和高于大众审美的产品，是第三个阶段的审美力要求。对于这个阶段的审美力，我们需要附加大众和小众的因素，审美开始有了雅和俗的区分（这里说的雅和俗是指一种即将流行的小众审美和更广泛的大众审美的差别）。

审美（包含对流行文化的追捧）的流行和爆发来自一个基本过程，为便于理解，我们做一些简化和具象化：几个人奇思妙想地创造了一个新的、酷的东西——一些追求个性的人聚在一起形成了小众的审美共识（这个时候这个审美被认为是小众的）——一些意见领袖的加入让小众审美获得了其追随者的认可（这个时候这个审美被认为是雅的）—审美本身的前沿性让其快速裂变和爆发（这个时候审美成了大众的审美）。

对这个过程分析的实际意义在于，它提供了一个关键的着手点让我们能够把握即将流行的小众的、雅的审美，即关注各行业意见领袖的审美变化趋势。意见领袖之所以是意见领袖就在于他们必须在他们各自的领域不断地领先于大众审美，发掘独特的小众的新审美趋势，发扬和传播给他们的追随者，这是他们所存在的价值。所以，你将关注点从大众流行聚焦到对应领域的核心 KOL 上（去关注他们的微博账号和作品），就有了一个直接接触最前沿审美趋势的渠道。

当然，你也可以成为你所在领域的意见领袖，这是更加有趣和具有挑战性的，涉及更加复杂的审美洞察和对流行的敏感，我难以给出可着手的突破点。在所在的领域不断地往审美流行的源头去走是第三个阶段审美力的最终追求。

在理解了以上几个阶段的审美力后，你就已经可以找到一些提升审美力的着手点。审美毕竟是一种意识形态，不是方法论能够完全能说清楚的，所以下面补充几点帮助你真正初步地理解审美力。

审美不只是视觉的审美，完整的审美需要拓展到一切感官，例如，听觉（什么是美的音乐）、嗅觉（什么是美的味道）、触觉（什么是美的质感）。你不要局限于视觉层面对审美力的培养，要全面培养各个感官对美的体验，不同感官对美的体验是相辅相成的。高级餐厅的舒适音乐、温和而不刺鼻的香薰风味、考究餐具的质感、精心料理带来的味觉享受，或华丽或简约的装修共同构成了“美”。总之，一切让你觉得“好”“美”“酷”“有趣”“棒”的体验都是审美力讨论的范畴，包括一个有趣的段子或者一句文案。

对美要有偏执，虽然人人都有追求美的倾向，但是实际上有审美追求的人并不多。在审美和时间压力、领导要求、数据效果中妥协于后面几个的人无时无刻不在围绕着你。你要为了你自己或者用户大胆地偏执。做出真正美的作品是有代价的，你要付出这份代价（被身边人评价为偏执狂的乔布斯的故事也许会给你一些勇气）。

对审美的追求使得生活质量得到全方位提升。一个人对审美的追求会体现在他生活中的每个细节。他不会容忍自己蓬头垢面地出现在同事面前，不会允许自己的朋友圈出现没有精心处理的图片，不会允许自己的播放列表里出现“大众口水歌曲”。他的心里也会有一个强大的力量阻止自己做出不“美”的作品。当然，这样的举例有点极端，在某些方面审美妥协的人未必内心就没有对审美的追求。你要成为这样一种人：别人在提起你的时候，都会说这个人的品位不错，而不是说这个人很“low”。你要多去好的餐厅吃点儿好的东西，多用好的音乐设备听一些好的音乐，多看一些好的经典电影，每天精心打扮自己，换个好看的微信头像和背景图，想一句很酷的个人介绍文案，在没事的时候逛逛艺术展，交一些酷的、有品位的朋友。

审美有流行和过时之分、有高雅和低俗之分、有大众和小众之分，但是没有对和错之分。具备审美力绝不是只在自己的世界里认可自己的审美。真正具备审美力的人反而懂得尊重一切存在且合理的审美，他们知道什么是自己的口味，也知道为什么别人认为那个东西是美的（你应该理解为什么有些人会认为豹纹是美的）。你要理解一切审美，走出自己的审美局限，理解用户、理解大众，这样才能真正拥有判断审美的能力。

第 11 章

文理综合思维

人类文明是由科技和艺术、理性和感性、直觉和逻辑交织而成的。我们回归到活动运营创造力的层面探讨一下如何解读终极的跨界思维。

SpaceX 的火箭将特斯拉 ROSTER 跑车推动到近地轨道，宇航员孤独地在敞篷跑车里面对着地球的巨大轮廓，眼前的屏幕上出现了“don’t Panic”的字样，Space Oddity 开始播放，David Bowie 缓缓唱道：

Planet Earth is blue.

And there's nothing I can do.

Though I'm past one hundred thousand miles,

I'm feeling very still,

And I think my spaceship knows which way to go.

多酷啊！

这是人类最好的科技和最好的艺术，如图 11-1 所示。

人类从具有文明开始就同时身处于两个世界，即自然的世界和精神的世界。对两个世界的探索成果渐渐构成了人类文明的两个组成部分，即科技与艺术。人类探索两个世界的工具就是两种思维模式。理性思维模式帮助人类理解自然世界的运作原理，通过利用自然原理创造有利于人类文明发展的科技知识，这些知识为人类带来了生产力的提升和物质的富足。感性思维帮助人类理解自然世界在人类大脑中的情感映射，通过对情感的发掘去创造自然界本不存在的精神体验，这些精神体验为人类带来了想象力和精神世界的满足。

图 11-1

首先，我们需要理解这两种生产工具的运作原理以支撑两种思维融合的探讨。理性思维和感性思维是每一个人都与生俱来的，只是在后天的教育过程中其中一种思维会被放大，在中学时的文理分科其实已经体现了两种思维模式的本质。

（1）理性思维。理性思维是一种基于自然世界的原理追求唯一正确答案的思维模式。探求正确答案的意义在于我们可以掌握规律，以创造自然规律之上的科技发明。人类探索自然世界的方法（对一个问题不断实验，找到正确答案，把多种现象的共性提炼成规律）逐渐演变成了一些固定的思维方式，也称为逻辑思维。我们通常将面对一个具体的问题，通过逻辑思维进行分析和解决的过程称为理性思考过程。

（2）感性思维。感性思维是一种基于精神世界的感受探求恰当表达方式的思维模式。人类探索精神世界的方法（用文学、绘画、音乐等各种方式表达感受）逐渐形成了一些认知共识，即感性思维。一个婴儿只能够用哭闹等最原始的形式表达一些需求，而在他渐渐长大开始有了自己的精神世界后，他学会的各种表达方式（即感性思维）让他能够表达自己的感受从而与别人交流和互相影响（专业领域对这个过程的定义为从混沌感性到清晰感性的演进）。

你可以思考以下几个有趣的问题，以便形成自己的理性思维和感性思维认知。

背景：理性思维因为具有可明确定义正确答案的特征，所以理论上所有理性思维的工作都可以用机器替代，但是感性思维因为并没有答案和公式可具象化，所以只能由人类完成。

（1）从长远来看，越来越多的机器会替代人类的工作，你应该如何抉择你未来的职业方向？

（2）AI 写的诗是否有意义？为什么？

（3）在未来的某一天人类灭绝了，世界被机器人主导，这个世界是否并不需要感性思维？

（4）机器人是否会演进出自己的“感性思维”（也许和人类的感性思维完全是两种东西）？对于其他机器人来说，在这个感性思维下写出来的诗有意义吗？

（5）在这样的世界中，人类是不是生活在精神世界就可以，而把自然世界完全交给机器人？

理性思维和感性思维很难像其他知识一样进行拆解和分析，下面我探讨一下感性思维和理性思维在实践层面的意义，即如何成为活动运营的创造力。

11.1　两种思维主导工作的过程

在活动运营的实践层面，两种思维主导了以下的工作过程。

1. 理性思维

（1）构建策略。通过对目标和问题的分析，拆解出分步骤或者分模块的更具体的问题，通过既定的方法逐步解决问题，以上的理性思考过程可以帮助我们构建一个完整的策略。

（2）搞定事。基于理性思考的策略，通过理性思考的各种方式（例如，试验、归纳、推论）解决问题和达成目标，搞定一件具体的事情。

（3）线性增长。将现状和目标之间的落差拆解为步骤或者模块，通过理性的方式将阶段目标拆解为可执行的策略，在基本可控和可预期的方式下推动业务线性的增长。例如，对于一个销售额提升 50%的任务，我们把它拆解为流量提升 20%和转化率提升 10%的策略，通过盘点可控的额外流量和试验，找到转化率更高的商品，从而实现可控以及可预期的增长。

（4）达成目标。以上步骤最终帮助我们达成一个具体的目标。

（5）严谨思考。理性思维严谨的思考过程帮助我们找到可靠的解决方案。

2. 感性思维

（1）洞察价值。通过对用户的洞察，找到用户最本质的心理动机和价值，形成业务起点。

（2）与人有效沟通。基于用户价值的洞察，描述和传递业务思考，影响领导或者合作伙伴的认知，争取情感层面的认同，从而获得发自内心的支持，与人有效沟通。

（3）指数爆发。基于最基本的用户心理动机，找到一种能够通过用户某种情绪共鸣（例如，轻松、逐利、愤怒、恐惧、开心）而带来爆发式增长的业务手段，投放市场后期待并不可控和不可预期的爆发式增长结果。

（4）追求理想。以上步骤最终帮助我们实现一个并不具体的理想。

（5）发散思考。感性思维无边界的思考过程帮助我们找到创造性的解决方案。

以上两种工作模式切实存在于互联网行业。当然，在实际工作中并没有绝对的工作模式区分或者绝对的思维模式主导，两种思维模式总是在不同的场景中各自发挥着自己的作用。

11.2 综合思维形成的创造力

对于活动运营来说，理性思维有助于严谨地制定策略，解决问题，而感性思维激发创造力，寻找解决方案，这是比较广泛的综合思维认知，活动运营需要在不同的场景中使用不同的思维模式。目前业内的方法论较少提及综合使用两种思维以形成创造力，下面简单介绍。

（1）在理性思维主导的策略拆解过程中加入感性思考以创造更多业务增长空间。

一个具体的专题活动方案已经成型了，有具体的 KPI 指标、反复打磨的交互设计、严谨推导的资源和货品转化率策略，具备了上线和达成指标的条件，那么这是一个优秀的作品，但并不酷。这个时候，你要把自己当成用户体会在体验这个作品的过程中会产生的感受，自然地操作和互动，试着想想在某一个细节中，用一句什么文案、放置一张什么图片或者一首什么音乐，会激起你更强烈的情绪，你也许会找到更多只有在感性层面上才能够得出的答案。很多时候我们对“一秒钟还原成傻瓜用户”“用第三者视角审视自己的体验”“产品经理要像个艺术家”这些名言的理解停留在进行用户洞察的方法，我们应该更深入地体会情绪的变化过程，这个时候你就像一个艺术家一样在审视自己的作品，创造力就来源于此。

（2）在感性思维的思考过程中带入理性思考将天马行空的想法具象化。

纯粹的感性思考是模糊和难以表达的，这就是为什么很多艺术作品让普通大众无法理解。在日常生活中放空的想象或者基于一个明确的命题想象都会产生很多“不切实际”的想法，我们往往会快速地抛弃这些想法，转而寻求看似更加合理和既有的方法，这是我们平常经历的头脑风暴的过程。艺术的表现形式之所以如此丰富和无拘束（例如，行为艺术）就在于艺术家们敢于用任何手段具象化他们的感受。高于头脑风暴方案的一个创作过程就是利用互联网素材具象化想象和感受的过程。将你的感受用互联网的页面动态形式、文案甚至推广方法表达出来，就是一个艺术家来做互联网运营的方式。当然，活动运营不需要真的用行为艺术宣传自己，普通用户也看不懂。分析这个过程有价值的地方是让你明白，你其实可以把很多酷的、疯狂的想法和感受适当地具象化，用理性思考保证基本的可行性和有效性。

11.3 寻找自己最好的创造力，做最酷的自己

你的创造力终究还是要回归你自己本身，你要知道你到底是谁、对世界的感受如何、会因为什么产生情绪的变化。你要追求最终的自己，做最酷的自己，做自己认可的自己，这样你才会有感性思维原力。当然，你不能做一个沉浸在自己的感受中无法自拔、脱离社会、脱离实际的梦想家。你更不能做一个只会很多工具和方法论，认真做事的理性思考者（虽然这对活动运营很重要），要敢放大和表达你的感受，这样你才能真正拥有属于你的独一无二的综合思维创造力。

这里不做更多拆解和解读了，希望你自己去感受，当你完成体会以后，请写下任何你想表达的感受或者你创造的东西。

第 12 章 更多创造力

本章介绍创造力的最后两个部分：

（1）如何成为一个开脑洞的人。

（2）你应该用冒险精神来启动你的创造力。

12.1 开脑洞能力

在你的朋友圈或者网友中是不是或多或少都会有几个这样的角色，他们无时无刻不处于一种脑洞大开的状态，对日常生活的一物一事都充满着奇思妙想，一言一行都往往突破常规、创意十足、给人留下深刻的印象。

这就是创造力中的开脑洞能力。开脑洞能力和前文提到的创意能力的不同之处在于，开脑洞是一种时刻保持的思维状态，而创意是一种基于明确命题的解决问题思路，是对开脑洞思维的有序使用。只要能够熟练使用创意的工具和方法论，成为一个具有创意能力的人并不是一件难事。具备开脑洞能力意味着你能够时刻保持一种发现和创造的状态，可以从任何生活的小体验、小灵感中迸发出有创意的想法。开脑洞能力是一种更加广泛的创造力，如果你本身是一个擅于开脑洞的人，就能够把明确的命题和专业领域的知识有效地转化为创意能力。

如果你也希望拥有开脑洞的能力，成为朋友圈中的段子手和创意达人，让开脑洞形成你强大的创造力，那么你需要从以下两个方面着手练习。

12.1.1 培养观察生活和思考的习惯

脑洞大开的段子或者创意之所以莫名其妙但又让人觉得好笑和合理，主要在于脑洞往往来源于生活但又回归生活。将生活中的不同领域的概念交融和关联，用一种突破常规的方式解读一个生活场景就是开脑洞的基本模式。所以，开脑洞的人一定是擅于观察生活，并对生活有深刻和独到理解的。

对生活的观察不应该局限于像记流水账一样记录，观察的意义在于思考和多角度观察。

你要习惯于思考，思考生活经历背后的让你觉得舒适、有趣、痛苦的点到底是什么，思考为什么打开一罐可乐的声音让人舒适、为什么迪厅的氛围会让人想要跟随音乐摇摆、为什么医院口腔科的味道会让人恐惧。将这些思考和生活经历绑定在一起就会形成开脑洞的素材。

当然，你的生活越丰富，你的经历和体验就会越多，所沉淀的开脑洞素材也就越多。不过通过我对擅于开脑洞的年轻人的观察，并不是每个人的生活都是丰富多彩的，每天加班到凌晨两点的人也不乏脑洞大开者。由此可见，日常的生活已经足够我们体会和思考生活经历背后的感受，越是回归普世大众生活的脑洞往往越能够获得共鸣。

生活终归还是由细节构成的，大喜大悲、大起大落的人生只会发生在特定的人和特定的人生阶段，对强烈情绪的描述已经有太多作品和固定的套路，回归平淡生活的细节，由这些小小的忧愁、小小的幸运延伸出来的作品往往更感动人。

多角度观察的意义在于不要只局限于用自己的视角观察和思考生活，还有很多人与你的经历、身份、视角完全不同。一种显而易见的多角度观察生活的方式就是与不同角色的朋友交流和探讨对生活细节的感受，如听一个设计师朋友对广场舞的看法、听一个 DJ 朋友对加班的看法、听一个研发同事对穿衣品位的看法。这些不同角度的生活体验和思考能够拓展你的脑洞素材库。

12.1.2　扩展你对知识的定义

脑洞大开者的特征是他们的知识库都非常丰富。

你认为什么是知识？并不是写在书或者文章中的内容才是知识。

你要扩展对知识的定义，把所有有趣的信息都当作知识对待，包括在酒吧摇骰子。扩展对知识的定义这个过程听上去很简单，但实际上对于每个人来说扩展对知识的定义其实是需要刻意练习的。因为在传统的教学体系下成长的我们，已经习惯了把老师教授的课本知识当作知识对待，会储备和刻意地运用这些知识，而忽略其他信息，在解决问题的时候往往只会从"知识库"中搜集信息，而忘了自己在日常生活中积累的大量生活经验。

将更大范围的信息当作知识对待要求我们对于各种有趣领域的信息，要像学习知识一样进行信息搜集—知识体系构建—举一反三和运用。你要在认识一个游戏大佬之后通过和他交流快速地掌握一个游戏运作的大概框架，你要在购买一个相机的信息咨询过程中搞清楚相机行业的基本现状，你要在第一次被朋友带进迪厅之后快速了解年轻人在这个场景中的常见娱乐方式。对知识无比渴望的人会这么对待每一个新接触的领域，所以他们会成为朋友圈中"什么都懂""创意十足""脑洞大开"的人。

在互联网领域中，扩展知识的范围更重要，因为互联网行业要创造美好和便捷的体验（否则互联网行业就没有存在的意义了）。美好和便捷的体验其实就来源于我们每一个人的日常生活，这些日常生活的琐碎有没有被当作知识对待意味着你是否擅长将生活带入作品。在 2.2 节中我们介绍过，从线下生活中借用现成的交互设计减少用户理解成本来自对日常生活琐碎信息的知识化对待。

在接收信息的过程中，你不要带着目的性接受知识。这个过程与我们所说的快速学习、搜集有效信息是相悖的，这两个过程一个是带有放松性质的拓宽信息池，一个是解决问题。你永远不知道某一个随意浏览的信息在未来会带给你什么价值。

你不要小看脑洞大开者，你不要以为他们都是表面上傻呵呵的段子手，其实他们都博览群书，通晓各行各业的知识。至少我没有见过一个擅于开脑洞的人是不热爱生活、不擅于观察生活、知识范围局限的。

开脑洞对于互联网从业者来说是一个不大不小的挑战，因为这个行业发展快速，绝大多数互联网从业者的生活状态都是忙于日常的执行工作，每天加班，很难有时间观察和思考，甚至在顶级“大厂”中的活动运营也很少生活丰富、知识丰富（这里并不是说专业知识的丰富，而是关于生活和娱乐等知识的丰富）。

我要反复强调的是，在下一个互联网时代创造力非常重要，也许下一个时代那些有趣的段子手、KOL、脑洞大开的年轻人真的会主导这个行业。

12.1.3 开脑洞的本质：感受层面的组合

在准备好开脑洞的素材后，我们分析一下开脑洞的过程。我为什么要强调思考和记录对生活的感受，是因为开脑洞并不是对具体现象层面的思考而是感受层面的组合。

这个过程也解释了大家经常看到的一种创意和开脑洞方法：将随机的两个事物进行匹配，寻找其中的关联性并创造全新的概念。这样的创意方法就是在寻找两个随机事物给人的共同感受，并用 B 事物表达 A 事物给人的感受。很多夸张的广告手法就来源于这个本质：用火箭表达物流的快速、用豹表达产品的流线设计、用保险柜表达计生用品的安全等。

除此以外，还有一些戏剧性的段子等场景，会将两个冲突的感受进行关联，以制造戏剧效果或者吸引眼球的效果。

开脑洞和创意类似，你只要找到一两种方法，在经常使用并形成习惯后你就能逐渐成为一个擅于开脑洞的人。开脑洞的过程是对感受层面的组合，不要脱离感受记录生活的点滴，我们要时刻保持对生活中一切细节感受的思考。

12.2 探险精神

你对未知的态度是怎样的？是期待还是恐惧？

我曾经梦想过自己生活在两个世纪以前，是一艘船上的水手，每天面对无尽的海洋和死亡的威胁，破旧的藏宝图和北极星是我的导航设备。我背井离乡，乘风破浪，探索未知的世界。有一天，我到达了旅程的终点，一片全新的大陆出现在眼前，我和伙伴们开心地大笑，大口地喝一口酒说："我们找金银财宝吧"。几十年后，我抱着孙子，自豪地告诉他，爷爷可是个探险家。

人类天生就有对未知的渴望，也正是这份渴望驱动着人类不断地在自然世界和精神世界中探索，从而产生了人类灿烂的文明。

作为一个人，你注定生来就是一个探险家。只是一些人在成长的过程中遇到了挫折或者幸运地获得了安稳的生活，从此开始安于现状、害怕改变、不习惯探索未知。渐渐地，他们就接受和认可自己是一个没有探险精神的人。

作为一个活动运营，你要把你天生的探险精神找回来。

作为创造力的最后一个构成元素，探险精神是激活以上所有创造力的关键钥匙。

你要敢于挑战你的前辈告诉你的方法论，要敢于打破平稳运行的业务形态，要敢于接受未知的挑战。这些都决定了你能不能真正扮演好活动运营的角色。作为站在业务最前线的探险者，你要带领同事探索真正有效的业务方法，寻找另一个业务增长点，创造全新的业务形态。以此为前提，我们之前所讲的所有工具、能力、创造力才能够发挥真正的价值。虽然你基于现有的方法论重复地做专题活动、遵循一套固定的流程维持业务常规的运转、在领导的要求下以达成预期为目的去思考也具有价值，但是你的价值一定不大且你注定会被替代。互联网行业快速发展带来的非技术类快餐式工作方法论意味着，随意找到一个人，他经过数月的培训，基本上能胜任基于既定方法论的工作。

所以，你要找回探险精神，以此为钥匙，开启一个全新的业务探险历程。探索与领域的大小无关，甚至在一个全新的专题活动模板中都有足够的探索空间。在未知的领域中发挥你自己沉淀的综合能力是创造力最终的意义所在。

你是否曾经感受过这样的一种工作状态：

你赌上了所有的尊严，投入了所有的资源，背负着所有人的期待，经历了无数个艰辛的夜晚，用尽了所有的力气，踏入了一个未知的领域，这个时候压力和未知的恐惧就快把你压垮了，然后你的作品在一个深夜终于上线。数据开始疯狂地增长。你甚至一直盯着后台数据，连做梦都在猜测明天的数据又会突破什么纪录，第二天在保洁阿姨都还没有打开办公室的灯时，你又坐到了电脑屏幕前，痴狂地刷新着数据。

这个时候你就是两个世纪以前那个历经千辛万苦、无数次失败，穿越了未知，最终寻找到宝藏的水手。

你一定要体验一次这种感觉，哪怕一瞬间也行，你就会明白工作的终极意义所在。

这是我认为最好的工作状态，充满业务激情的工作状态，能够真正忘我的投入会影响更多人，使他们跟你站在一起的状态。

这是一个激动人心的探险历程。

探险精神并不是方法或者能力，是一种简单又至关重要的感觉。

如果你还是难以找到这样的感觉，那么可以找一些伟大探险者的故事看一看，把自己想象成他们，慢慢地找回内心对未知的强烈冲动。这份探险精神终有一天会推动着你找到属于自己的未知世界宝藏。

附录 A

活动运营循环升级系统搭建

在了解了活动运营能力模型框架后，你也许已经找到了一些可以着手提升的点，但是在这个阶段中下面几个问题一定还困惑着你：我应该从哪里着手学习？我需要做哪些事情？我听懂了很多道理但是怎么把它们变成我的能力？我如何不断地提升？

下面我介绍一个用多年时间打磨形成的完整、闭环、有效的能力升级系统，让你提升能力，开始持续上升循环。

完整意味着这个系统包含能力提升所需要的所有事情；闭环意味着你不需要外力介入，利用这个系统就可以持续运转；有效意味着对于一个极端懒惰且0起点的人（例如，几年前的我），这个系统能够产生明显作用。幸运的是我是一个目标导向和擅于解决问题的人。

在2015年，我决心在自己从事的活动运营领域做到行业顶尖。当时，我面临一个最基本的问题（且行业内还没有答案）：成为顶尖的活动运营需要哪些能力项？我专门花了大概一个月的时间，非常专注地结合实践，学习大量知识，向前辈咨询，做案例分析，解决了这个问题，输出了串联头尾的活动运营能力模型框架。

当我知道了自己需要一个什么样的能力模型之后，我就知道了对应的知识体系是什么样的，接着又出现了第二个问题，解决这个问题我用了三年的时间。对于我这样一个极度懒散、起点平平、只有三分钟热度的拖延症患者来说，怎么样有效地持续提升自己的能力项？于是我又开始了寻找解决问题工具之路。

遗憾的是，我找到了很多单点的学习方法和工具（包括怎么练习、怎么克服拖延、怎么记忆概念），但是并没有找到一个通用的方法或者工具可以指导我的能力提升并且告诉我需要做的事情都有什么。于是，我决定开始创建一个能力升级系统，希望这个系统能够帮助自己从 0 开始进入一个能力提升的持续循环。

这个时候我面对的问题变成了这个系统需要哪些关键部件。

从这个系统的目的开始，我进行了以下的推导：

（1）这个系统能够指导我的学习方向和边界——我需要一个知识和能力模型框架（已经有了）。

（2）这个系统能够帮助我持续地学习有效的知识——我需要一个持续、有效学习的机制。

（3）这个系统能够帮助我有效地把知识转化为能力——我需要一个练习的机制。

（4）这个系统能够驱动我的计划进展并检查我的行进方向——我需要一个计划和修正机制。

（5）这个系统能够驱动我持续运转，帮助我克服惰性和拖延——我需要一个持续动作机制。

基于以上每个关键部件的推导，我寻找到以下对应的方法和工具。

1. 持续、有效学习的机制

随着互联网行业的蓬勃发展，知识的获取不再是有没有的问题，而是如何从大量的知识噪声中辨别出有效知识的问题。在学习知识的过程中，我需要解决两个核心问题：不连续和难以判断知识的有效性。所以，我决定在日常实践中带着问题学习，给自己构建一个可持续的、相对更加有效和正确的学习路径，即只从三个地方学习知识：

（1）观察行业真实发生的动态，并独立思考、适当参考他人的解读。

（2）基于个人的知识体系规划，去阅读最经典的经历过时间考验的理论书籍（不是那种速成的成功学理论），以形成完整的知识结构。

（3）与真正在行业一线打硬仗的前辈交流，学习有效的经验。

所以，形成的持续和有效的学习机制为每天保持行业观察、阅读书籍、与前辈交流。

2. 练习的机制

学到的知识并不是能力，甚至会很快被忘掉，练习机制模块需要解决的核心问题是怎么记住学到的内容和怎么将知识转化为能力。

对于记住的部分，我采用了最简单的好记性不如烂笔头的方法，摘抄看过的所有行业案例，对所有读过的书籍都写读书笔记，记录所有交流得到的收获。

练习的机制来自一个经典的学习理论：知识只有通过持续性的练习才能够形成能力，而反思（写日记）是最简单和最有效的练习机制。在每一个阶段，我都把学到的知识罗列成为日记的反思项目，用诸如“我有没有在今天的工作中有意识地使用连续时间优先处理第二类项目”这样的形式逼迫自己反思，我如果做到了就自我表扬，如果没有做到就再次回顾这个知识点，强化印象，告诉自己下一次要反思，直到完全习惯后就可以进行下一个知识点的转化。这样的方式可以让我在一个月的时间里将很多知识点转化为能力项，同时写日记还能帮助我克服很多不好的毛病。

3. 计划和修正机制

在以上持续、有效学习和练习的机制下，日常的能力提升循环已经基本成型。但是对于需要在什么时间点进展到什么地步这个问题并没有回答，同时，还要有一些关键点验证和检查能力提升是否有效。所以，系统里面还需要学习模块的推进计划（例如，将完成的知识体系拆解为模块，并设定时间点约束日常学习的推进）、关键工作的落地（例如，在什么时间点尝试挑战一个重要的工作，验证自己的能力提升效果）、需要更长周期做的事情（例如，整理提炼日常积累的学习成果）等。

制订计划的重点是要制订长期计划，以便让每天做的事情形成积累效应，连续性地完成大的计划。你可以制订五年后的计划，从人生最重要的几个维度拆解（例如，事业、财富、个人影响力和健康），对每个维度制订学习计划（例如，你要为此学习和提升什么能力）和关键项目计划（例如，你要做什么关键项目和达成什么关键计划）两种计划。你要将五年后的计划拆解为每年的逐步迭代计划，再把今年的计划拆解为月度的计划，把月度的计划拆解为每周的计划，把每周的计划拆解为每天的计划，然后把每天的计划拆解为每小时的计划。你可以用一个方便操作的日程管理 App 进行管理。

同时，我希望我的升级系统是可以不断进化的，可以不断地解决新出现的问题和提高效率，包括我希望个人规划、知识体系也都能不断进化和调整。所以在计划中，我又加入了周期性的修正机制，每隔一段时间罗列系统、计划、知识体系的问题，并优化调整。

4. 持续动作机制

最后，我还需要一个机制驱动自己克服懒散和拖延，让这个循环系统持续地运转起来。首先，我想到的办法是寻找一个爱好（例如，买玩具）进行约束，如果坚持连续性学习就对自己进行奖励，如果失败了就对自己进行惩罚性的储蓄。

于是，我的个人升级系统 1.0 就成型了，将以上模块重组为可执行的流程，结构如下：知识体系指导着计划、计划推动着持续动作和定期的修正、每日反思清单推动着联系，以上结构形成了持续、有效的学习机制，将知识转化为能力，如图 A-1 所示。

大概又花了半年的时间，在一次又一次下定决心—制订计划—放弃之后，我认可了自己就是一个极端懒惰的人，同时也认可了 1.0 系统根本运转不起来。1.0 系统失败了。

幸运的是，在这个系统中自我升级的功能还在运转，于是这个功能又驱动着我开始思考为什么无法运转的问题。

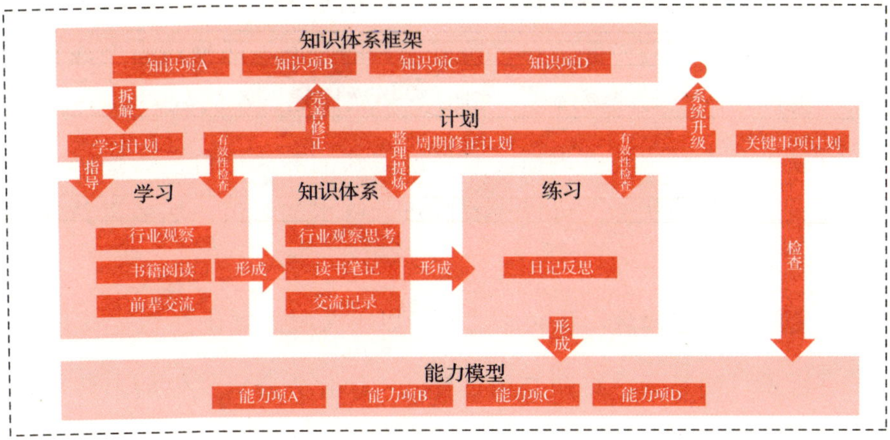

图 A-1

从大的方面看，有两个问题阻碍着系统的运转：

（1）要做的事情太多，根本记不住。

（2）因为懒惰，难以坚持，约束力量太弱。

对于第一个问题，我发现在一开始规划这个系统的时候，只是从功能必要性的角度罗列了需要做的所有事情，在持续的优化过程中为了解决新出现的一些问题又增加了更多的事情（例如，每周反思修正下周的计划等），最终在事情多了以后根本无法记住每天都需要做哪些事情，因为太过零散，所以即使用表格管理也需要反复检查，导致成本增加。另外，对每天要做的事情只规定了事情的属性，没有更明确、有效的形式规范，导致往往进入了两个极端。例如，对于读书，我要么就是积极地花大量时间，导致其他项目没有时间处理，要么就是随便翻两页，只在形式上完成了这件事情，但是实际上并没有任何效果。

对于第二个问题比较无奈，我确实就是一个擅于从拖延中寻找快感、很少坚持做事情的人。形式化的约束基本上没有办法让我克服无法坚持的问题。

在系统停止运转三个月后，我集中解决了以上两个问题。《自控力》对我解决问题起了关键性作用，它帮我认识到以下两点。

（1）人要克服自己的惰性的核心是接受自己是一个懒惰的人，不要制订不可能完成的计划，在计划中要给自己留够妥协的空间，即使没有完成计划，也不要过度苛责自己，而要理解自己，相信下一次比这一次更好一点。

（2）可以先养成一个轻度习惯，对轻度习惯的养成给自己心理暗示，例如我能够打破原来懒散的状态，可以先养成每天喝水的习惯，然后再养成每天锻炼的习惯。

基于以上两个关键理念，我对系统做了以下关键的优化：

（1）进行项目的整合。将同类项目合并，简化为每天要做的六件事情和每周要做的一次检查修正，并通过打卡软件（我推荐 Streaks App）帮助自己记录。

（2）降低学习项目的门槛。每天花 20 分钟看书，看 3 篇新闻，和一个前辈聊天。用最低门槛的项目先让自己形成心理暗示和习惯，然后在周期系统升级中逐步提升学习的有效性。

（3）取消抵抗性约束机制。任何强制性奖惩的机制对一个懒惰的人来说导致的结果都是破罐子破摔，应该用连续的小进步激励自己持续挑战（例如，这次连续学习三天，下次要做到连续学习四天）。

（4）给自己更多妥协的空间。每周可以有两天什么事情都不做；即使连续性被打断也不用过度责怪自己，能够恢复学习比每天坚持更重要。

（5）提高反思的优先级。要把能否坚持做各种计划的事情、为什么妥协和怎么重新恢复连续性作为一个反思点，以驱动各个项目的落地（包括中断后的恢复）。这样，反思就成了这个系统运转的唯一钥匙，只要做到这件事情，整个系统就运转起来了。

于是，形成了个人升级系统 2.0，如图 A-2 所示。

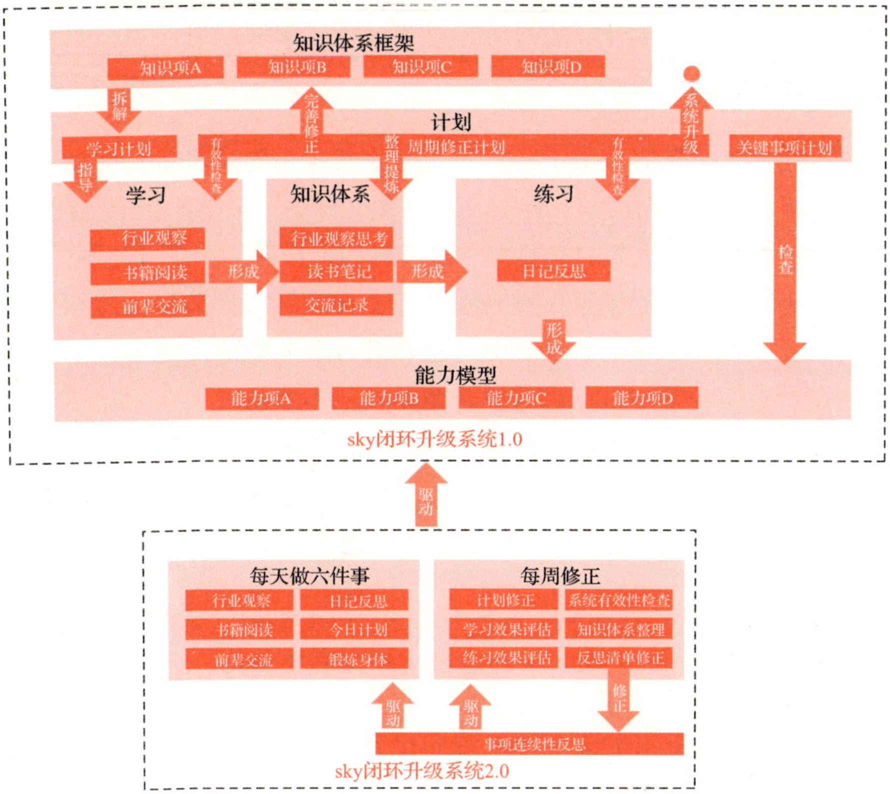

图 A-2

2.0 系统在 1.0 系统的基础之上（你无法跳过 1.0 系统的阶段进入 2.0 系统），通过项目的协同性和门槛的调整简化成了一个非常简单的开关系统，你只要做好项目连续性的反思就可以驱动每天做六件事情的落地和每周一次的六项修正。这个系统整体驱动着整个 1.0 系统的运转。所以，你要先每天坚持反思是否连续性地完成了该做的事情、该做哪些事情，就可以让整个系统运转，从而使能力提升循环开始转动。

我使用了三年 2.0 系统，没有遇到大的问题，真正有效地驱动了一个极端懒惰之人实现了专业能力的快速提升。

在 2.0 系统帮助个人专业能力快速提升之后，我又开始尝试思考这个系统能不能成为一个更追求人生目标的系统，进而又做了很多修修补补，形成了沿用至今且不断升级的 2.1 系统。

例如，在每日反思清单中不断地加入与生活相关的反思条目帮助自己解决一些问题（例如，过度喝酒）和养成一些习惯（例如，按时吃饭）。在知识体系框架中拓展了专业能力之外的其他能力项（例如，理财、穿搭等）。把行业观察和书籍阅读进一步从专业领域拓展到娱乐和文化领域。把前辈交流拓展成了好友互动，不仅和专业领域的前辈交流，也和各行各业的朋友交流，拓宽视野。把积极拓展人脉加入了每日反思清单，驱动自己不断结交、认识更多领域的朋友。在每周修正清单中加入了人脉管理的项目，不断检视自己是否记得定期维护自己的人脉，不要因为忙碌而丢失了宝贵的朋友。另外，在每日反思清单和每周修正中不断地加入理财反思、生活状态反思等。

2.1 系统具体是什么样的就不再做展示了，以上举例仅是体现这个系统的可拓展性，工具始终是工具，每个人自己的人生还是需要自己想清楚。

如果你已经准备好开始全面地改变和提升自己，也愿意尝试这个工具，那么从以下几个步骤开始吧：

（1）想清楚你这辈子真正想要什么，想成为什么样的人（例如，是财务自由、身体健康还是社会地位）。

（2）据此罗列出你需要为之去做的事情是什么（例如，是成为高级职业经理人、专家还是成为创业者）。

（3）据此制订五年计划（如何分步骤做到）和需要的知识体系框架（你需要哪些能力支撑你的计划推进）。

（4）拆解你的计划，从年到月到周再到天，抓住关键点即可。

（5）将知识体系框架拆解为学习和提升的计划。

（6）构建你的个人升级1.0系统，保证闭环、完整和不断进化。

（7）在1.0系统之上完成2.0驱动系统的搭建，找到要做的有连续性的事情，设置一个不断反思事情连续性落地的开关。

（8）打开开关，系统开始运转。

附录 B

十个与他人拉开差距的职场建议

职场如战场，即使你的能力再强、业绩再突出，也会有一些职场因素干扰你，这些烦恼无意义但是又关系到你的职场发展和成长。我并不回避这个消极的问题，也不想给你灌输诸如“金子总会发光”这样的心灵鸡汤。你需要技巧应对职场问题，也需要转变一些思维，让自己聚焦在真正重要的事情上，这样你才能够快速地成长为优秀的活动运营。所以，我认为有必要补充一些关于职场的内容。我把 7 年职业生涯的经验汇总成 10 条职场经验，希望它们能帮助你拉开和其他人的差距。

1. 永远要和别人拉开差距

如果有一句真言可以让你持续保持进步，那就是“永远要和别人拉开差距”。

职场中的人在任何阶段都会处于一个竞争平台中，平台上有很多竞争者。有人不断往更高的平台走，有人逐步归于平凡，有人在进步的欲望和懒惰的诱惑下痛苦纠结。

如果你想不断地变好，那么需要成为平台上最优秀的人。

所以，你永远要不断地问自己是否和同平台的人拉开了差距。

你要从小处着手，形成习惯，不断地激励自己付诸正确的努力。

新人要写工作日报，要执行工作，要对领导汇报。

你的工作日报不能只是记录日常工作。邮件标题可以简单地增加“请××指导”；邮件的排版可以比其他人的更好看一些；邮件内容可以加入除工作之外的更多个人思考或者问题。邮件可以有系列感，每周写一个学习主题，持续迭代。

你不能和其他人一样，只完成老板交代的工作，可以每次都多做一点儿，一点儿就行，超出老板预期的一点儿。例如，老板让你做商品录入的工作，你可以在商品录入过程中思考一下如何提升商品录入的效率，然后整理一段简单的话发给老板。

这里不是说格式和形式多么重要，而是强调从小处着手考虑，不断和别人拉开差距。

在所有方面做到和别人拉开差距，对任何阶段的人都适用。

请举一反三。

2. 尽快找到自己的不可替代价值

你在成为骨干后取得了团队/项目内部的话语权，话语权是你能够承担更多，决策更多，把控更多的最基本条件。你如果想尽快取得话语权，就要找到自己在团队/项目内部的不可替代价值。

对于寻找自己的不可替代价值这个工作，我认为不应该给自己太多时间，没有必要等一个月、两个月、三个月甚至几年时间慢慢沉淀出经验才能形成你的不可替代价值或者话语权。

最好在一周内完成这件事情。

这个行业发展很快，大家都很忙。有很多值得精细化研究的事情都没有人愿意做，更不用说范围缩小到一个具体的团队中了。

你可以找一个具体的领域，从小处着手，用一周时间详细研究，用额外的时间学习，成为团队内唯一的专家。这样，你就获得了自己的第一个不可替代价值。

如果你身处一个业务团队，数据对于业务的重要程度不用多说，但是一定没有多少人有时间真的细心、完整地研究过平台的各种数据口径和统计逻辑。你可以用一周时间找数据团队的同事聊天，自己研究、看书，把数据口径研究透彻。这样，你就成了团队内部的数据专家。团队内所有人在遇到数据问题时都会想到先向你咨询。

这就是话语权。

我希望你真的抽出一周的时间，取得自己的第一个团队内的不可替代价值。

请举一反三。

3. 关注自己的影响圈

关注自己的影响圈是职场最重要的一个原则，有很多文章和书籍提到了这个概念，它也有很多变种叫法。简单来说，职场里有两种人：成功者和失败者。他们分别对应着两个圈：影响圈和关注圈。

影响圈是自己可控的事物形成的集合，包括你应对一件事情的态度、你可以控制的资源、你可以影响的人。

关注圈是自己不可控事物形成的集合，包括你的领导好坏、你的业务好坏、你无法影响的人和事情。

成功者聚焦影响圈，失败者聚焦关注圈。

成功者会说虽然我的老板对我很严厉，不给我自由发挥的空间，但是他要求我做事情更规矩，能够培养我很多好的方法论和习惯。

失败者会说我的老板一点儿支持都不给，每天要求我做这做那，其他组的领导对下属就很放任，好羡慕他们。

成功者说我负责的项目不受重视，没有资源支持，所以我只能自己想办法影响合作伙伴或者不断地曝光自己的价值去争取更多资源支持，我如果能够完成这个项目那么以后还有什么克服不了呢，况且老板对这个项目的预期本来就不高，即使失败了也符合预期，万一成功了就极大地超出了预期。

失败者说我真倒霉，初入职场就参加了一个边缘项目，没有资源支持，没有人关注，什么都推不动，算了吧，随便搞搞期待下一个项目能运气好点儿。

任何人都身处不同的环境和条件中，运气有好坏，条件也有差异。你在不可控的条件下并没有其他选择，所以要永远积极，关注自己可控的条件，在既定条件下让自己更好，这是最好的方式。

聚焦影响圈的人会不断地扩大自己的影响能力，最终对自己的环境更可控。

聚焦关注圈的人会永远停滞在现有状态，因为他们的头脑在“我运气不好”这一步就停止了思考，影响圈会越来越小。

你如果仔细观察，就会发现你的身边有很多这两种人。

你要观察、反思、自省。

请举一反三。

4. 在“快餐化”的互联网行业中做一个动脑的人

互联网行业发展得实在太快，所以我们也只能不断地快跑。领导们真的没有太多时间把你应该知道的东西写成教材，也没有太多时间一点儿一点儿地教你。

领导们在大多数时候只是给你安排工作，告诉你这个卖场要怎么搭建，先做一个品牌模块，再做一个热销单品模块，制作一个大大的“立即抢购”按钮。

然后，你就开始了日复一日地搭建卖场。

有些人就这样搭建了三五年。

可怕的是，教你搭建卖场的人也是从他的“导师”那里学的怎么搭建一个卖场。

你如果不信，那么可以问问你的导师为什么按钮一定要写“立即抢购”。

其实这个问题我也没有办法回答。

我猜测也许在很久之前一个互联网前辈在做出第一个卖场的时候面对着空旷的按钮，不加验证地说要不放“立即抢购”吧，总之看着挺刺激的。

当然，后来有很多动脑的人做了大量专业的验证和测试，测试了到底什么按钮和文案的点击率是最高的，但是几年过去了，当年的测试报告早已被遗忘，大家还是在按钮上不断地写“立即抢购”。

你有没有想过“立即抢购”在某些场景中会给人很大压力，让人感觉一旦点击就没有退路，如果换成“查看详情”，那么会不会让人更愿意点击呢。

从整体来看，在快速发展的行业中用基本正确的方法论快速培养执行员工在目前来看是没有错的，也是唯一的办法。

但是作为行业中的个体，你肯定不想成为随大流的普通员工。

所以，从今天开始，你要大胆地动脑和质疑，然后在可控的范围内做真正的验证。

你不需要抱怨老板只让你年复一年地搭建卖场，你如果愿意动脑就有很多工作可以做。

请举一反三。

5. 学会自我进化

我要再次强调互联网行业是“快餐化”行业，在这个行业中从业人员的培训也非常“快餐化”，这个行业强调边干边学，真的没人有空管你。

你如果想成长，让自己更值钱，就一定要学会自我进化。

很多人只是在做一份工作。当然，追求生活和工作平衡、养家糊口的想法无可厚非。

但是如果能够通过不需要特别拼命的方式就可以让自己不断地登上另一个台阶，让自己的收入呈现爆发式增长，那么至少对于我这样懒散、不愿意太努力的人来说是最好的选择。

自我进化意味着，你要在工作中不断地动脑，把被动的由时间堆积起来的身价缓慢增长变为主动的投入产出更高的身价爆发式增长。

你不要单点学习、零散学习、被动学习，要搭建自我进化循环上升系统。

你要明确自己的职业方向（例如，产品经理、营销策划、项目管理），罗列职业方向必备的能力（例如，数据分析、项目管理、沟通表达），有目标地学习（例如，工作中的思考沉淀、和人聊天、阅读），形成知识体系，把知识内化为能力，形成能力模型，并修正自己的职业方向和能力模型框架。

你可以在一个周末，下载 OneNote App，把以上内容整理下来，每个月做一次修正，开始自我进化！

请举一反三。

6. 练习比学习更重要

有很多人在努力工作的同时也在学习阅读，但是进度很慢。

有意识开始学习的人不少，努力的人也不少，但是大多数人其实都是在偷懒式地努力。

投入时间做一件事情很轻松，难的是在这个过程中不断地动脑想真正有效的办法。

请你动脑想一下：你看了那么多书，听了那么多道理，全都记不住怎么办？

练习。

知识体系和能力模型之间的桥梁就是练习。

知识多不重要，更重要的是有让自己更值钱的能力模型。

写日记、周记或月记（由个人懒惰程度决定）是一个最有效的练习方法。

你可以懒，可以坚持不了任何事情，但是一定要坚持定期反思。

你要把学到的知识点、想培养的习惯都记录下来。

你要结合自己的工作和生活做每一次的反思，思考一下自己有没有运用这个知识。如果运用了这个知识，那么给自己点赞。如果没有运用这个知识，那么提醒自己在下一个周期有意识地在工作和生活中运用。

这就是最有效地促使自己练习的过程。

请举一反三。

7. 别骗自己

“人太容易自我欺骗”常年排在我的反思清单中第一位。

不只是我这样，心理学和成功学也从不同角度对此有过解读。

人天生就愿意保持前后的一致性，你之前提过什么猜想，得出过什么结论，之后你总会倾向于延续这个结论，甚至欺骗自己。

比如，你做了一个项目，设定了目标，得出了一些表面的结论。你就可能停留在“这个项目成功了”和“这个结论是正确的”，而不会思考这次的策略是不是真的有效、哪些是真的有效的、哪些错误被正确的结论掩盖了、这次是不是有特殊的客观情况导致了表面的现象、下次是不是还能成功、换到另外一个环境中是不是还会成功。更糟糕的是，很多人在做项目分析报告的时候为了得出前后一致的结论在凑数据，掩盖错误，自我欺骗。

你不要欺骗自己，更不要把欺骗变成一个习惯。

首先，你只有客观、理性地动脑，才能做真正有价值的事情，才真正值钱。

其次，正因为很多人在自我欺骗，所以这时做客观分析，得出客观结论反倒是和其他人拉开差距的一个最好的机会。

请举一反三。

8. 永远有一个准时下班的目标

只有对自己的能力和业务没有信心的人，才希望通过夸张的加班博取关注和认可。

在没有大量的会议、合作、“填坑”项目的时候，对于一个执行岗位的人来说，不管有多少事情你都可以准时下班。

首先，我不是鼓励你为了不加班而早下班，而是让你不断地驱动自己学习和练习与提高效率相关的能力。

你用很多时间做一件事情，加班很长时间，把自己搞得很惨，我觉得一点儿都不酷。

高效、极致、简单地做好每一件事情，超出预期，拉开与其他人的差距才是真的酷。

磨刀不误砍柴工。你在做每件事之前一定要思考做这件事情最高效的办法是什么。对于能够到合作伙伴座位上用 5 分钟沟通清楚并达成共识的事情，你一定不要在聊天工具里来回纠结或者召开一个正式但无效的会议；对于能够用一封邮件提前和合作方约定好的项目关键信息，你一定不要事前模糊，事后反复修改、调整。

你要有意识地学习一些与工作效率相关的知识并练习。

请举一反三。

9. 保持自己的个性

互联网行业进入了中下半场，越来越多的案例证明中下半场和未来是一个以创造力为第一生产力的时代。创造力永远是能够做成事情最重要的条件。

互联网是一个给人提供便利、带来美好体验的行业。

美好体验来自生活中的方方面面、点点滴滴，任何让你产生美好体验的经历都有可能转移到互联网上成为新的业务形态。

所以，你一定要永远保持自己的个性，保持自己的爱好，保持激情、活力四射。

你如果喜欢蹦迪，就用力蹦迪。蹦迪是美好的体验，蹦迪的“潮男”和“潮女”是互联网的重要力量，你的美好经历和与这些人愉快的社交经历，是你在这个行业中创造更美好事物的重要来源。

你如果喜欢旅游，就放肆地四处旅游。旅游可以带给你美好的体验，让你见识不一样的世界，认识不一样的人，产生不一样的想法。

你千万不要放弃自己的个性，千万不要以为年纪大了就因循守旧，千万不要删掉公众号“不正常人类研究中心”，千万不要每天只顾加班而忘了看看那个有趣的自己。

这样，你才能够创造、思考，未来才会有你的一席之地。

请举一反三。

10. 把自己放在行业里，而不是团队里

你是这个公司、这个部门、这个团队的一员，但更重要的是，你是这个行业的一员，你是一个互联网人。

你是幸运的，能身处这个精彩纷呈的行业。

当优秀的“齿轮”或者“螺丝钉”没有错，但是你一定不要只埋头苦干，要多看看行业，看看精彩的行业发生了什么、大家在讨论什么。你可以试想一下自己在这样的场景下会怎么做?

你每天至少要看三篇行业新闻，和一个行业前辈聊天，在日积月累后，你会发现你看事情的高度已经远远高于其他只会埋头苦干的人。

我希望以后在行业的新闻里有你的名字。

请举一反三。

总之，我希望你比别人更优秀一点儿。